本书得到以下项目支持：

国家特色蔬菜产业技术体系项目（CARS-24-F-01）

河北省现代农业产业技术体系设施蔬菜创新团队项目（HBCT2018030301

河北省现代农业产业技术体系露地蔬菜创新团队项目（HBCT2021200301

河北省教育厅人文社科重大攻关项目（ZD201917）

河北省科技厅软科学项目（19457520D）

河北省蔬菜产业协同创新中心

河北农业大学现代种植产业经济与政策研究协同创新团队

河北农业大学现代农业发展研究中心

河北省重点培育智库：乡村振兴战略研究中心

国家特色蔬菜产业技术体系产业经济系列丛书

中国特色蔬菜国际贸易发展研究报告

ZHONGGUO TESE SHUCAI
GUOJI MAOYI FAZHAN YANJIU BAOGAO

刘 妍 赵帮宏 宗义湘 白 丽◎著

经济管理出版社
ECONOMY & MANAGEMENT PUBLISHING HOUSE

图书在版编目（CIP）数据

中国特色蔬菜国际贸易发展研究报告/刘妍等著 . —北京：经济管理出版社，2022.7
ISBN 978-7-5096-8603-4

Ⅰ.①中…　Ⅱ.①刘…　Ⅲ.①蔬菜业—国际贸易—贸易发展—研究报告—中国　Ⅳ.①F752.652.3

中国版本图书馆 CIP 数据核字（2022）第 128857 号

组稿编辑：曹　靖
责任编辑：郭　飞
责任印制：黄章平
责任校对：陈　颖

出版发行：经济管理出版社
　　　　　（北京市海淀区北蜂窝 8 号中雅大厦 A 座 11 层　100038）
网　　址：www.E-mp.com.cn
电　　话：(010) 51915602
印　　刷：唐山昊达印刷有限公司
经　　销：新华书店
开　　本：787mm×1092mm/16
印　　张：13
字　　数：300 千字
版　　次：2022 年 12 月第 1 版　2022 年 12 月第 1 次印刷
书　　号：ISBN 978-7-5096-8603-4
定　　价：88.00 元

前　言

　　《中国特色蔬菜国际贸易发展研究报告》是国家特色蔬菜产业技术体系产业发展报告系列的第八本，由产业经济研究室全体成员通力合作，经数次研讨修订完成此书。

　　特色蔬菜涵盖葱姜蒜、辣椒、洋葱、芥菜、韭菜等辛辣类蔬菜以及芋头、莲藕、荸荠、茭白等水生类蔬菜，种类繁多，分布广泛。随着国内外消费者对健康营养、风味独特的辛辣类和水生类特色蔬菜的关注度持续上升，世界特色蔬菜生产和贸易规模不断扩大。中国作为辛辣类和水生类特色蔬菜的生产大国和贸易大国，在国际市场中占据重要支配地位，为中国农产品出口创汇做出巨大贡献。在国际市场竞争日益激烈及全球经济贸易不确定性加大的背景下，全面分析中国特色蔬菜的国际贸易格局，把握世界生产与贸易趋势，对于中国特色蔬菜的国内产业调整及国际化路径选择具有重大参考价值。

　　本书是中国特色蔬菜国际贸易研究报告汇总，涵盖 17 篇特色蔬菜国际贸易专题研究报告，包括世界特色蔬菜生产布局及贸易格局总报告，中国特色蔬菜国际贸易发展形势总报告，辛辣类、水生类蔬菜出口增长效应专题报告，辛辣类蔬菜、水生类蔬菜及生姜、芋头出口市场格局专题报告，中国辣椒、洋葱和大蒜国际竞争力专题报告，技术性贸易壁垒专题报告，"一带一路"专题报告等内容。研究以联合国商品贸易统计数据库（UN Comtrade）、联合国粮食及农业组织数据库（FAO）和中国海关总署数据库等官方数据为基础，汇总整理中国辛辣与水生蔬菜出口量、出口额、出口价格、出口贸易伙伴等相关数据信息写作完成，数据充分完善、结构清晰完整、方法科学合理。

　　本书是在国家特色蔬菜产业体系首席科学家、中国工程院院士、湖南农业大学校长邹学校研究员指导下，由刘妍副教授、赵帮宏教授、宗义湘教授、白丽副教授负责全书的内容设计、统稿和审定工作，产业经济研究室乔立娟教授、杨宾宾讲师、吴曼讲师、沧州市农林科学院周琬颜、研究生李如霞、郭秀琪、王思宇参与分报告撰写，研究生周文佳、董雨涵、寇春雨参与数据搜集、处理及书稿校对工作。

　　期望本书能够为农业相关部门、对外贸易部门、专家学者以及特色蔬菜生产经营主体把握产业国际动态提供参考依据！感谢所有专家、学者、农技推广人、企业、种植户的协助与支持！

国家特色蔬菜产业技术体系产业经济研究室

2022 年 10 月于保定

目　录

第四篇　国际竞争力专题报告

第五篇　技术性壁垒专题报告

第六篇　"一带一路"专题报告

第一篇 生产及贸易总报告

报告1-1 世界特色蔬菜生产布局及贸易格局分析

特色蔬菜涵盖葱姜蒜、辣椒、洋葱、芥菜、韭菜等辛辣类蔬菜以及芋头、莲藕、荸荠、茭白等水生类蔬菜，种类繁多，分布广泛。随着生活水平的不断提高，国内外消费者对健康营养、风味独特的辛辣类和水生类特色蔬菜的关注度持续上升，世界特色蔬菜生产规模和贸易规模不断扩大。中国作为辛辣类和水生类特色蔬菜的生产大国和贸易大国，在国际市场竞争日益激烈以及全球经济贸易不确定性加大的背景下，全面分析特色蔬菜的世界生产布局和贸易格局，把握世界生产与贸易趋势，对于中国特色蔬菜的国内产业调整及国际化路径选择具有重大参考价值。

一、世界特色蔬菜生产布局分析

特色蔬菜生产及贸易数据源自联合国粮食及农业组织（FAO）数据库。FAO中特色蔬菜包括葱类、生姜、大蒜、鲜辣椒、干辣椒、洋葱和芋头。葱类蔬菜（Leeks, Other Alliaceous Vegetables）对应HS编码070390，包括韭葱、大葱及其他葱属蔬菜；生姜（Ginger）对应HS编码091011和HS编码091012，包括未磨生姜和已磨生姜；大蒜（Garlic）对应HS编码070320，包括鲜或冷藏的蒜头、鲜或冷藏的青蒜和其他鲜或冷藏的大蒜；鲜辣椒（Chillies and Peppers, Green）对应HS编码070960，即鲜或冷藏的辣椒；干辣椒（Chillies and Peppers, Dry）对应HS编码090421和HS编码090422，包括未磨的辣椒干和已磨的辣椒；洋葱（Onions, Dry）对应HS编码070310，即洋葱（包括成熟阶段的洋葱，但不包括脱水洋葱）；芋头（Roots and Tubers Dried）对应HS编码071440，即芋头（芋属）。

（一）世界特色蔬菜生产品种结构

1. 世界特色蔬菜生产品种结构

2020年全世界特色蔬菜种植面积的产品结构情况如图1-1-1所示，葱类、生姜、大蒜、鲜辣椒、干辣椒、洋葱和芋头的世界种植面积分别为13.36万公顷、40.78万公顷、163.19万公顷、207.00万公顷、161.51万公顷、547.87万公顷和180.95万公顷，其中，洋葱种植面积位居第一，占特色蔬菜总种植面积的 41.67%；第二为鲜辣椒，占比 15.75%；第三为芋头，占比 13.76%。

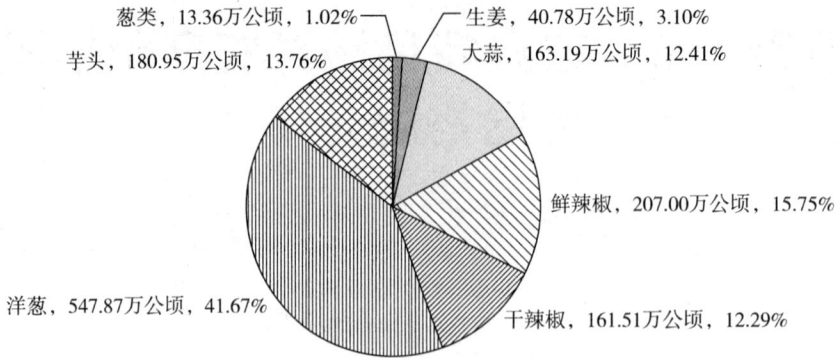

图 1-1-1　2020 年世界特色蔬菜种植面积的产品结构情况

资料来源：根据 FAO 数据计算所得。

2020 年全世界特色蔬菜产量的产品结构情况如图 1-1-2 所示，葱类、生姜、大蒜、鲜辣椒、干辣椒、洋葱和芋头的世界产量分别为 211.99 万吨、432.83 万吨、2805.43 万吨、3613.70 万吨、415.72 万吨、10455.45 万吨和 1283.87 万吨，其中，洋葱产量位居第一，占特色蔬菜总产量的 54.40%，第二为鲜辣椒，占比 18.80%，第三为大蒜，占比 14.60%。

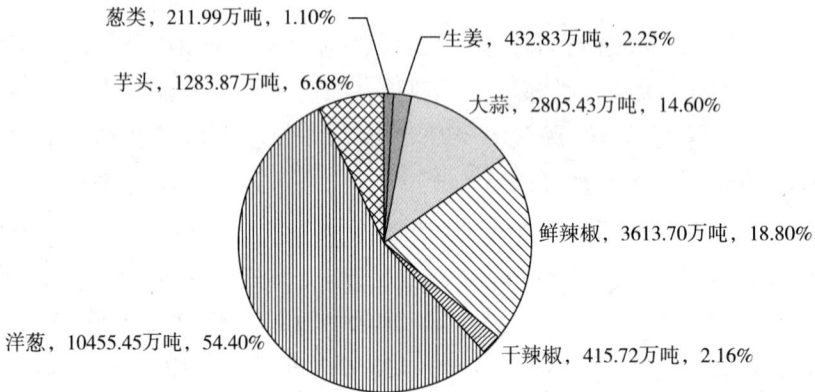

图 1-1-2　2020 年世界特色蔬菜产量的产品结构情况

资料来源：根据 FAO 数据计算所得。

2. 各洲特色蔬菜生产品种结构

2020 年世界各大洲特色蔬菜种植面积位居第一的是亚洲 804.02 万公顷，占世界的 61.16%；第二为非洲 382.73 万公顷，占比 29.11%；第三为美洲 64.81 万公顷，占比 4.93%；第四为欧洲 57.54 万公顷，占比 4.38%；第五为大洋洲 5.54 万公顷，占比

0.42%。各大洲特色蔬菜种植面积的产品结构情况如表 1-1-1 所示，亚洲特色蔬菜种植面积最大的为洋葱（44.68%），随后依次为大蒜（17.51%）、鲜辣椒（16.29%）、干辣椒（14.89%）、生姜（3.71%）、芋头（1.83%）和葱类（1.09%）；非洲特色蔬菜种植面积最大的为芋头（42.03%），随后依次为洋葱（33.09%）、鲜辣椒（10.64%）、干辣椒（9.69%）、生姜（2.64%）、大蒜（1.48%）和葱类（0.43%）；美洲特色蔬菜种植面积最大的为洋葱（42.74%），随后依次为鲜辣椒（38.34%）、大蒜（9.85%）、干辣椒（6.49%）、生姜（1.25%）、芋头（1.00%）和葱类（0.34%）；欧洲特色蔬菜种植面积最大的为洋葱（58.66%），随后依次为大蒜（17.87%）、鲜辣椒（17.80%）、葱类（4.72%）和干辣椒（0.95%）；大洋洲特色蔬菜种植面积最大的为芋头（85.27%），随后依次为洋葱（9.28%）、鲜辣椒（3.95%）、生姜（0.82%）、大蒜（0.56%）和葱类（0.12%）。

表 1-1-1　2020 年各大洲特色蔬菜种植面积的产品结构情况　　　单位：万公顷，%

产品	非洲		美洲		亚洲		欧洲		大洋洲	
	面积	占比	面积	占比	面积	占比	面积	占比	面积	占比
葱类	1.65	0.43	0.22	0.34	8.76	1.09	2.72	4.72	0.01	0.12
生姜	10.09	2.64	0.81	1.25	29.84	3.71	0.00	0.00	0.05	0.82
大蒜	5.68	1.48	6.38	9.85	140.81	17.51	10.28	17.87	0.03	0.56
鲜辣椒	40.71	10.64	24.85	38.34	130.98	16.29	10.24	17.80	0.22	3.95
干辣椒	37.07	9.69	4.21	6.49	119.70	14.89	0.54	0.95	0.00	0.00
洋葱	126.65	33.09	27.70	42.74	359.24	44.68	33.75	58.66	0.51	9.28
芋头	160.88	42.03	0.65	1.00	14.69	1.83	0.00	0.00	4.73	85.27

资料来源：根据 FAO 数据计算所得。

2020 年世界各大洲特色蔬菜产量位居第一的是亚洲 12946.13 万吨，占比 67.36%；第二为非洲 3067.38 万吨，占比 15.96%；第三为美洲 1565.20 万吨，占比 8.14%；第四为欧洲 1565.05 万吨，占比 8.14%；第五为大洋洲 75.22 万吨，占比 0.39%。各大洲特色蔬菜产量的产品结构情况如表 1-1-2 所示，亚洲特色蔬菜产量最多的为洋葱（53.91%），随后依次为大蒜（19.84%）、鲜辣椒（18.49%）、生姜（2.62%）、干辣椒（2.33%）、芋头（1.85%）和葱类（0.97%）；非洲特色蔬菜产量最多的为洋葱（45.98%），随后依次为芋头（32.51%）、鲜辣椒（13.02%）、干辣椒（3.21%）、生姜（2.79%）、大蒜（2.44%）和葱类（0.06%）；美洲特色蔬菜产量最多的为洋葱（64.00%），随后依次为鲜辣椒（29.26%）、大蒜（4.80%）、干辣椒（0.80%）、生姜（0.47%）、芋头（0.41%）和葱类（0.25%）；欧洲特色蔬菜产量最多的为洋葱（66.21%），随后依次为鲜辣椒（22.90%）、大蒜（5.54%）、葱类（5.14%）和干辣椒（0.21%）；大洋洲特色蔬菜产量最多的为芋头（54.62%），随后依次为洋葱（37.38%）、鲜辣椒（5.88%）、生姜（1.52%）、葱类（0.35%）和大蒜（0.25%）。

表 1-1-2　2020 年各大洲特色蔬菜产量的产品结构情况　　　单位：万吨，%

产品	非洲		美洲		亚洲		欧洲		大洋洲	
	产量	占	产量	占比	产量	占比	产量	占比	产量	占比
葱类	1.89	0.06	3.93	0.25	125.52	0.97	80.38	5.14	0.26	0.35
生姜	85.61	2.79	7.39	0.47	338.69	2.62	0.00	0.00	1.14	1.52
大蒜	74.78	2.44	75.18	4.80	2568.56	19.84	86.73	5.54	0.19	0.25
鲜辣椒	399.34	13.02	457.96	29.26	2393.64	18.49	358.33	22.90	4.43	5.88
干辣椒	98.35	3.21	12.53	0.80	301.49	2.33	3.35	0.21	0.00	0.00
洋葱	1410.25	45.98	1001.71	64.00	6979.10	53.91	1036.27	66.21	28.12	37.38
芋头	997.16	32.51	6.49	0.41	239.13	1.85	0.00	0.00	41.09	54.62

资料来源：根据 FAO 数据计算所得。

（二）世界各类特色蔬菜生产布局

1. 葱类

葱类蔬菜是一类具特殊香辛的"鳞茎类"蔬菜，以扁平斜条形或圆筒形叶，叶鞘及鳞茎供鲜食、加工或做调料，又称香辛类蔬菜或鳞茎类蔬菜，属百合科葱属多年生草本植物，作一二年或多年生栽培，每年采收或一年多次采收，周年生产与供应。这类蔬菜主要包括大葱、韭葱、香葱及胡葱等。据 FAO 统计，2020 年全世界有 55 个国家和地区种植葱类蔬菜，主要分布于亚洲，产量占世界比重为 65.61%，印度尼西亚是葱类生产、出口、消费第一大国。

（1）世界：葱类种植面积和产量呈现波动式上升，单产较为稳定。

1961~2020 年世界葱类蔬菜种植面积和产量波动趋势基本一致（见图 1-1-3），1961~1985 年波动幅度平稳，1986~2020 年产量呈现较大幅度波动，种植面积由 63.29 千公顷增长到 133.55 千公顷，增幅 111.01%，产量由 100.95 万吨上升到 211.99 万吨，增幅 109.96%，产量上升较快的主要原因是种植面积的上升以及种植技术的发展。世界葱类蔬菜单产变动呈现三个阶段：1961~1985 年单产围绕 14 吨/公顷上下波动；1986~1999 年单产开始攀升到较高水平，分别于 1990 年、1995 年和 1999 年突破 18 吨/公顷；2000~2020 年单产围绕 16 吨/公顷上下波动。

（2）大洲：葱类主产于亚洲和欧洲，大洋洲单产优势明显。

葱类蔬菜在非洲、亚洲、大洋洲、美洲和欧洲均有种植（见表 1-1-3），但主要集中于亚洲、欧洲和非洲。2020 年亚洲葱类蔬菜种植面积为 87.63 千公顷，占比 65.61%；欧洲种植面积为 27.16 千公顷，占比 20.34%；非洲种植面积为 16.50 千公顷，占比 12.36%；随后依次为美洲占比 1.65%、大洋洲占比 0.05%。由此可见，亚洲种植面积远

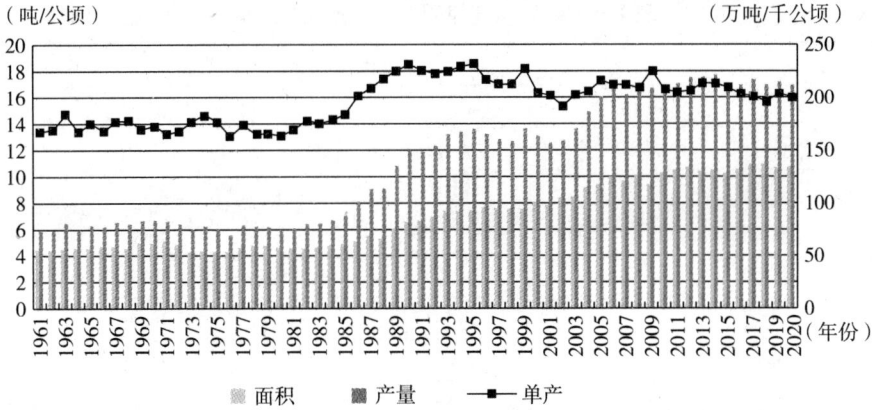

图 1-1-3　1961~2020 年世界葱类种植面积、产量和单产情况

资料来源：根据 FAO 数据计算所得。

高于其他四大洲的种植面积。亚洲葱类蔬菜产量为 125.52 万吨，占世界总产量的 59.21%；欧洲产量为 80.38 万吨，占比 37.92%；随后依次为美洲占比 1.86%、非洲占比 0.89%、大洋洲占比 0.12%。非洲拥有 12.36% 的种植面积却只有 0.89% 的产量。大洋洲葱类蔬菜单产为 40.19 吨/公顷、欧洲为 29.60 吨/公顷、美洲为 17.89 吨/公顷、亚洲为 14.32 吨/公顷、非洲为 1.15 吨/公顷，可见，大洋洲葱类蔬菜的单产水平最高，亚洲虽然产量最大，但单产水平低于大洋洲、欧洲和美洲，说明生产技术效率仍然不高。

表 1-1-3　2020 年各大洲葱类种植面积、产量和单产情况

单位：千公顷，万吨，吨/公顷，%

区域	面积		产量		单产
	数量	占比	数量	占比	
非洲	16.50	12.36	1.89	0.89	1.15
美洲	2.20	1.65	3.93	1.86	17.89
亚洲	87.63	65.61	125.52	59.21	14.32
欧洲	27.16	20.34	80.38	37.92	29.60
大洋洲	0.07	0.05	0.26	0.12	40.19

资料来源：根据 FAO 数据计算所得。

（3）国家：印度尼西亚为世界葱类主产国，中国产量位居第六。

2020 年，世界葱类蔬菜种植面积前十国占世界总面积的 82.77%（见表 1-1-4），其中，前三国印度尼西亚、卢旺达和土耳其面积之和达 84.33 千公顷，占比 63.14%，表明世界葱类蔬菜种植面积高度集中。世界葱类蔬菜产量前十国占世界总产量的 81.17%，其中，前三国印度尼西亚、土耳其和法国产量之和达 95.55 万吨，占比 45.07%，表明产量集中度不及面积集中度高，原因在于印度尼西亚和卢旺达等国单产水平偏低。

表 1-1-4　2020 年世界葱类主产国生产情况　　单位：千公顷，万吨，%

排名	国家	面积		国家	产量	
		数量	占比		数量	占比
1	印度尼西亚	61.96	46.40	印度尼西亚	57.97	27.35
2	卢旺达	14.61	10.94	土耳其	22.55	10.64
3	土耳其	7.75	5.81	法国	15.03	7.09
4	法国	5.04	3.77	比利时	14.71	6.94
5	中国	4.73	3.54	朝鲜	14.46	6.82
6	比利时	3.96	2.97	中国	11.97	5.65
7	哈萨克斯坦	3.83	2.86	哈萨克斯坦	9.30	4.39
8	朝鲜	3.23	2.42	德国	9.00	4.24
9	西班牙	2.89	2.16	荷兰	8.98	4.24
10	荷兰	2.53	1.89	西班牙	8.12	3.83
合计	前十国	110.54	82.77	前十国	172.08	81.17

资料来源：根据 FAO 数据计算所得。

（4）中国：葱类单产、种植面积和产量均稳步上升。

1988~2020 年中国葱类蔬菜种植面积、单产和产量呈同步平稳增长趋势（见图 1-1-4），种植面积由 2.20 千公顷增长到 4.73 千公顷，增长了 1.15 倍，占世界比重由 1.75%增长到 3.54%；产量由 2.80 万吨增长到 11.97 万吨，增长了 3.27 倍，占世界比重由 2.47%上升到 5.65%；1988~2007 年单产呈现上升趋势，由 12.73 吨/公顷上升到 25.00 吨/公顷，增长了 96.39%，2008~2020 年单产水平稳定在 25.00 吨/公顷，2020 年单产水平为世界的 1.59 倍。这表明中国农业技术要素投入对促进我国葱类产量增加起到了重要作用。

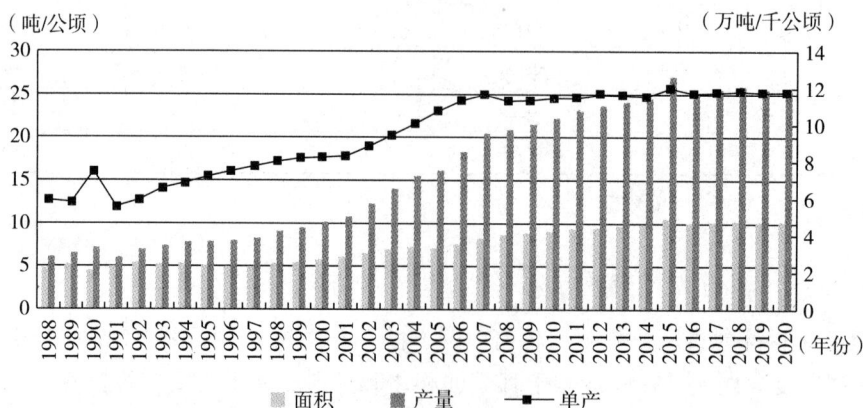

图 1-1-4　1988~2020 年中国葱类种植面积、产量和单产情况

资料来源：根据 FAO 数据计算所得。

2. 生姜

生姜是姜科多年生草本植物姜的新鲜根茎，富含有辛辣和芳香成分，药食同用，具有很高的营养价值和药用价值。生姜起源于亚洲的热带和亚热带地区，由中国走向世界。中国生姜种植分布较广，除东北、西北严寒地区外，南部和中部均有生姜种植，但产量集中度高，山东省集中了中国生姜51%的产量。据FAO统计，2020年全世界有39个国家或地区种植生姜，主要分布于亚洲。

（1）世界：生姜种植面积、产量和单产呈现不稳定上升。

1961~2020年，世界生姜种植面积呈现两个波动阶段（见图1-1-5）：1961~2006年、2007~2020年都呈现显著上升趋势，分别于2006年和2020年达到峰值，为387.84千公顷和407.84千公顷。世界生姜产量呈现显著上升趋势，1961~2010年呈现出较为平稳上升趋势，由6.04万吨上升至171.86万吨；2011~2020年呈现快速增长趋势，产量由241.52万吨上升至432.83万吨，增幅79.21%。世界生姜单产于1961~2006年基本围绕3吨/公顷上下波动，2007年单产水平开始突破6吨/公顷，之后迅速提升，2020年单产水平达到10.61吨/公顷。

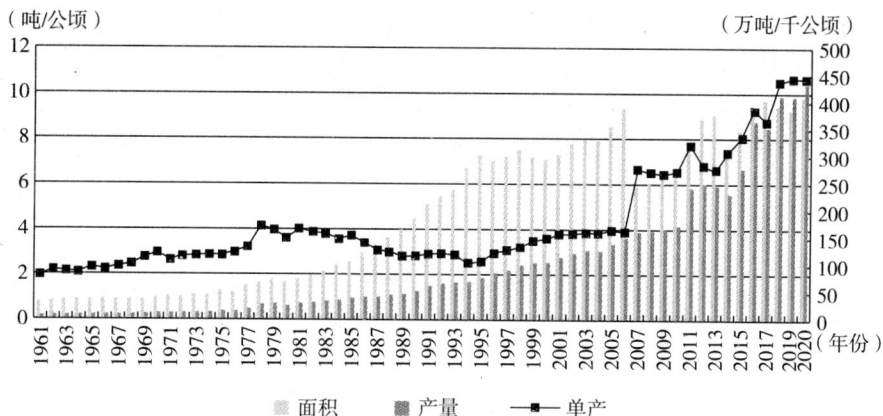

图 1-1-5　1961~2020 年世界生姜种植面积、产量和单产情况

资料来源：根据 FAO 数据计算所得。

（2）大洲：生姜主产于亚洲和非洲，大洋洲生产优势明显。

生姜在非洲、亚洲、大洋洲、美洲均有种植（见表1-1-5），但主要集中于亚洲和非洲。2020年，亚洲生姜种植面积为298.40千公顷，占比73.17%；非洲种植面积为100.90千公顷，占比24.74%；随后依次为美洲占比1.98%、大洋洲占比0.11%。亚洲生姜产量为338.69万吨，占世界总产量的78.25%；非洲产量为85.61万吨，占比19.78%；随后依次为美洲占比1.71%、大洋洲占比0.26%。这表明亚洲在生姜种植技术上明显领先于非洲，单产水平更高。大洋洲生姜单产为25.02吨/公顷、亚洲单产为11.35吨/公顷、美洲单产为9.14吨/公顷、非洲单产为8.48吨/公顷。大洋洲单产约为非洲的3倍，这表明大洋洲生产效率最高，生产技术具有很大优势，非洲生姜生产技术处于较低水平，充分利用非洲土地资源，引进以大洋洲为代表的生姜种植先进技术，将会大幅增长非洲生姜产量。

表 1-1-5　2020 年各大洲生姜种植面积、产量和单产情况

单位：千公顷，万吨，吨/公顷，%

区域	面积		产量		单产
	数量	占比	数量	占比	
非洲	100.90	24.74	85.61	19.78	8.48
美洲	8.08	1.98	7.39	1.71	9.14
亚洲	298.40	73.17	338.69	78.25	11.35
大洋洲	0.46	0.11	1.14	0.26	25.02

资料来源：根据 FAO 数据计算所得。

（3）国家：印度为世界生姜主产国，中国产量位居第三。

2020 年，世界生姜种植面积前十国占世界总面积的 93.94%（见表 1-1-6），其中，前三国印度、尼日利亚和中国面积之和达 316.59 千公顷，占比 77.63%，表明世界生姜种植面积高度集中。世界生姜产量前十国占世界总产量的 94.38%，其中，前三国印度、尼日利亚和中国产量之和达 319.72 万吨，占比 73.87%，表明产量集中度略低于种植面积集中度。

表 1-1-6　2020 年世界生姜主产国生产情况　单位：千公顷，万吨，%

排名	国家	面积		国家	产量	
		数量	占比		数量	占比
1	印度	172.00	42.17	印度	184.40	42.6
2	尼日利亚	85.66	21.00	尼日利亚	73.43	16.97
3	中国	58.93	14.45	中国	61.89	14.3
4	尼泊尔	23.50	5.76	尼泊尔	29.89	6.91
5	孟加拉国	10.30	2.53	印度尼西亚	18.35	4.24
6	泰国	9.75	2.39	泰国	16.7	3.86
7	印度尼西亚	7.45	1.83	孟加拉国	8.49	1.96
8	喀麦隆	6.79	1.66	喀麦隆	6.55	1.51
9	斯里兰卡	4.72	1.16	日本	4.61	1.07
10	秘鲁	4.03	0.99	斯里兰卡	4.20	0.97
合计	前十国	383.13	93.94	前十国	408.52	94.38

资料来源：根据 FAO 数据计算所得。

（4）中国：生姜种植面积和产量稳步上升，单产保持平稳。

中国生姜种植面积、产量和单产呈同步平稳增长趋势（见图 1-1-6）。1985～2020 年，中国生姜种植面积由 2.75 千公顷增长到 58.93 千公顷，增长了 20.43 倍，占世界比重由 2.59% 上升到 14.45%。中国生姜产量由 2.00 万吨增长到 61.89 万吨，增长了 29.95 倍，占世界比重由 5.12% 上升到 14.30%。中国生姜单产由 7.27 吨/公顷上升到 10.5 吨/公顷，增长了 44.41%，2020 年中国生姜单产为世界水平的 0.99 倍。可见，中国生姜种植面积和产量占世界比重均有所上升，单产水平近 20 年基本平稳。

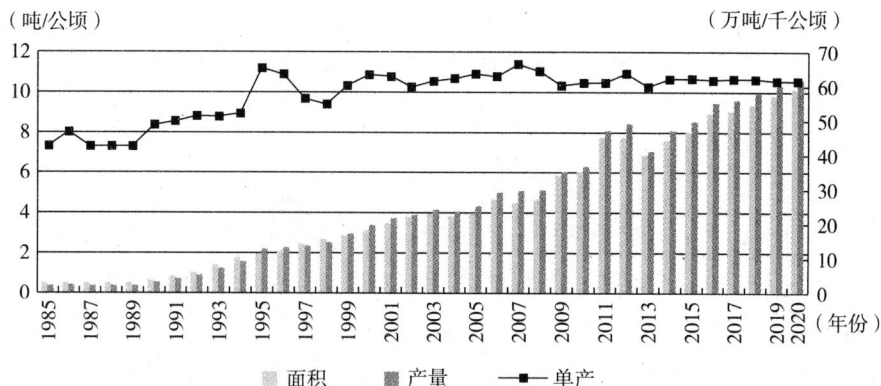

图 1-1-6　1961～2020 年中国生姜种植面积、产量和单产情况

资料来源：根据 FAO 数据计算所得。

3. 大蒜

大蒜是百合科、葱属多年生草本植物，鳞茎球状至扁球状，通常由多数肉质、瓣状的小鳞茎紧密地排列而成，外面被数层白色至带紫色的膜质鳞茎外皮包裹，适生于土壤疏松、排水良好、有机质丰富的沙壤土。原产于亚洲西部或欧洲，在世界上已有悠久的栽培历史，中国南北普遍栽培。据 FAO 统计，2020 年全世界有 101 个国家和地区种植大蒜，主要分布于亚洲，2020 年产量占世界比重为 86.29%，中国是大蒜生产、出口、消费第一大国。

（1）世界：大蒜种植面积、产量和单产呈现波动式增长。

1961～2020 年，世界大蒜种植面积呈现稳定增长趋势（见图 1-1-7），由 771.24 千公顷增长到 1631.87 千公顷，增长了 1.12 倍。世界大蒜产量波动与单产波动趋势基本一致，1961～2006 年波动幅度略显平稳，产量由 430.07 万吨平稳上升至 1531.82 万吨；单产由 5.58 吨/公顷增长到 13.05 吨/公顷；2007～2020 年呈现大幅度增长，产量由 1531.82 万吨上升到 2805.43 万吨；单产由 15.42 吨/公顷增长到 17.19 吨/公顷。

（2）大洲：大蒜主产于亚洲，亚洲、非洲单产优势明显。

大蒜在非洲、美洲、亚洲、欧洲和大洋洲均有种植（见表 1-1-7），但主要集中于亚洲。2020 年，亚洲大蒜种植面积为 1408.08 千公顷，占比 86.29%；欧洲种植面积为 102.82 千公顷，占比 6.30%；随后依次为美洲占比 3.91%、非洲占比 3.48%、大洋洲占

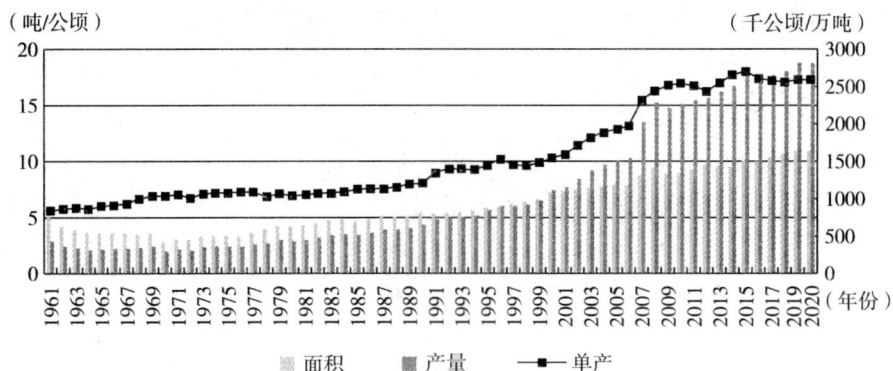

图 1-1-7 1961~2020 年世界大蒜种植面积、产量和单产情况

资料来源：根据 FAO 数据计算所得。

比 0.02%。亚洲大蒜产量为 2568.56 万吨，占世界总产量的 91.56%；欧洲产量为 86.73 万吨，占比 3.09%；随后依次为美洲占比 2.68%、非洲占比 2.67%、大洋洲占比 0.01%。亚洲大蒜单产为 18.24 吨/公顷、非洲为 13.16 吨/公顷、美洲为 11.78 吨/公顷、欧洲为 8.43 吨/公顷、大洋洲为 6.09 吨/公顷。值得注意的是，亚洲单产水平是世界水平的 1.061 倍，是大洋洲的 3 倍。欧洲拥有 6.30% 的种植面积却只有 3.09% 的产量，甚至低于非洲单产水平，可见非洲大蒜产出效率高于欧洲和美洲，具有一定的生产优势。

表 1-1-7 2020 年各大洲大蒜种植面积、产量和单产情况

单位：千公顷，万吨，吨/公顷，%

区域	面积		产量		单产
	数量	占比	数量	占比	
非洲	56.83	3.48	74.78	2.67	13.16
美洲	63.82	3.91	75.18	2.68	11.78
亚洲	1408.08	86.29	2568.56	91.56	18.24
欧洲	102.82	6.30	86.73	3.09	8.43
大洋洲	0.31	0.02	0.19	0.01	6.09

资料来源：根据 FAO 数据计算所得。

（3）国家：中国为大蒜主产国，且单产位居前列。

2020 年，世界大蒜种植面积前十国占世界总面积的 87.00%（见表 1-1-8），其中，前三国中国、印度和孟加拉国面积之和达 1261.86 千公顷，占比 77.32%，表明世界大蒜种植面积高度集中。世界大蒜产量前十国占世界总产量的 92.38%，其中，前三国中国、印度和孟加拉国产量之和达 2411.45 万吨，占比 85.96%，表明产量集中度高于面积集中度高，原因在于中国、印度和孟加拉国大蒜的单产水平较高，中国大蒜单产仅次于科威特和乌兹别克斯坦，常年位居世界第三。

表 1-1-8　2020 年世界大蒜主产国生产情况　　单位：千公顷，万吨，%

排名	国家	面积		国家	产量	
		数量	占比		数量	占比
1	中国	825.30	50.57	中国	2071.21	73.83
2	印度	363.00	22.24	印度	291.70	10.40
3	孟加拉国	73.56	4.51	孟加拉国	48.54	1.73
4	缅甸	28.49	1.75	韩国	36.34	1.30
5	西班牙	27.94	1.71	埃及	33.35	1.19
6	韩国	25.37	1.55	西班牙	26.91	0.96
7	乌克兰	23.80	1.46	乌兹别克斯坦	22.37	0.80
8	俄罗斯	20.62	1.26	乌克兰	21.17	0.75
9	埃塞俄比亚	15.98	0.98	缅甸	21.11	0.75
10	埃及	15.72	0.96	俄罗斯	18.97	0.68
合计	前十国	1419.79	87.00	前十国	2591.68	92.38

资料来源：根据 FAO 数据计算所得。

（4）中国：大蒜种植面积、产量和单产稳定上升，单产位居前列。

中国大蒜种植面积、产量和单产均呈现平稳增长趋势（见图 1-1-8）。1961~2020 年，中国大蒜种植面积由 560.00 千公顷增长到 825.30 千公顷，增长了 47.38%，占世界比重由 72.61% 下降到 50.57%。中国大蒜产量由 342.00 万吨增长到 2071.21 万吨，增长了 5.06 倍，占世界比重由 79.52% 下降到 73.83%。尽管中国大蒜种植面积和产量占世界比重均有所下降，但是单产水平不断上升，由 6.11 吨/公顷上升到 25.10 吨/公顷，增长了 3.11 倍，2020 年中国单产为世界水平的 1.46 倍。这表明中国农业技术要素投入对促进我国大蒜产量增加起到了重要作用。

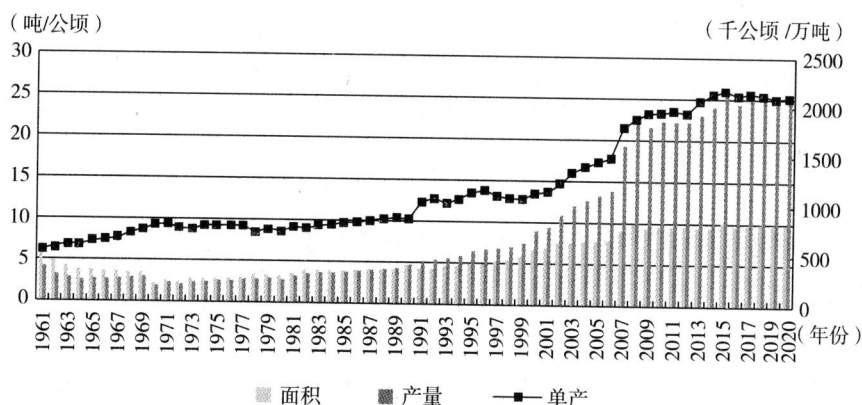

图 1-1-8　1961~2020 年中国大蒜种植面积、产量和单产情况
资料来源：根据 FAO 数据计算所得。

4. 辣椒

辣椒别名牛角椒、长辣椒、菜椒、灯笼椒，为木兰纲、茄科、辣椒属一年或有限多年生草本植物。辣椒对条件水分要求严格，既不耐旱也不耐涝，喜欢比较干爽的空气条件。本种原来分布于墨西哥到哥伦比亚地区，世界各国普遍栽培。据FAO统计，2020年全世界有187个国家或地区种植辣椒，主要分布于亚洲，中国和印度是辣椒生产、出口、消费大国。

第一类：鲜辣椒。

（1）世界：鲜辣椒产量和单产呈阶段上升，种植面积平稳增长。

1961~2020年，世界鲜辣椒的种植面积呈现稳定上升趋势（见图1-1-9），由658.96千公顷上升到2069.66千公顷，增长了2.14倍。世界鲜辣椒产量增长分为两个阶段：1961~1994年，由590.80万吨到1297.69万吨，增长了119.65%，上升趋势较平稳；1995~2020年，由1405.61万吨上升到3613.70万吨，增长了157.09%，上升幅度较大。世界鲜辣椒单产变动阶段与产量较为一致，1961~1994年由8.97吨/公顷到10.51吨/公顷，增长了17.17%；1995~2020年由10.36吨/公顷到17.46吨/公顷，增长了68.53%，呈现大幅度上升。

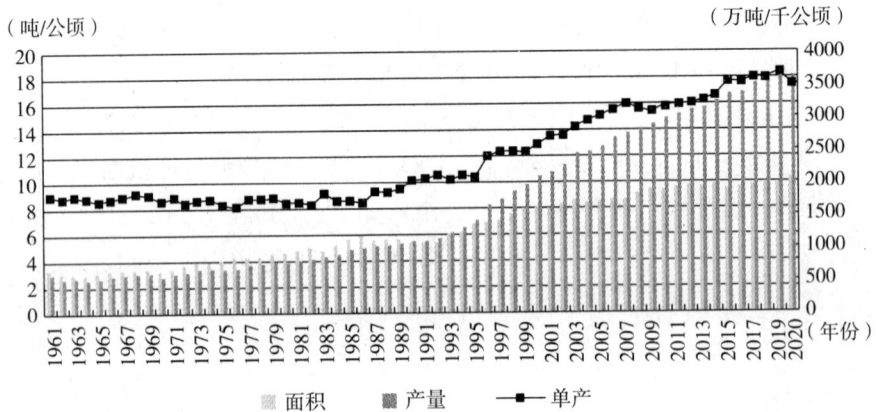

图1-1-9　1961~2020年世界鲜辣椒种植面积、产量和单产情况

资料来源：根据FAO数据计算所得。

（2）大洲：鲜辣椒主产于亚洲，欧洲单产优势明显。

鲜辣椒在五大洲均有种植（见表1-1-9），但主要集中于亚洲和非洲，亚洲鲜辣椒的种植面积为1309.79千公顷，占比63.28%；非洲种植面积为407.11千公顷，占比19.67%；随后依次为美洲占比12.00%、欧洲占比4.95%、大洋洲占比0.11%。亚洲鲜辣椒产量为2393.64万吨，占比66.24%；美洲产量为457.96万吨，占比12.67%；随后依次为非洲占比11.05%、欧洲占比9.92%、大洋洲占比0.12%。欧洲鲜辣椒单产水平最高，为34.98吨/公顷，随后依次为大洋洲为20.21吨/公顷，美洲为18.43吨/公顷、亚洲为 18.28 吨/公顷、非洲为 9.81 吨/公顷。可见，虽然非洲种植面积远高于欧洲和大洋洲，为欧洲的 4 倍，但非洲单产却远低于欧洲。这表明非洲鲜辣椒种植土地资源丰富，但产出水平最低，充分利用非洲土地资源，引进以欧洲为代表的鲜辣椒种植先进技术，将会大幅增长非洲鲜辣椒产量。

表 1-1-9　2020 年各大洲鲜辣椒种植面积、产量和单产情况

单位：千公顷，万吨，吨/公顷，%

区域	面积		产量		单产
	数量	占比	数量	占比	
非洲	407.11	19.67	399.34	11.05	9.81
美洲	248.46	12.00	457.96	12.67	18.43
亚洲	1309.79	63.28	2393.64	66.24	18.28
欧洲	102.43	4.95	358.33	9.92	34.98
大洋洲	2.19	0.11	4.43	0.12	20.21

资料来源：根据 FAO 数据计算所得。

（3）国家：鲜辣椒主产国为中国，荷兰、比利时单产水平居高。

2020 年世界鲜辣椒种植面积前十国占世界总面积的 78.57%（见表 1-1-10），其中，前三国中国、印度尼西亚和墨西哥面积之和达到 1207.64 千公顷，占比 58.35%。世界鲜辣椒产量前十国占世界总产量的 83.11%，其中，前三国中国、墨西哥和印度尼西亚产量之和达 2224.19 万吨，占比 61.55%，表明产量集中度高于面积集中度，原因在于中国鲜辣椒产出水平在前三位主产国中较高，以世界占比 35.51% 的种植面积产出世界占比 46.08% 的产量；反观种植面积排名第二的印度尼西亚，面积占比 15.21%，但产量占比却下滑至 7.67%。2020 年中国鲜辣椒单产水平 22.66 吨/公顷，远低于荷兰、比利时、英国、德国等发达国家水平。

表 1-1-10　2020 年世界鲜辣椒主产国生产情况　单位：千公顷，万吨，%

排名	国家	面积		国家	产量	
		数量	占比		数量	占比
1	中国	734.96	35.51	中国	1665.09	46.08
2	印度尼西亚	314.77	15.21	墨西哥	281.84	7.80
3	墨西哥	157.91	7.63	印度尼西亚	277.26	7.67
4	尼日利亚	101.35	4.90	土耳其	263.69	7.30
5	土耳其	91.49	4.42	西班牙	147.29	4.08
6	塞拉利昂	76.22	3.68	埃及	105.56	2.92
7	埃及	58.40	2.82	尼日利亚	76.22	2.11

排名	国家	面积		国家	产量	
		数量	占比		数量	占比
8	韩国	35.53	1.72	阿尔及利亚	71.77	1.99
9	贝宁	30.35	1.47	美国	71.52	1.98
10	喀麦隆	25.34	1.22	荷兰	43.00	1.19
合计	前十国	1626.32	78.57	前十国	3003.23	83.11

资料来源：根据 FAO 数据计算所得。

（4）中国：鲜辣椒种植面积大幅度上升，单产和产量稳定上升。

中国鲜辣椒种植面积呈现大幅度增长趋势（见图 1-1-10）。1961~2020 年，中国鲜辣椒种植面积由 280.00 千公顷增长到 739.96 千公顷，增长了 1.64 倍，占世界比重由 42.49% 下降到 35.51%。中国鲜辣椒产量由 312.00 万吨增长到 1665.09 万吨，增长了 4.34 倍，占世界比重由 52.81% 下降到 46.08%。尽管中国鲜辣椒种植面积和产量占世界比重均有所下降，但是产出规模增长趋势较为显著，单产水平也能稳定上升，由 11.14 吨/公顷上升到 22.66 吨/公顷，增长了 1.03 倍，2020 年单产为世界水平的 1.30 倍。

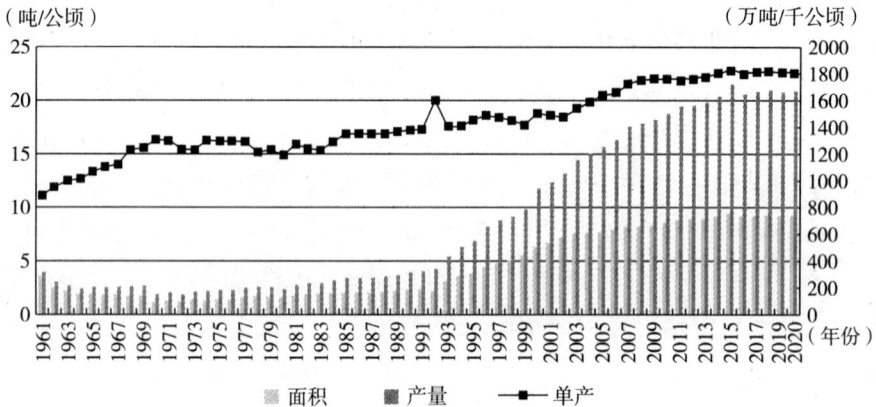

图 1-1-10　1961~2020 年中国鲜辣椒种植面积、产量和单产情况

资料来源：根据 FAO 数据计算所得。

第二类：干辣椒。

（1）世界：干辣椒种植面积、单产和产量平稳上升。

1961~2020 年，世界干辣椒种植面积、单产和产量均呈现平稳上升趋势（见图 1-1-11）。世界干辣椒种植面积由 1150.43 千公顷上升到 1615.14 千公顷，增长了 40.39%，总体呈平稳上升趋势。世界干辣椒产量波动与单产波动趋势基本一致，波动幅度略显平稳，产量由 99.16 万吨增长到 415.72 万吨，增长了 3.19 倍；单产由 0.86 吨/公顷增长到 2.57 吨/公顷，增长了 1.99 倍。

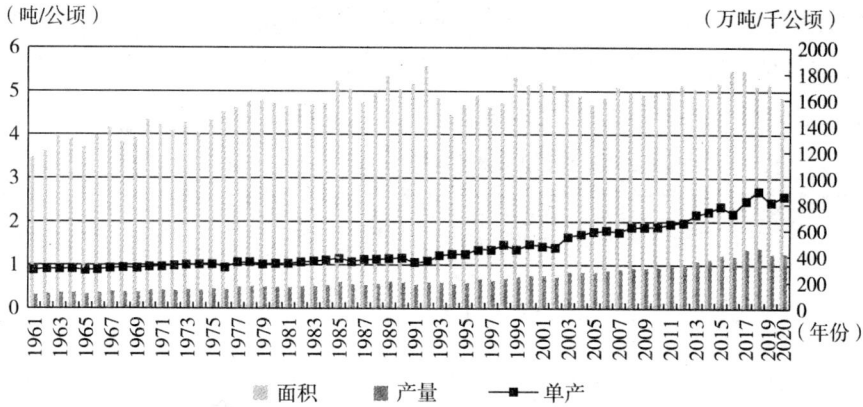

图 1-1-11　1961~2020 年世界干辣椒种植面积、产量和单产情况

资料来源：根据 FAO 数据计算所得。

（2）大洲：干辣椒主产于亚洲和非洲，欧洲单产优势大。

干辣椒在非洲、亚洲、大洋洲、美洲和欧洲均有种植（见表 1-1-11），但主要集中于亚洲和非洲。2020 年，亚洲干辣椒种植面积为 1196.95 千公顷，占比 74.06%；非洲种植面积为 370.69 千公顷，占比 22.94%；随后依次为美洲占比 2.60%、欧洲占比 0.34%、大洋洲占比 0.06%。亚洲干辣椒产量为 301.49 万吨，占世界总产量的 72.17%；非洲产量为 98.35 万吨，占比 23.55%；随后依次为美洲占比 3.00%、欧洲占比 0.80%、大洋洲占比 0.48%。欧洲干辣椒单产为 6.15 吨/公顷、美洲为 2.98 吨/公顷、非洲为 2.65 吨/公顷、亚洲为 2.52 吨/公顷、大洋洲为 2.00 吨/公顷。可见，亚洲和非洲虽为干辣椒主产地区，但单产水平和欧洲还有一定的差距。

表 1-1-11　2020 年各大洲干辣椒种植面积、产量和单产情况

单位：千公顷，万吨，吨/公顷，%

区域	面积		产量		单产
	数量	占比	数量	占比	
非洲	370.69	22.94	98.35	23.55	2.65
美洲	42.05	2.60	12.53	3.00	2.98
亚洲	1196.95	74.06	301.49	72.17	2.52
欧洲	5.45	0.34	3.35	0.80	6.15
大洋洲	1.00	0.06	2.00	0.48	2.00

资料来源：根据 FAO 数据计算所得。

（3）国家：干辣椒主产国为印度，中国产量位居第三。

2020 年，世界干辣椒种植面积前十国占世界总面积的 85.88%（见表 1-1-12），其中，前三国印度、埃塞俄比亚和缅甸面积之和达 960.90 千公顷，占比 59.46%。世界干辣椒产量前十国占世界总产量的 86.49%，其中，前三国印度、泰国和中国产量之和达

233.25 万吨，占比 55.83%。可见，世界干辣椒主产国为印度，种植面积和产量均位居世界第一，中国种植面积虽排名第八，仅占世界 2.85%，但产量却升至世界第三位，占比 7.36%，说明中国干辣椒生产具有很高的生产效率。

表 1-1-12　2020 年世界干辣椒主产国生产情况　单位：千公顷，万吨，%

排名	国家	面积		国家	产量	
		数量	占比		数量	占比
1	印度	683.00	42.26	印度	170.20	40.74
2	埃塞俄比亚	168.35	10.42	泰国	32.29	7.73
3	缅甸	109.55	6.78	中国	30.76	7.36
4	孟加拉国	96.90	6.00	埃塞俄比亚	30.76	7.36
5	泰国	88.18	5.46	孟加拉国	29.60	7.09
6	越南	67.13	4.15	巴基斯坦	15.76	3.77
7	巴基斯坦	60.75	3.76	缅甸	14.15	3.39
8	中国	46.05	2.85	科特迪瓦	14.10	3.37
9	尼日利亚	36.61	2.26	贝宁	12.76	3.06
10	墨西哥	31.42	1.94	加纳	10.89	2.61
合计	前十国	1387.92	85.88	前十国	361.28	86.49

资料来源：根据 FAO 数据计算所得。

（4）中国：干辣椒种植面积、产量和单产稳定上升。

中国干辣椒种植面积、产量和单产均呈平稳上升趋势（见图 1-1-12）。1961~2020 年，中国干辣椒种植面积由 19.00 千公顷增长到 46.05 千公顷，增长了 1.42 倍，占世界比重由 1.65% 上升到 2.85%。中国干辣椒产量由 6.30 万吨增长到 30.76 万吨，增长了 3.88 倍，占世界比重由 6.35% 上升到 7.40%，可见，中国干辣椒种植面积和产量占世界比重均有所上升。中国干辣椒单产也呈波动上升趋势，由 3.32 吨/公顷上升到 6.68 吨/公顷，增长了 1.01 倍，2020 年单产为世界水平的 2.60 倍，位居世界第八位。

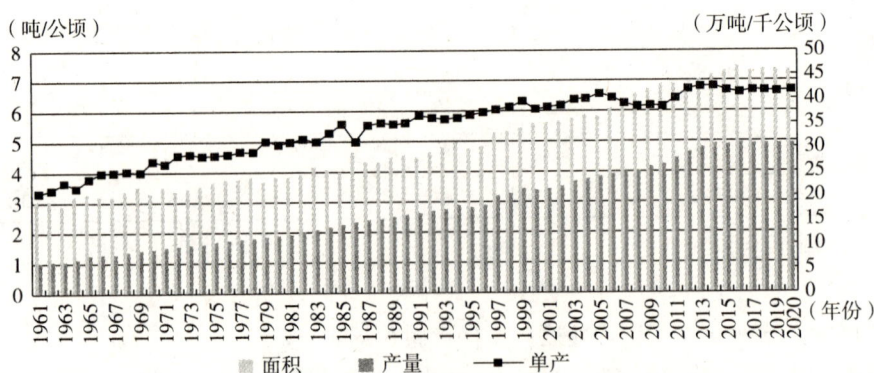

图 1-1-12　1961~2020 年中国干辣椒种植面积、产量和单产情况

资料来源：根据 FAO 数据计算所得。

5. 洋葱

洋葱是百合科、葱属多年生草本植物，可用于降低血压、提神醒脑、缓解压力、预防感冒，还能清除体内氧自由基，增强新陈代谢能力，抗衰老，预防骨质疏松，是适合中老年人的保健食物。洋葱原产于亚洲西部，是中国主栽蔬菜之一，中国洋葱产地主要有福建、山东、甘肃、内蒙古、新疆等省份。据 FAO 统计，2020 年全世界有 144 个国家或地区种植洋葱，主要分布于亚洲，2020 年产量占世界比重为 65.57%，印度是洋葱生产、出口、消费第一大国。

（1）世界：洋葱种植面积和产量增速显著，单产增长平稳。

1961~2020 年，世界洋葱种植面积和单产均呈现平稳上升的趋势（见图 1-1-13）。世界洋葱种植面积由 1216.21 千公顷上升到 5478.65 千公顷，增长了 3.50 倍，呈现平稳上升趋势。世界洋葱产量上升幅度高于面积，由 1426.40 万吨上升到 10455.45 万吨，增长了 6.33 倍。世界洋葱单产增长较为平稳，由 11.73 吨/公顷增长到 19.08 吨/公顷，增长了 62.27%。

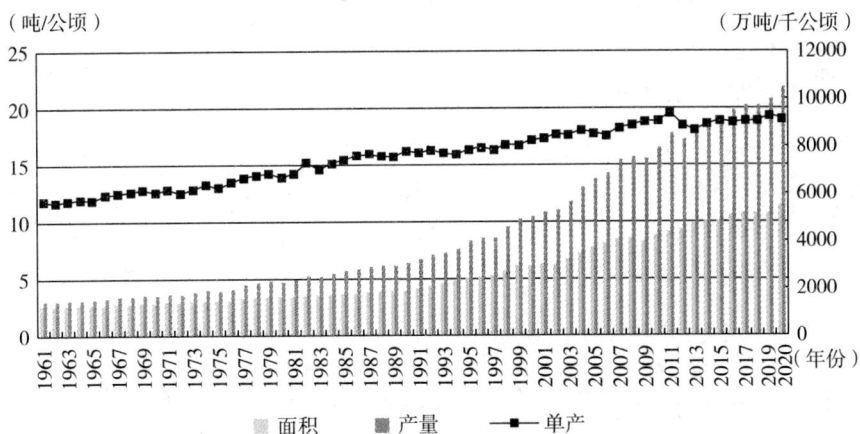

图 1-1-13　1961~2020 年世界洋葱种植面积、产量和单产情况

资料来源：根据 FAO 数据计算所得。

（2）大洲：洋葱主产于亚洲和非洲，大洋洲单产优势明显。

洋葱在非洲、亚洲、大洋洲、美洲和欧洲均有种植（见表 1-1-13），但主要集中于亚洲和非洲。2020 年，亚洲洋葱种植面积为 3592.43 千公顷，占比 65.57%；非洲种植面积为 1266.49 千公顷，占比 23.12%；随后依次为欧洲占比 6.16%、美洲占比 5.06%、大洋洲占比 0.09%。亚洲洋葱产量为 6979.10 万吨，占世界总产量的 66.75%；非洲产量为 1410.25 万吨，占比 13.49%；随后依次为欧洲占比 9.91%、美洲占比 9.58%、大洋洲占比 0.27%。大洋洲洋葱单产为 54.67 吨/公顷、美洲为 36.16 吨/公顷、欧洲为 30.70 吨/公顷、亚洲为 19.43 吨/公顷、非洲为 11.14 吨/公顷。这表明大洋洲单产方面具有明显优势，非洲洋葱虽种植面积居多，但单产水平过低，亚洲单产水平与大洋洲、美洲和欧洲相比也存在不小差距。

表 1-1-13　2020 年各大洲洋葱种植面积、产量和单产情况
单位：千公顷，万吨，吨/公顷，%

区域	面积		产量		单产
	数量	占比	数量	占比	
非洲	1266.49	23.12	1410.25	13.49	11.14
美洲	277.04	5.06	1001.71	9.58	36.16
亚洲	3592.43	65.57	6979.10	66.75	19.43
欧洲	337.55	6.16	1036.27	9.91	30.70
大洋洲	5.14	0.09	28.12	0.27	54.67

资料来源：根据 FAO 数据计算所得。

（3）国家：印度和中国为世界洋葱主产国，韩国、美国单产位居前列。

2020 年，世界洋葱种植面积前十国占世界总面积的 75.09%（见表 1-1-14），其中，前三国印度、中国和尼日利亚面积之和达 3176.19 千公顷，占比 57.97%。世界洋葱产量前十国占世界总产量的 66.72%，其中，前三国印度、中国和美国产量之和达 5421.87 万吨，占比 51.85%。洋葱单产排名前列的为韩国、美国、澳大利亚、西班牙、日本等发达国家。可见，印度和中国种植面积和产量均能稳居世界前列，但尼日利亚、印度尼西亚和孟加拉国等国由于单产水平偏低，产量并未发挥出种植规模优势，反被美国、埃及和土耳其等国赶超。

表 1-1-14　2020 年世界洋葱主产国生产情况　单位：千公顷，万吨，%

排名	国家	面积		国家	产量	
		数量	占比		数量	占比
1	印度	1434.00	26.17	印度	2673.80	25.57
2	中国	1083.96	19.79	中国	2365.97	22.63
3	尼日利亚	658.23	12.01	美国	382.10	3.65
4	印度尼西亚	186.90	3.41	埃及	315.56	3.02
5	孟加拉国	185.27	3.38	土耳其	248.00	2.37
6	巴基斯坦	148.20	2.71	巴基斯坦	212.20	2.03
7	苏丹	150.79	2.75	伊朗	206.43	1.97
8	越南	97.17	1.77	孟加拉国	195.38	1.87
9	埃及	89.02	1.62	苏丹	194.98	1.86
10	乌干达	80.41	1.47	印度尼西亚	181.54	1.74
合计	前十国	4113.95	75.09	前十国	6975.98	66.72

资料来源：根据 FAO 数据计算所得。

（4）中国：洋葱种植面积和产量均大幅上升，单产平稳波动。

中国洋葱种植面积和产量呈现大幅度增长趋势（见图 1-1-14）。1961~2020 年，中国洋葱种植面积由 300.00 千公顷增长到 1083.96 千公顷，增长了 2.61 倍，占世界比重由 24.67%下降到 19.79%。中国洋葱产量由 420.00 万吨增长到 2365.97 万吨，增长了 4.63 倍，占世界比重由 29.44%下降到 22.63%。中国洋葱单产水平增长幅度不大，由 14.00 吨/公顷上升到 21.83 吨/公顷，增长了 55.93%，2020 年单产为世界水平的 1.14 倍。可见，中国洋葱产量增幅最大，种植面积也呈现明显增长，单产水平相对较为平稳。

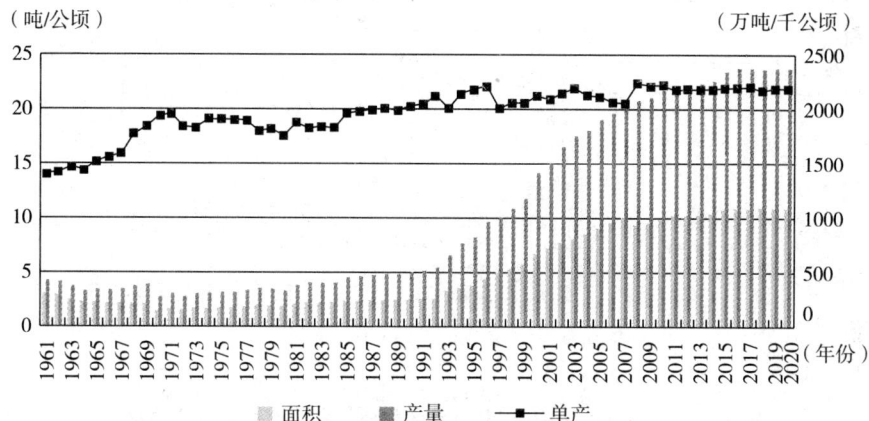

图 1-1-14　1961~2020 年中国洋葱种植面积、产量和单产情况
资料来源：根据 FAO 数据计算所得。

6. 芋头

芋头是天南星科多年生草本植物芋的地下肉质球茎，富含多种人体所需的微量元素和膳食纤维。原产于印度，后由东南亚、华南地区及日本等地引进。我国以珠江流域及台湾省种植最多，长江流域次之。据 FAO 统计，全世界有 50 个国家和地区种植芋头，其中主产区为非洲和亚洲，2020 年产量占世界比重分别为 77.67%和 18.63%。巨大的收获面积基数是非洲芋头总产量较大的主要原因，而亚洲芋头产量紧随其后则主要因其单产较高，弥补了收获面积小所引起的差距。

（1）世界：芋头面积和产量呈波动式上升，单产水平不稳定。

1961~2020 年，世界芋头种植面积呈现四个波动周期（见图 1-1-15）：1961~1983 年、1984~1997 年、1998~2011 年、2012~2020 年，每个周期经历扩张、收缩，分别于 1972 年、1994 年、2007 年和 2016 年达到峰值，依次为 1257.60 千公顷、1208.68 千公顷、1645.93 千公顷和 1845.03 千公顷，总体呈现波动上升趋势。世界芋头产量波动与面积波动趋势基本一致，波动幅度略显平稳，自 1978 年的 398.77 万吨上升至 2008 年的 1293.21 万吨，之后由于金融危机，种植面积和单产双双下滑，导致产量断崖式下降，2009 年仅收获 1041.12 万吨，之后虽然种植面积迅速扩大，但单产波动式下滑，致使产量缓慢上升，2009~2020 年增幅为 23.32%，低于 1998~2008 年的 26.64%。世界芋头单产于 1961~1996 年在 4~6 吨/公顷波动，1997~2007 年基本稳定在 7 吨/公顷，明显低于亚洲单产水平，2008 年之后波动式下降，2016 年降为 6.29 吨/公顷，降幅 21.8%。非洲主产国尼日利亚、加纳的低单产水平是导致此结果的主要因素，之后略有上浮，2020 年达 7.10 吨/公顷。

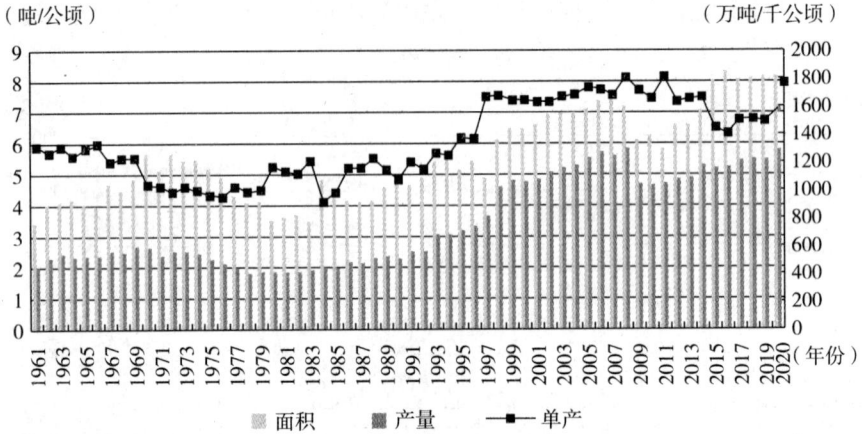

图 1-1-15　1961~2020 年世界芋头种植面积、产量和单产情况

资料来源：根据 FAO 数据计算所得。

（2）大洲：芋头主产于非洲和亚洲，亚洲单产优势明显。

芋头在非洲、亚洲、大洋洲和美洲均有种植（见表 1-1-15），但主要集中于非洲和亚洲。2020 年，非洲芋头种植面积为 1608.81 千公顷，占比 88.91%；亚洲种植面积为 146.94 千公顷，占比 8.12%；随后依次为大洋洲占比 2.61%、美洲占比 0.36%。芋头是喀麦隆、尼日利亚等非洲贫穷国家重要的食物来源之一，尽管芋头种植在其粮食作物种植中所占比例不大，但就保证粮食安全、提供就业和为农村人口提供稳定收入来源而言，芋头种植有着重要作用，这也阐明了非洲芋头种植面积始终居高不下的原因。非洲芋头产量为 997.16 万吨，占世界总产量的 77.67%；亚洲产量为 239.13 万吨，占比 18.63%；随后依次为大洋洲占比 3.20%、美洲占比 0.51%。亚洲以 8.12% 的种植面积生产出 18.63% 的产量；非洲拥有 88.91% 的种植面积却只有 77.67% 的产量，亚洲在产出比方面明显领先于非洲，说明亚洲在芋头种植技术上明显领先于非洲。非洲芋头单产为 6.20 吨/公顷、亚洲为 16.27 吨/公顷、大洋洲为 8.69 吨/公顷、美洲为 6.49 吨/公顷，值得注意的是，亚洲单产水平是世界水平的 1.73 倍，是非洲的 2.62 倍。这表明亚洲单产方面具有明显优势，非洲芋头生产技术处于较低水平，充分利用非洲土地资源，引进以中国为代表的芋头种植先进技术，将会大幅增长非洲芋头产量。

表 1-1-15　2020 年各大洲芋头种植面积、产量和单产情况

单位：千公顷，万吨，吨/公顷，%

区域	面积		产量		单产
	数量	占比	数量	占比	
非洲	1608.81	88.91	997.16	77.67	6.20
亚洲	146.94	8.12	239.13	18.63	16.27
大洋洲	47.27	2.61	41.09	3.20	8.69
美洲	6.47	0.36	6.49	0.51	6.49

资料来源：根据 FAO 数据计算所得。

（3）国家：尼日利亚为世界芋头主产国，中国产量位居第三。

2020 年，世界芋头种植面积前十国占世界总面积的 90.76%（见表 1-1-16），其中，前三国尼日利亚、喀麦隆和加纳面积之和达 1233.62 千公顷，占比 68.18%，表明世界芋头种植面积高度集中，正因这些国家经济落后，生产其他口粮效益低，而芋头对环境的适应能力强，不易受气候影响而减产，从而大部分农民选择食用芋头谋生，进而在国内大量种植。世界芋头产量前十国占世界总产量的 90.35%，其中，前三国尼日利亚、埃塞俄比亚和中国产量之和达 745.82 万吨，占比 58.09%，表明产量集中度不及面积集中度高，原因在于喀麦隆、加纳等国家单产水平过低。

表 1-1-16　2020 年世界芋头主产国生产情况　单位：千公顷，万吨，%

排名	国家	面积		国家	产量	
		数量	占比		数量	占比
1	尼日利亚	806.18	44.55	尼日利亚	320.53	24.97
2	喀麦隆	235.89	13.04	埃塞俄比亚	232.80	18.13
3	加纳	191.55	10.59	中国	192.49	14.99
4	中国	100.33	5.54	喀麦隆	181.52	14.14
5	埃塞俄比亚	92.52	5.11	加纳	125.20	9.75
6	科特迪瓦	71.72	3.96	巴布亚新几内亚	28.17	2.19
7	中非	41.48	2.29	布隆迪	24.33	1.89
8	马达加斯加	38.13	2.11	马达加斯加	22.73	1.77
9	巴布亚新几内亚	35.05	1.94	卢旺达	18.80	1.46
10	几内亚	29.43	1.63	中非	13.35	1.04
合计	前十国	1642.27	90.76	前十国	1159.93	90.35

资料来源：根据 FAO 数据计算所得。

（4）中国：芋头面积和产量稳定上升，单产居世界前列。

中国芋头种植面积与产量呈同步平稳增长趋势（见图1-1-16）。1961~2020年，中国芋头种植面积由 62.00 千公顷增长到 97.87 千公顷，增长了 57.86%，但占世界比重由 8.18% 下降到 5.41%。中国芋头产量由 70.00 万吨增长到 188.66 万吨，增长了 1.70 倍，但占世界比重由 15.62% 下降到 14.69%。尽管中国芋头种植面积和产量占世界比重均有所下降，但是单产在世界始终位居第一，且呈波动上升趋势，由 11.29 吨/公顷上升到 19.28 吨/公顷，增长了 70.77%。自 1991 年起，单产水平基本稳定，2020 年单产为世界水平的 2.72 倍，但在世界排名第七。

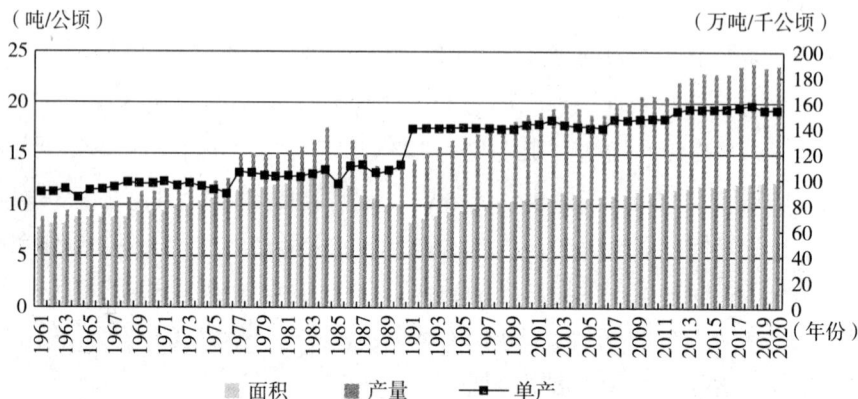

图 1-1-16　1961~2020 年中国芋头种植面积、产量和单产情况

资料来源：根据 FAO 数据计算所得。

二、世界特色蔬菜贸易格局分析

（一）世界特色蔬菜贸易品种结构

1. 世界特色蔬菜贸易品种结构

2020 年全世界特色蔬菜总出口量的产品结构情况如图 1-1-17 所示，葱类、生姜、大蒜、鲜辣椒、干辣椒、洋葱和芋头①的世界总出口量分别为 30.08 万吨、99.05 万吨、281.61 万吨、400.27 万吨、101.74 万吨、845.22 万吨和 11.07 万吨。其中，洋葱出口量位居第一，占特色蔬菜总出口量的 47.78%；第二为鲜辣椒，占比 22.63%；第三为大蒜，占比 15.92%。

---

① 芋头国际贸易数据源自 UN Comtrade 数据库。

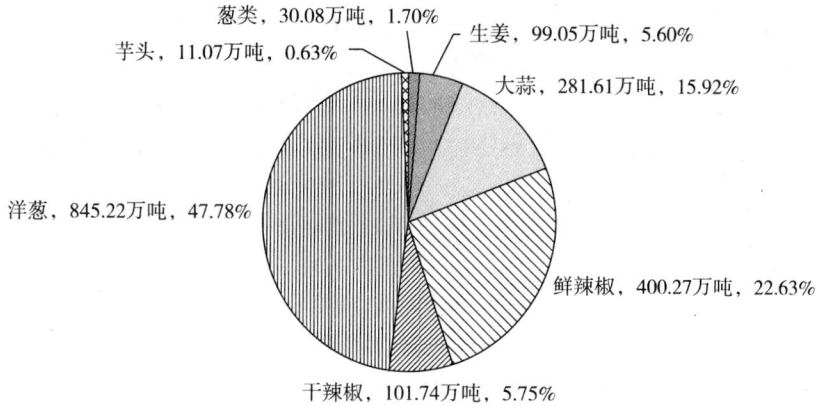

图 1-1-17　2020 年世界特色蔬菜总出口量的产品结构情况

资料来源：根据 FAO 和 UN Comtrade 数据计算所得。

2020 年全世界特色蔬菜总出口额的产品结构情况如图 1-1-18 所示，葱类、生姜、大蒜、鲜辣椒、干辣椒、洋葱和芋头的世界总出口额分别为 3.14 亿美元、14.60 亿美元、31.89 亿美元、62.27 亿美元、24.53 亿美元、36.08 亿美元和 1.31 亿美元，其中，鲜辣椒出口额位居第一，占特色蔬菜总出口额的 35.82%，第二为洋葱，占比 20.76%，第三为大蒜，占比 18.35%。

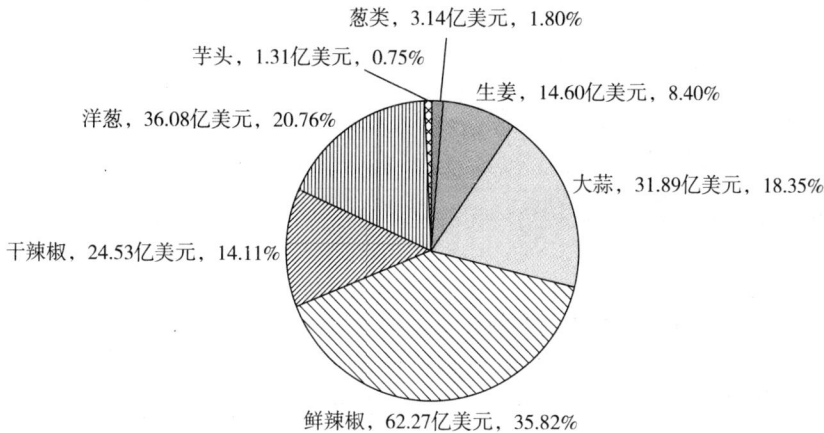

图 1-1-18　2020 年世界特色蔬菜总出口额的产品结构情况

资料来源：根据 FAO 和 UN Comtrade 数据计算所得。

2. 各洲特色蔬菜贸易品种结构

2020 年世界各大洲特色蔬菜总出口量位居第一的为亚洲 838.26 万吨，占比 47.39%；第二为欧洲 507.68 万吨，占比 28.70%；第三为美洲 324.87 万吨，占比 18.36%；第四为非洲 92.96 万吨，占比 5.26%；第五为大洋洲 5.27 万吨，占比 0.30%。各大洲特色蔬菜总出口量的产品结构情况如表 1-1-17 所示，亚洲特色蔬菜总出口量最大的为洋葱（43.21%），随后依次为大蒜（28.04%）、干辣椒（9.62%）、生姜（8.98%）、鲜辣椒（8.23%）、葱类（1.03%）和芋头（0.89%）；欧洲特色蔬菜总出口量最大的为洋葱（54.19%），随后依次为鲜辣椒（32.75%）、大蒜（5.20%）、葱类（3.86%）、干辣椒（2.12%）、生姜（1.85%）和芋头（0.02%）；美洲特色蔬菜总出口量最大的为鲜辣椒（45.87%），随后依次为洋葱（42.49%）、大蒜（4.45%）、生姜（3.07%）、干辣椒（2.82%）、芋头（0.87%）和葱类（0.44%）；非洲特色蔬菜总出口量最大的为洋葱（70.84%），随后依次为鲜辣椒（16.59%）、大蒜（6.10%）、生姜（4.69%）、干辣椒（1.23%）、葱类（0.42%）和芋头（0.13%）；大洋洲特色蔬菜总出口量最大的为洋葱（75.97%），随后依次为芋头（11.23%）、鲜辣椒（10.18%）、大蒜（1.09%）、生姜（0.85%）和葱类（0.38%）和干辣椒（0.30%）。

表 1-1-17　2020 年各大洲特色蔬菜总出口量的产品结构情况　　单位：万吨，%

产品	非洲		美洲		亚洲		欧洲		大洋洲	
	出口量	占比	出口量	占比	出口量	占比	出口量	占比	出口量	占比
葱类	0.39	0.42	1.43	0.44	8.64	1.03	19.59	3.86	0.02	0.38
生姜	4.36	4.69	9.98	3.07	75.26	8.98	9.41	1.85	0.04	0.85
大蒜	5.67	6.10	14.45	4.45	235.04	28.04	26.39	5.20	0.06	1.09
鲜辣椒	15.42	16.59	149.00	45.87	69.02	8.23	166.29	32.75	0.54	10.18
干辣椒	1.15	1.23	9.15	2.82	80.64	9.62	10.79	2.12	0.02	0.30
洋葱	65.86	70.84	138.03	42.49	362.23	43.21	275.10	54.19	4.01	75.97
芋头	0.12	0.13	2.83	0.87	7.42	0.89	0.11	0.02	0.59	11.23

资料来源：根据 FAO 和 UN Comtrade 数据计算所得。

2020 年世界各大洲特色蔬菜总出口额位居第一的为亚洲 70.63 亿美元，占世界 40.64%；第二为欧洲 58.45 亿美元，占比 33.63%；第三为美洲 38.73 亿美元，占比 22.28%；第四为非洲 5.43 亿美元，占比 3.12%；第五为大洋洲 0.58 亿美元，占比 0.34%。各大洲特色蔬菜总出口额的产品结构情况如表 1-1-18 所示，亚洲特色蔬菜总出口额最多的为大蒜（30.63%），随后依次为干辣椒（25.94%）、洋葱（17.23%）、生姜（13.65%）、鲜辣椒（10.33%）、芋头（1.20%）和葱类（1.03%）；欧洲特色蔬菜总出口额最多的为鲜辣椒（51.76%），随后依次为洋葱（21.55%）、大蒜（12.02%）、干辣椒（6.65%）、生姜（4.35%）、葱类（3.61%）和芋头（0.05%）；美洲特色蔬菜总出口额最多的为鲜辣椒（59.17%），随后依次为洋葱（22.32%）、大蒜（7.24%）、干辣椒（5.36%）、生姜（4.67%）、芋头（0.80%）和葱类（0.44%）；非洲特色蔬菜总出口额最多的为洋葱（45.09%），随后依次为鲜辣椒（29.80%）、生姜（10.08%）、大蒜

（7.64%）、干辣椒（4.38%）、葱类（2.23%）和芋头（0.07%）；大洋洲特色蔬菜总出口额最多的为洋葱（37.27%），随后依次为鲜辣椒（32.04%）、芋头（21.16%）、生姜（3.72%）、大蒜（2.37%）和葱类（1.23%）。

表 1-1-18　2020 年各大洲特色蔬菜总出口额的产品结构情况　　单位：亿美元，%

产品	非洲		美洲		亚洲		欧洲		大洋洲	
	出口额	占比	出口额	占比	出口额	占比	出口额	占比	出口额	占比
葱类	0.12	2.23	0.17	0.44	0.73	1.03	2.11	3.61	0.007	1.23
生姜	0.59	10.80	1.81	4.67	9.64	13.65	2.54	4.35	0.022	3.72
大蒜	0.41	7.64	2.80	7.24	21.63	30.63	7.03	12.02	0.014	2.37
鲜辣椒	1.62	29.80	22.92	59.17	7.30	10.33	30.25	51.76	0.19	32.04
干辣椒	0.24	4.38	2.07	5.36	18.32	25.94	3.89	6.65	0.013	2.21
洋葱	2.45	45.09	8.65	22.32	12.17	17.23	12.60	21.55	0.22	37.27
芋头	0.004	0.07	0.31	0.80	0.84	1.20	0.03	0.05	0.12	21.16

资料来源：根据 FAO 和 UN Comtrade 数据计算所得。

（二）世界各类特色蔬菜贸易格局

1. 葱类

据 UN Comtrade 统计，2020 年全世界有 89 个国家和地区出口葱类蔬菜，其中主要出口国为比利时和中国，出口量占世界比重分别为 23.43% 和 23.36%；有 82 个国家和地区进口，其中主要进口国为日本和德国，进口量占世界比重分别为 18.78% 和 14.25%。中国作为主要出口国，常年位居世界出口第二位。

（1）世界：出口量和出口额均呈现波动上涨的趋势。

1983～2020 年，世界葱类蔬菜出口量和出口额均呈现波动上涨的趋势（见图 1-1-19），出口量由 0.0003 万吨上升到 30.08 万吨，出口额由 0.0001 亿美元上升到 3.14 亿美元，两者波动趋势基本一致。世界葱类蔬菜出口量在 2017 年达到出口量峰值 32.98 万吨，之后略有下降；出口额在 2013 年达到峰值 3.47 亿美元，2014 年断崖式下滑，之后又平稳上升。

（2）出口国：出口市场高度集中，中国占比 20% 左右。

2020 年，世界葱类蔬菜出口贸易排名前五位的国家分别是比利时、中国、荷兰、西班牙和法国（见表 1-1-19），总出口量和出口额分别达 24.06 万吨和 2.44 亿美元，占世界的 80.01% 和 77.67%。从出口基数来看，2020 年世界葱类蔬菜出口量仅占世界总产量的 14.19%，表明大部分葱类蔬菜产量均在国内消费。2020 年中国葱类蔬菜出口量占中国总产量的 58.72%，可见世界葱类蔬菜出口贸易主要依赖于中国。

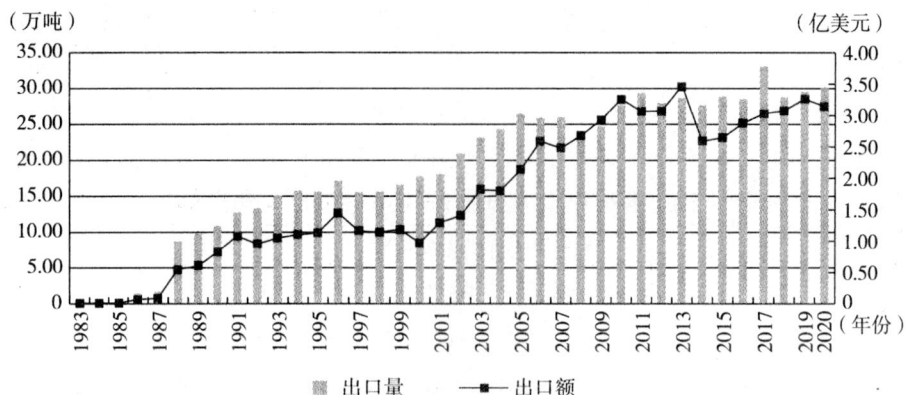

图 1-1-19　1983~2020 年世界葱类蔬菜出口量和出口额情况

资料来源：根据 FAO 数据计算所得。

表 1-1-19　2020 年世界葱类蔬菜主要出口国的出口贸易情况

单位：万吨，亿美元，%

排名	国家	出口量		国家	出口额	
		数量	占比		数量	占比
1	比利时	7.05	23.43	荷兰	0.87	27.79
2	中国	7.03	23.36	中国	0.62	19.81
3	荷兰	6.19	20.59	比利时	0.58	18.44
4	西班牙	2.70	8.96	西班牙	0.24	7.63
5	法国	1.10	3.66	法国	0.13	4.00
合计	前五国	24.06	80.01	前五国	2.44	77.67

资料来源：根据 FAO 数据计算所得。

（3）进口国：进口市场以日本和德国为主导。

2020 年，世界葱类蔬菜进口量排名前五位的国家分别是日本、德国、西班牙、法国和英国（见表 1-1-20），总进口量达 15.92 万吨，占世界的 53.85%；进口额排名前五位的国家分别是日本、德国、法国、西班牙和美国，总进口额达 1.99 亿美元，占世界的 53.29%。日本和德国是世界葱类蔬菜主要进口国，2020 年日本进口量和进口额分别达 5.55 万吨和 0.71 亿美元，占世界的 18.78% 和 18.90%；德国位居第二，进口量和进口额分别占世界的 14.25% 和 13.53%。

表 1-1-20　2020 年世界葱类蔬菜主要进口国的进口贸易情况

单位：万吨，亿美元，%

排名	国家	进口量		国家	进口额	
		数量	占比		数量	占比
1	日本	5.55	18.78	日本	0.71	18.90

续表

排名	国家	进口量		国家	进口额	
		数量	占比		数量	占比
2	德国	4.21	14.25	德国	0.50	13.53
3	西班牙	2.61	8.82	法国	0.33	8.72
4	法国	2.39	8.08	西班牙	0.25	6.66
5	英国	1.16	3.93	美国	0.20	5.48
合计	前五国	15.92	53.85	前五国	1.99	53.29

资料来源：根据 FAO 数据计算所得。

2. 生姜

据 UN Comtrade 统计，2020 年全世界有 114 个国家和地区出口，其中主要出口国为中国和印度，出口量占世界比重分别为 51.60% 和 10.61%；有 174 个国家和地区进口，其中主要进口国为孟加拉国和美国，进口量占世界比重分别为 13.56% 和 10.88%。中国作为第一出口国，常年位居世界出口第一位。

（1）世界：出口量和出口额呈现波动上升趋势。

1961~2020 年，世界生姜出口量和出口额总体呈现波动上升趋势（见图 1-1-20），出口量由 0.17 万吨上升到 99.05 万吨，出口额由 0.004 亿美元上升到 14.60 亿美元；两者波动呈现一定反向，即量增额减、量减额增，较为明显，2004 年出口量同比减少 6.40%、出口额同比增加 104.73%，2010 年出口量同比减少 7.36%、出口额同比增加 53.34%，2012 年出口量同比增加 17.91%、出口额同比减少 27.04%，直到 2017 年，连续 6 年反向变动，但两者总体呈增长趋势。

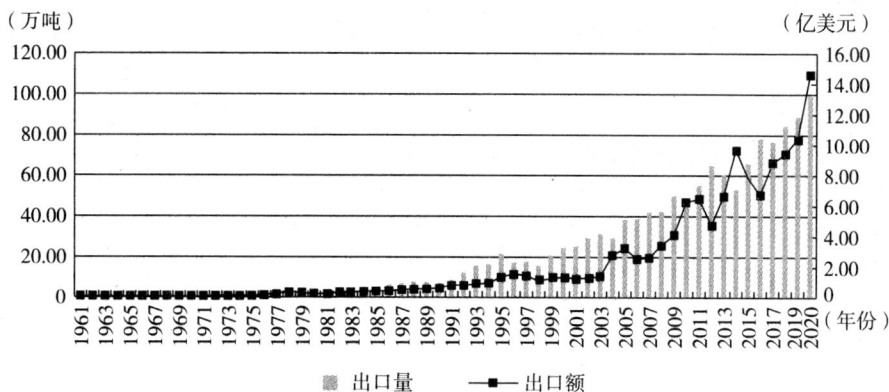

图 1-1-20　1961~2020 年世界生姜出口量和出口额情况

资料来源：根据 FAO 数据计算所得。

（2）出口国：出口市场高度集中，中国占比 50% 左右。

2020 年，世界生姜出口贸易排名前五位的国家分别是中国、印度、荷兰、泰国和秘鲁（见表 1-1-21），总出口量和出口额分别达 79.68 万吨和 11.57 亿美元，占世界的 80.44% 和 79.27%。中国常年位居世界生姜出口第一，2020 年出口量和出口额分别达 51.11 万吨和 7.18 亿美元，占世界的 51.60% 和 49.21%。从出口基数来看，2020 年世界生姜出口量仅占世界总产量的 22.98%，中国生姜出口量占中国总产量的 82.58%，可见世界生姜出口贸易主要依赖于中国。

表 1-1-21　2020 年世界生姜主要出口国的出口贸易情况

单位：万吨，亿美元，%

排名	国家	出口量		国家	出口额	
		数量	占比		数量	占比
1	中国	51.11	51.60	中国	7.18	49.21
2	印度	10.51	10.61	荷兰	1.77	12.12
3	荷兰	6.95	7.01	秘鲁	1.06	7.24
4	泰国	6.09	6.15	印度	0.95	6.52
5	秘鲁	5.02	5.07	泰国	0.61	4.18
合计	前五国	79.68	80.44	前五国	11.57	79.27

资料来源：根据 FAO 数据计算所得。

（3）进口国：进口市场以孟加拉国和美国为主导。

2020 年，世界生姜进口量排名前五位的国家分别是孟加拉国、美国、荷兰、巴基斯坦和日本（见表 1-1-22），总进口量达到 47.30 万吨，占世界的 48.41%；进口额排名前五位的国家分别是荷兰、美国、日本、孟加拉国和巴基斯坦，总进口额达 6.52 亿美元，占世界的 43.89%。孟加拉国、美国和荷兰是世界生姜主要进口国，2020 年孟加拉国进口量位居第一，进口量和进口额分别达 13.24 万吨和 0.95 亿美元，占世界的 13.56% 和 6.39%；美国位居第二，进口量和进口额分别占世界的 10.88% 和 11.66%；荷兰进口额位居第一，进口量和进口额分别占世界的 9.75% 和 12.35%。

表 1-1-22　2020 年世界生姜主要进口国的进口贸易情况

单位：万吨，亿美元，%

排名	国家	进口量		国家	进口额	
		数量	占比		数量	占比
1	孟加拉国	13.24	13.56	荷兰	1.84	12.35
2	美国	10.63	10.88	美国	1.73	11.66
3	荷兰	9.53	9.75	日本	1.07	7.18
4	巴基斯坦	8.18	8.37	孟加拉国	0.95	6.39

排名	国家	进口量		国家	进口额	
		数量	占比		数量	占比
5	日本	5.72	5.85	巴基斯坦	0.94	6.31
合计	前五国	47.30	48.41	前五国	6.52	43.89

资料来源：根据 FAO 数据计算所得。

3. 大蒜

据 UN Comtrade 统计，2020 年全世界有 103 个国家和地区出口，其中主要出口国为中国和西班牙，出口量占世界比重分别为 80.05% 和 6.76%；有 186 个国家和地区进口，其中主要进口国为印度尼西亚和巴西，进口量占世界比重分别为 24.07% 和 7.92%。中国作为第一出口国，常年位居世界出口第一位。

（1）世界：出口额出现"M"型波动，出口量呈稳定上升趋势。

1961~2020 年，世界大蒜出口量和出口额总体呈现波动上升趋势（见图 1-1-21）。出口量由 3.78 万吨上升到 281.61 万吨，增幅 73.58 倍；出口额由 0.09 亿美元上升到 31.89 亿美元，增幅 355.28 倍。两者波动幅度有所不同，出口额呈"M"型波动，而出口量呈现较为稳定的上升趋势。2010 年出口额出现第一个峰值 30.40 亿美元，同比增长 95.65%，但出口量却下降到 167.59 万吨，同比下降 12.26%；2016 年出口额出现第二个峰值 36.11 亿美元，同比增长 44.85%，但出口量下降到 196.46 万吨，同比下降 8.29%。

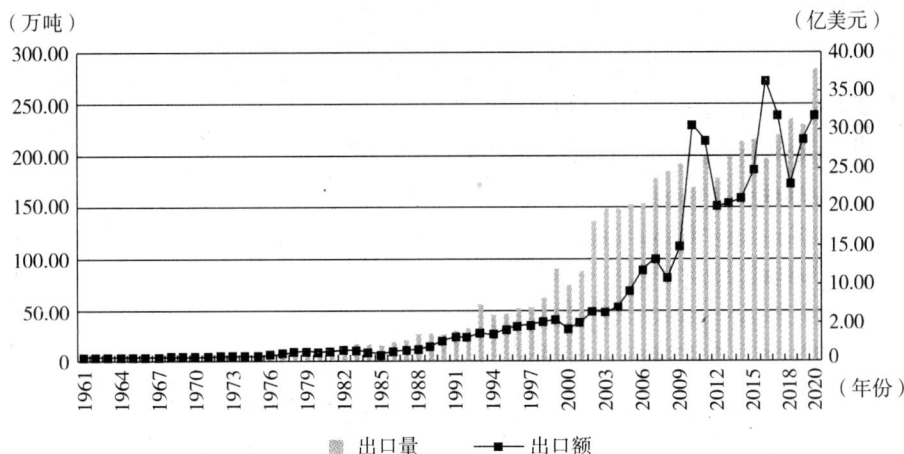

图 1-1-21　1961~2020 年世界大蒜出口量和出口额情况

资料来源：根据 FAO 数据计算所得。

（2）出口国：出口市场高度集中，中国占比 80% 左右。

2020 年，世界大蒜出口量排名前五位的国家分别是中国、西班牙、阿根廷、埃及和阿联酋（见表 1-1-23），总出口量为 264.24 万吨，占世界的 93.83%；出口额排名前五位的国家分别是中国、西班牙、阿根廷、荷兰和意大利，总出口额为 28.55 亿美元，占世界的 89.49%。中国常年位居世界大蒜出口第一大国，2020 年出口量和出口额分别达到 225.42 万吨和 20.64 亿美元，占世界的 80.05% 和 64.70%。从出口基数来看，2020 年世界大蒜出口量仅占世界总产量的 10.04%，中国大蒜出口量占中国总产量的 10.88%。

表 1-1-23　2020 年世界大蒜主要出口国的出口贸易情况

单位：万吨，亿美元，%

排名	国家	出口量		国家	出口额	
		数量	占比		数量	占比
1	中国	225.42	80.05	中国	20.64	64.70
2	西班牙	19.04	6.76	西班牙	4.79	15.03
3	阿根廷	9.78	3.47	阿根廷	1.73	5.42
4	埃及	5.32	1.89	荷兰	0.99	3.09
5	阿联酋	4.68	1.66	意大利	0.40	1.25
合计	前五国	264.24	93.83	前五国	28.55	89.49

资料来源：根据 FAO 数据计算所得。

（3）进口国：进口市场以印度尼西亚和巴西为主导。

2020 年，世界大蒜进口量排名前五位的国家分别是印度尼西亚、巴西、马来西亚、比利时和美国（见表 1-1-24），总进口量达 111.07 万吨，占世界的 45.08%；进口额排名前五位的国家分别是印度尼西亚、巴西、美国、马来西亚和德国，总进口额达 13.32 亿美元，占世界的 42.58%。印度尼西亚和巴西是世界大蒜主要进口国，2020 年印度尼西亚进口量和进口额分别达 58.77 万吨和 5.86 亿美元，占世界的 24.07% 和 18.73%；巴西位居第二，进口量和进口额分别占世界的 7.92% 和 9.27%。

表 1-1-24　2020 年世界大蒜主要进口国的进口贸易情况

单位：万吨，亿美元，%

排名	国家	进口量		国家	进口额	
		数量	占比		数量	占比
1	印度尼西亚	58.77	24.07	印度尼西亚	5.86	18.73
2	巴西	19.35	7.92	巴西	2.90	9.27
3	马来西亚	11.52	4.72	美国	2.35	7.51
4	比利时	10.27	4.21	马来西亚	1.16	3.72
5	美国	10.16	4.16	德国	1.05	3.35
合计	前五国	110.07	45.08	前五国	13.32	42.58

资料来源：根据 FAO 数据计算所得。

4. 辣椒

据 UN Comtrade 统计，2020 年全世界有 126 个国家和地区出口鲜辣椒，主要出口国为墨西哥和西班牙，出口量占世界比重分别为 28.44% 和 22.13%；有 124 个国家和地区出口干辣椒，主要出口国为印度和中国，出口量占世界比重分别为 50.38% 和 21.38%。2020 年全世界有 158 个国家和地区进口鲜辣椒，其中主要进口国为美国和德国，进口量占世界比重分别为 31.49% 和 11.31%；有 175 个国家和地区进口干辣椒，其中主要进口国为中国和美国，进口量占世界比重分别为 16.83% 和 16.23%。

第一类：鲜辣椒。

（1）世界：出口量和出口额均呈现稳定上升趋势。

1961~2020 年，世界鲜辣椒出口量和出口额总体呈现稳定上升趋势，两者波动趋势基本一致（见图 1-1-22）。出口量由 5.80 万吨上升到 400.27 万吨，增幅约 68 倍；出口额由 0.07 亿美元上升到 62.27 亿美元，增幅约 835 倍。

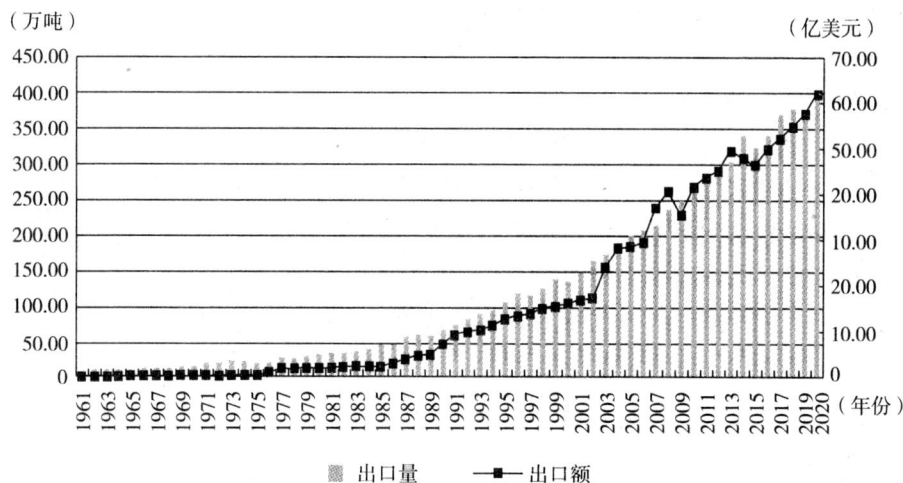

图 1-1-22　1961~2020 年世界鲜辣椒出口量和出口额情况

资料来源：根据 FAO 数据计算所得。

（2）出口国：墨西哥、西班牙、荷兰出口稳居前三。

2020 年，世界鲜辣椒出口量排名前五位的国家分别是墨西哥、西班牙、荷兰、加拿大和土耳其（见表 1-1-25），总出口量达 281.18 万吨，占世界的 70.25%；出口额排名前五位的国家分别是墨西哥、西班牙、荷兰、加拿大和美国，总出口额达 47.91 亿美元，占世界的 76.94%。墨西哥、西班牙和荷兰稳居前三位，出口量占世界比重分别为 28.44%、22.13% 和 11.68%，出口额占世界比重分别为 23.33%、22.41% 和 18.79%。从出口基数来看，2020 年世界鲜辣椒出口量占世界总产量的 11.08%。

表 1-1-25 2020 年世界鲜辣椒主要出口国的出口贸易情况

单位：万吨，亿美元，%

排名	国家	出口量		国家	出口额	
		数量	占比		数量	占比
1	墨西哥	113.83	28.44	墨西哥	14.53	23.33
2	西班牙	88.60	22.13	西班牙	13.95	22.41
3	荷兰	46.75	11.68	荷兰	11.70	18.79
4	加拿大	17.12	4.28	加拿大	5.06	8.12
5	土耳其	14.88	3.72	美国	2.67	4.29
合计	前五国	281.18	70.25	前五国	47.91	76.94

资料来源：根据 FAO 数据计算所得。

（3）进口国：进口市场以美国和德国为主导。

2020 年，世界鲜辣椒进口量排名前五位的国家分别是美国、德国、英国、法国和加拿大（见表 1-1-26），总进口量达 220.13 万吨，占世界的 57.96%；进口额排名前五位的国家分别是美国、德国、英国、加拿大和法国，总进口额达 39.52 亿美元，占世界的 63.61%。美国和德国是世界鲜辣椒主要进口国，2020 年美国进口量和进口额分别达 119.59 万吨和 18.96 亿美元，占世界的 31.49% 和 30.52%；德国位居第二，进口量和进口额分别占世界的 11.31% 和 15.30%。

表 1-1-26 2020 年世界鲜辣椒主要进口国的进口贸易情况

单位：万吨，亿美元，%

排名	国家	进口量		国家	进口额	
		数量	占比		数量	占比
1	美国	119.59	31.49	美国	18.96	30.52
2	德国	42.94	11.31	德国	9.50	15.30
3	英国	25.67	6.76	英国	5.22	8.40
4	法国	18.02	4.74	加拿大	2.92	4.70
5	加拿大	13.91	3.66	法国	2.92	4.70
合计	前五国	220.13	57.96	前五国	39.52	63.61

资料来源：根据 FAO 数据计算所得。

第二类：干辣椒。

（1）世界：出口量和出口额均呈现稳定上升趋势。

1961~2020 年，世界干辣椒出口量和出口额总体呈现稳定上升趋势（见图 1-1-23）。出口量由 5.06 万吨上升到 101.74 万吨，增幅 19.13 倍；出口额由 0.24 亿美元上升到 24.53 亿美元，增幅 101.56 倍。

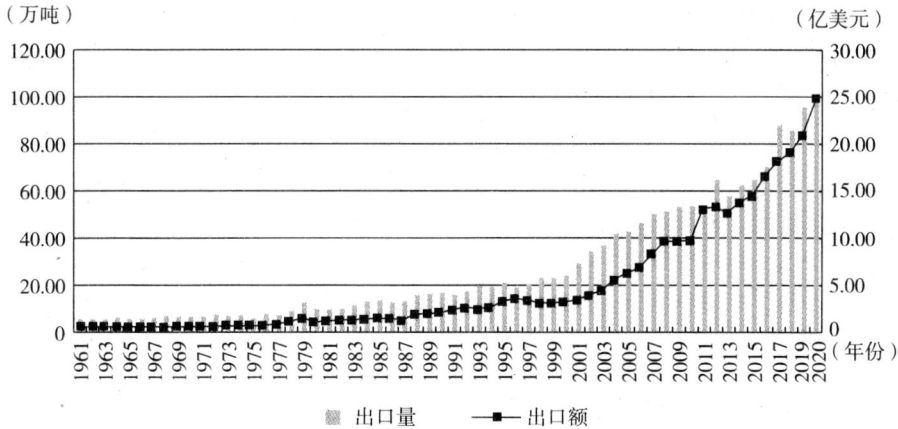

图 1-1-23　1961~2020 年世界干辣椒出口量和出口额情况

资料来源：根据 FAO 数据计算所得。

（2）出口国：高度集中于印度和中国，中国占比 20% 以上。

2020 年，世界干辣椒出口贸易排名前五位的国家分别是印度、中国、西班牙、秘鲁和墨西哥（见表 1-1-27），出口量和出口额分别达 87.75 万吨和 20.37 亿美元，占世界的 86.25% 和 83.00%。从出口基数来看，2020 年世界干辣椒出口量占世界总产量的 24.47%；2020 年中国干辣椒出口量占中国总产量的 70.71%，可见世界干辣椒出口贸易主要依赖于中国。

表 1-1-27　2020 年世界干辣椒主要出口国的出口贸易情况

单位：万吨，亿美元，%

排名	国家	出口量		国家	出口额	
		数量	占比		数量	占比
1	印度	51.26	50.38	印度	11.01	44.86
2	中国	21.75	21.38	中国	5.56	22.65
3	西班牙	7.43	7.31	西班牙	2.17	8.86
4	秘鲁	3.81	3.74	秘鲁	0.96	3.90
5	墨西哥	3.50	3.44	墨西哥	0.67	2.73
合计	前五国	87.75	86.25	前五国	20.37	83.00

资料来源：根据 FAO 数据计算所得。

（3）进口国：进口市场以中国和美国为主导。

2020 年，世界干辣椒进口量排名前五位的国家分别是中国、美国、泰国、西班牙和孟加拉国（见表 1-1-28），进口量达 54.16 万吨，占世界的 54.20%；进口额排名前五位的国家分别是美国、中国、泰国、西班牙和孟加拉国，进口额达 12.14 亿美元，占世界的 51.42%。美国和中国是世界干辣椒主要进口国，2020 年美国进口量和进口额分别达

16.21 万吨和 3.90 亿美元，占世界的 16.23% 和 16.52%；中国进口量和进口额分别占世界的 16.83% 和 16.43%。

表 1-1-28　2020 年世界干辣椒主要进口国的进口贸易情况

单位：万吨，亿美元，%

排名	国家	进口量		国家	进口额	
		数量	占比		数量	占比
1	中国	16.82	16.83	美国	3.90	16.52
2	美国	16.21	16.23	中国	3.88	16.43
3	泰国	7.75	7.75	泰国	1.89	7.99
4	西班牙	6.80	6.80	西班牙	1.30	5.52
5	孟加拉国	6.58	6.59	孟加拉国	1.17	4.96
合计	前五国	54.16	54.20	前五国	12.14	51.42

资料来源：根据 FAO 数据计算所得。

5. 洋葱

据 UN Comtrade 统计，2020 年全世界有 113 个国家和地区出口洋葱，主要出口国为荷兰、印度和中国，出口量占世界比重分别为 20.72%、17.14% 和 10.43%；有 168 个国家和地区进口，其中主要进口国为孟加拉国和美国，进口量占世界比重分别为 8.15% 和 6.89%。

（1）世界：出口量和出口额均呈现波动上升趋势。

1961~2020 年，世界洋葱出口量和出口额总体呈现稳定上升趋势（见图 1-1-24）。出口量由 84.34 万吨上升到 845.22 万吨，增幅 902.20%；出口额由 0.58 亿美元上升到 36.08 亿美元，增幅 6167.12%。两者波动趋势基本一致，出口量和出口额均在 2019 年出现峰值，分别为 848.57 万吨和 38.75 亿美元。2020 年与 2019 年相比，出口量降幅为 0.39%，出口额降幅为 6.90%。

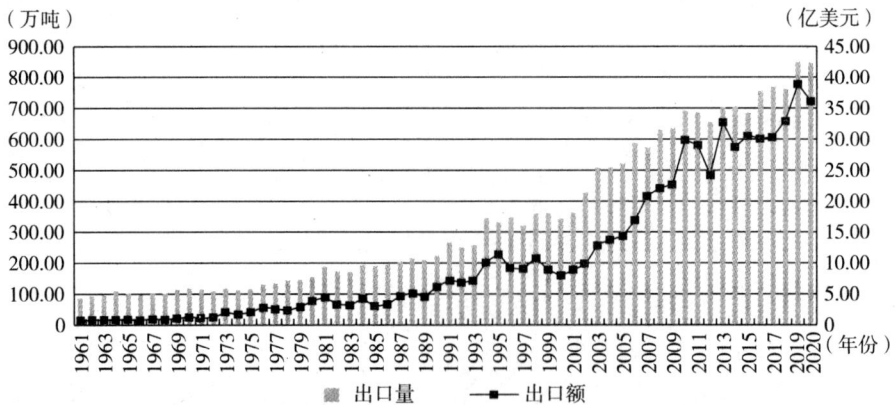

图 1-1-24　1961~2020 年世界洋葱出口量和出口额情况

资料来源：根据 FAO 数据计算所得。

（2）出口国：荷兰稳居第一位，中国位列其后占比 10% 以上。

2020 年，世界洋葱出口量排名前五位的国家分别是荷兰、印度、中国、墨西哥和埃及（见表 1-1-29），总出口量达 487.50 万吨，占世界的 57.68%；出口额排名前五位的国家分别是荷兰、中国、墨西哥、印度和美国，总出口额达 23.09 亿美元，占世界的 64.01%。从出口基数来看，2020 年世界洋葱出口量仅占世界总产量的 8.08%，中国洋葱出口量占中国总产量的 3.72%，表明绝大部分洋葱均在国内消费。

表 1-1-29　2020 年世界洋葱主要出口国的出口贸易情况

单位：万吨，亿美元，%

排名	国家	出口量		国家	出口额	
		数量	占比		数量	占比
1	荷兰	175.14	20.72	荷兰	7.97	22.10
2	印度	144.87	17.14	中国	4.95	13.73
3	中国	88.13	10.43	墨西哥	4.20	11.64
4	墨西哥	42.44	5.02	印度	3.47	9.61
5	埃及	36.92	4.37	美国	2.50	6.93
合计	前五国	487.50	57.68	前五国	23.09	64.01

资料来源：根据 FAO 数据计算所得。

（3）进口国：进口市场以孟加拉国和美国为主导。

2020 年，世界洋葱进口量排名前五位的国家分别是孟加拉国、美国、马来西亚、阿联酋和沙特阿拉伯（见表 1-1-30），进口量达 242.46 万吨，占世界的 29.76%；进口额排名前五位的国家分别是美国、马来西亚、英国、孟加拉国和德国，进口额达 12.21 亿美元，占世界的 34.73%。美国是世界洋葱主要进口国，2020 年进口量和进口额分别达 56.13 万吨和 4.71 亿美元，占世界的 6.89% 和 13.41%。

表 1-1-30　2020 年世界洋葱主要进口国的进口贸易情况

单位：万吨，亿美元，%

排名	国家	进口量		国家	进口额	
		数量	占比		数量	占比
1	孟加拉国	66.39	8.15	美国	4.71	13.41
2	美国	56.13	6.89	马来西亚	2.11	6.01
3	马来西亚	47.97	5.89	英国	1.91	5.43
4	阿联酋	39.01	4.79	孟加拉国	1.78	5.05
5	沙特阿拉伯	32.96	4.05	德国	1.70	4.83
合计	前五国	242.46	29.76	前五国	12.21	34.73

资料来源：根据 FAO 数据计算所得。

6. 芋头

据 UN Comtrade 统计，2020 年全世界有 43 个国家和地区出口芋头，其中主要出口国为中国和厄瓜多尔，出口量占世界比重分别为 62.08% 和 17.93%；有 64 个国家和地区进口芋头，其中主要进口国为美国和日本，进口量占世界比重分别为 50.31% 和 18.43%。中国作为芋头主要出口国，常年位居世界出口第一位。

（1）世界：出口量呈"N"型波动，出口额呈"M"型波动。

2012~2020 年，世界芋头出口量和出口额总体呈现波动上升趋势（见图 1-1-25）。出口量由 8.68 万吨上升到 11.07 万吨，增幅 27.64%；出口额由 0.99 亿美元上升到 1.31 亿美元，增幅 32.58%。两者波动趋势略有不同，出口量呈"N"型波动，出口额呈"M"型波动。2013~2016 年两者呈相反波动趋势，2014 年出口量降为谷值 7.42 万吨，同比减少 9.59%，出口额却达到峰值 1.19 亿美元，同比增加 15.93%；2016 年之后两者呈相同波动趋势，同时于 2019 年达到峰值，分别为 12.07 万吨和 1.37 亿美元，同比增长 12.92% 和 12.65%。

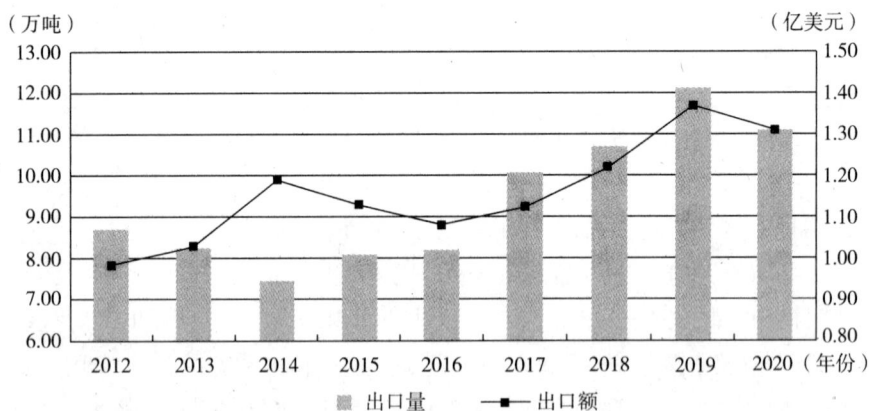

图 1-1-25 2012~2020 年世界芋头出口量和出口额情况

资料来源：根据 UN Comtrade Database 数据计算所得。

（2）出口国：出口市场高度集中，中国占比 60% 左右。

2020 年，世界芋头出口贸易排名前五位的国家分别是中国、厄瓜多尔、斐济、哥斯达黎加和印度尼西亚（见表 1-1-31），出口量和出口额分别达 10.32 万吨和 1.21 亿美元，占世界的 93.24% 和 92.88%。中国常年位居世界芋头出口第一，2020 年出口量和出口额分别达 6.87 万吨和 0.78 亿美元，占世界的 62.08% 和 59.69%。从出口基数来看，2020 年世界芋头出口量仅占世界总产量的 0.86%，表明绝大部分芋头产量均在国内消费，尤其是非洲三大主产国（尼日利亚、喀麦隆和加纳）；2020 年中国芋头出口量占中国总产量的 3.57%，可见世界芋头出口贸易主要依赖于中国。

表 1-1-31 2020 年世界芋头主要出口国的出口贸易情况

单位：万吨，亿美元，%

排名	国家	出口量		国家	出口额	
		数量	占比		数量	占比
1	中国	6.87	62.08	中国	0.78	59.69
2	厄瓜多尔	1.99	17.93	厄瓜多尔	0.21	15.89
3	斐济	0.59	5.35	斐济	0.12	9.44
4	哥斯达黎加	0.58	5.25	哥斯达黎加	0.07	5.51
5	印度尼西亚	0.29	2.63	印度尼西亚	0.03	2.35
合计	前五国	10.32	93.24	前五国	1.21	92.88

资料来源：根据 UN Comtrade Database 数据计算所得。

（3）进口国：进口市场以美国和日本为主导。

2020 年，世界芋头进口量排名前五位的国家分别是美国、日本、阿联酋、马来西亚和新西兰（见表 1-1-32），进口量达 11.75 万吨，占世界的 81.04%；进口额排名前五位的国家分别是美国、日本、澳大利亚、新西兰和加拿大，进口额达 1.32 亿美元，占世界的 82.79%。美国和日本是世界芋头主要进口国，2020 年美国进口量和进口额分别达 7.29 万吨和 0.65 亿美元，占世界的 50.31% 和 41.02%；日本位居第二，进口量和进口额分别占世界的 18.43% 和 28.78%。

表 1-1-32 2020 年世界芋头主要进口国的进口贸易情况

单位：万吨，亿美元，%

排名	国家	进口量		国家	进口额	
		数量	占比		数量	占比
1	美国	7.29	50.31	美国	0.65	41.02
2	日本	2.67	18.43	日本	0.46	28.78
3	阿联酋	0.76	5.21	澳大利亚	0.09	5.68
4	马来西亚	0.55	3.80	新西兰	0.08	5.01
5	新西兰	0.48	3.29	加拿大	0.04	2.30
合计	前五国	11.75	81.04	前五国	1.32	82.79

资料来源：根据 UN Comtrade Database 数据计算所得。

三、世界特色蔬菜生产与贸易趋势与展望

（一）生产与贸易趋势

第一，世界葱类、生姜、大蒜、辣椒、洋葱等特色蔬菜生产主要集中在亚洲，芋头主

要集中在非洲。随着中国与"一带一路"沿线国家合作的深入展开，东南亚国家、非洲国家生产技术将有所提升，特色蔬菜的种植面积、产量、单产水平有望提高。随着欧洲、美洲国家对特色蔬菜需求的增长，非洲和亚洲等国家特色蔬菜的种植规模将会扩大。中国是生姜、大蒜、鲜辣椒、洋葱、芋头的生产大国，对中国来说有必要把握住特色蔬菜未来出口贸易方向。

第二，随着各国合作交流的增多，特色蔬菜全球需求大幅度提升，各国大大提高特色蔬菜种植，供应能力不断增强，世界特色蔬菜贸易将会持续稳定增长。另外，世界特色蔬菜贸易格局日益多元化，贸易集中度持续下降。随着市场对高质量特色蔬菜的需求不断增长，中国、印度、墨西哥、泰国、印度尼西亚等传统特色蔬菜出口国将面临更加激烈的国际竞争。

第三，中国特色蔬菜出口主要以生姜、大蒜、鲜辣椒、洋葱、芋头为主，出口市场主要集中在日本、泰国、越南、美国、俄罗斯。随着中国特色蔬菜产地规模化和集聚化的形成，生产供给能力将大大提升。虽然中国是世界上特色蔬菜出口最多的国家，但是在出口中也存在着诸多不稳定因素，致使我国特色蔬菜贸易频繁波动。一方面，国内供给过剩，企业无序竞争，部分产品质量仍未达到美国、法国、英国等国家食品质量安全标准；另一方面，世界特色蔬菜的种植规模不断增加，各国都在抢占出口价格高的发达国家市场。因此，中国特色蔬菜努力推进"三品一标"，提升整体竞争力，以适应国际市场对特色蔬菜及其加工品的多样化需求和品质化要求。

（二）生产与贸易展望

第一，国际消费需求的扩大，促使特菜产品生产进步。随着经济的快速发展，人们的生活水平有了显著提高。人类在饮食方面，已不仅仅是追求温饱这么简单。人类对绿色、健康食品的需求呈增长趋势。因此更看重产品是否健康绿色，对产品口味的要求也越来越高。致使特色蔬菜的营养价值、药用价值、经济效益和生态效益正逐渐被人们广泛认知，在这一优势特征的推动下，世界特色蔬菜的贸易量及贸易规模都将可能进一步扩大。世界特色蔬菜的贸易格局越来越多元化，但中国仍会保持较强的国际竞争力，因此提升生产技术、食品加工技术水平、调整产品结构迫在眉睫。

第二，长期来看，中国特色蔬菜出口规模将稳定增长，产品结构将日益多元化。世界特色蔬菜产品、加工产品需求均呈增长态势，加工产品需求增长速度快于鲜食产品。鲜食辣椒、葱类贸易规模有所下降，但辣椒酱、泡菜等加工产品贸易规模上升；说明加工产品更受生活节奏快的欧美、亚洲等市场青睐，未来各类加工产品更受消费者喜爱。

第三，"一带一路"倡议为特色蔬菜"走出去"减少了阻碍。很长一段时间以来，我国特色蔬菜对外贸易受到不同程度贸易壁垒的阻碍，例如，中美贸易摩擦升级，美国对我国生姜及生姜加工品加征10%关税，生姜出口贸易壁垒增加，这对我国生姜出口产生负面影响。高昂的关税等因素使中国外贸企业"走出去"难关重重。此外，当地的基础设施落后、人员综合素质相对较低等均是增加企业走出成本的隐患。"一带一路"沿线国家与中国之间的经贸互惠互利，中国为沿线各国提供一定的基础设施建设，专业技术人员的培训教育以及各国相互之间的关税优惠使中国企业在"走出去"的道路上更有底气，阻碍明显减少，国际竞争力也有了显著的提高。

第四，扩大市场供应，寻找更多的外国客户群，逐步扩大国际市场份额，并满足不同国家对特色蔬菜的不同需求。充分运用"一带一路"倡议，中国特色蔬菜等新兴产业正继续与"一带一路"沿线国家合作建设项目，而以色列、约旦、巴基斯坦、越南和印度尼西亚等国家将来都是以中国为中心的亚洲客户产业链，有着重要作用。并且从"一带一路"投资产业选择角度的相关研究来看，马来西亚、泰国、印度尼西亚等政治形势稳定，市场前景良好，风险可控，预期投资收益乐观。但是在对外贸易中最活跃的中国特色蔬菜出口也不可避免地受到新冠肺炎疫情的暴发的冲击，影响了对日本、韩国、美国等国家特色蔬菜的出口。我们仍然需要采取积极的应对措施，新冠肺炎疫情的流行将彻底改变现代人们的生活和消费理念，因此我们仍然需要进一步地加强与国际合作，建立更多的国际市场，在不同国家开放更多的客户群，并且充分利用物联网，为中国的特色蔬菜出口打造一个全球化的供应链、产业链及其价值链。

第五，中国是世界特色蔬菜的生产大国。我国在特色蔬菜产地优势上有良好基础，一方面特色蔬菜价格受各方面影响不断上涨，从而使特色蔬菜出口额也在不断增长。另一方面，我国引入"涨进跌出"的国际市场调节机制，在国内特色蔬菜价格上涨时，使用政策扶持、海关减税等相关政策，促使特色蔬菜出口国将更多出口至中国，从而满足国内对特色蔬菜不断上涨的需求，同时也能遏制住特色蔬菜价格的快速上涨；当国内特色蔬菜价格下降时，将过剩特色蔬菜利用各种方式进行销售或出口，同时加以政策扶持，防止因特色蔬菜生产量过大，造成价格下跌，给农民带来经济损失。另外，不断提升我国的特色蔬菜的国际竞争力，提高特色蔬菜的产品质量，继续发挥特色蔬菜的产地优势。

参考文献

［1］乔立娟，吴曼，宗义湘，等．我国辛辣类蔬菜产业发展趋势与建议［J］．中国蔬菜，2021，390（08）：11-17.

［2］杨宾宾，宗义湘，赵邦宏．中国大蒜生产布局及贸易格局分析［J］．农业展望，2019，15（11）：117-122.

［3］王永平，何嘉，张绍刚，等．中国辣椒国内外市场需求现状及变化趋势［J］．北方园艺，2010（01）：213-216.

［4］吴曼，赵帮宏，宗义湘．世界生姜生产布局与贸易格局分析［J］．北方园艺，2019（10）：141-150.

［5］吴曼，宗义湘，赵帮宏．世界莲藕与荸荠贸易格局及展望［J］．农业展望，2019，15（03）：66-72+79.

［6］向华，吴曼，胡志山，宗义湘，赵邦宏．世界芋头生产布局与贸易格局分析［J］．世界农业，2018（10）：144-150.

报告1-2 中国特色蔬菜国际贸易发展形势分析

特色蔬菜作为中国特色优势农产品，国际竞争优势显著，出口贸易占对外贸易总额的90%以上[①]，在国际市场中占据重要支配地位，为中国农产品出口创汇做出了巨大贡献。2021年中国特色蔬菜出口量达402.86万吨，出口额达47.36亿美元，占中国鲜、冷、冻、干及暂时保藏类蔬菜出口总额（112.64亿美元）的42.50%，其中，鲜或冷藏类蔬菜出口中，特色蔬菜占比57.12%，在干制及暂时保藏类蔬菜出口中，特色蔬菜占比24.75%，中国特色蔬菜出口已成为中国一些地区农民增收的重要途径。大蒜、辣椒、洋葱、莲藕等主要出口至东南亚、东亚及周边地区，成为带动中国与"一带一路"沿线国家农业合作的重要领域。

一、中国特色蔬菜出口贸易规模分析

中国特色蔬菜国际贸易数据源自中国海关总署数据库，辛辣类蔬菜包括大葱、生姜、大蒜、辣椒、洋葱和芥菜，水生类蔬菜包括莲藕、芋头和荸荠。大葱包括鲜青葱（HS编码07031020，鲜或冷藏的青葱）和鲜大葱（HS编码07039020，鲜或冷藏的大葱）；生姜包括未磨生姜（HS编码091011，未磨的姜）和已磨生姜（HS编码091012，已磨的姜）；大蒜包括鲜蒜头（HS编码07032010，鲜或冷藏的蒜头）、其他鲜大蒜（HS编码07032090，其他鲜或冷藏的大蒜）和干大蒜（HS编码07129050，干大蒜）；辣椒包括鲜辣椒（HS编码070960，鲜或冷藏的辣椒）、未磨辣椒干（HS编码090421，未磨的辣椒干）和已磨辣椒（HS编码090422，已磨的辣椒）；洋葱包括鲜洋葱（HS编码07031010，鲜或冷藏的洋葱）和干洋葱（HS编码071220，干洋葱）；芥菜单指鲜芥菜（HS编码07049090，未列名鲜或冷藏的食用芥菜类蔬菜）；莲藕包括种用藕（HS编码07149021）和其他藕（HS编码07149029）；芋头单指芋头（芋属）（HS编码071440）；荸荠单指荸荠（HS编码07149010）。

---

① 中国特色蔬菜国际贸易的90%以上为出口贸易，因此本书主要分析特色蔬菜出口贸易相关问题。

（一）特色蔬菜总体出口贸易

2010~2021 年，中国特色蔬菜出口贸易呈现一定波动性（见图 1-2-1）。特色蔬菜出口量总体呈增长趋势，由 245.31 万吨增长到 402.86 万吨，增幅高达 64.22%。但受新冠肺炎疫情影响，国际运输费用提升，2021 年出口量较上年同比减少 13.73%，甚至低于 2018 年水平。特色蔬菜出口额波动幅度较大，2016 年达到峰值 50.99 亿美元，2017~2018 年连续下滑，2019~2020 年连续上升，2021 年又下降至 47.36 亿美元，同比减少 2.25%，但相比出口量的大幅缩减，出口价格的上涨，弥补了出口量下滑造成的部分损失。可见，中国作为特色蔬菜供给大国，外界对中国特色蔬菜保有较高的需求依赖程度。

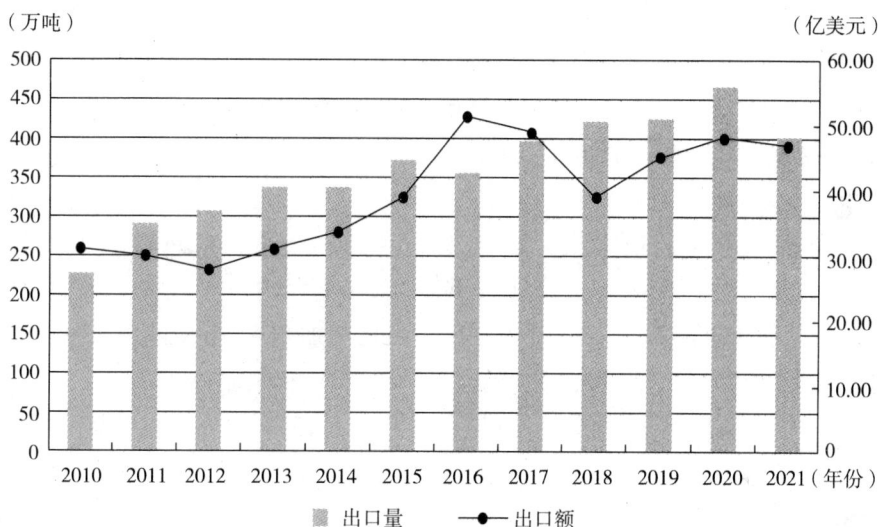

图 1-2-1　2010~2021 年中国特色蔬菜出口贸易变动情况

资料来源：根据中国海关总署数据整理计算所得。

（二）辛辣蔬菜出口贸易规模

2010~2021 年，中国辛辣蔬菜出口贸易呈现一定波动性（见图 1-2-2）。辛辣蔬菜出口量总体呈增长趋势，由 234.09 万吨增长到 393.26 万吨，增幅达 68.00%，但 2021 年出口量较上年同比减少 13.90%，低于 2018 年水平。辛辣蔬菜出口额波动幅度较大，2016 年达到峰值 49.79 亿美元，2017~2018 年连续两年下滑，之后连续两年上升，2021 年又降至 46.16 亿美元，同比减少 2.24%。由于辛辣蔬菜出口贸易在整体特色蔬菜中占 97% 以上，因此辛辣蔬菜的出口贸易形势基本代表了整体特色蔬菜的出口贸易形势。可见，在新冠肺炎疫情冲击下，中国辛辣蔬菜的国际市场地位依然坚挺。

（万吨）   （亿美元）

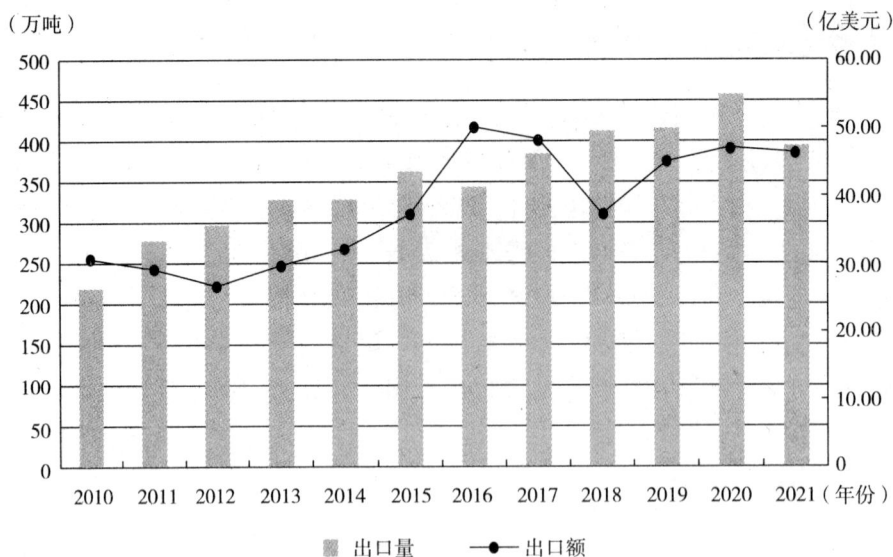

图 1-2-2　2010~2021 年中国辛辣蔬菜出口贸易变动情况

资料来源：根据海关总署数据库数据整理计算所得。

　　从辛辣蔬菜的产品构成来看，2020 年中国辛辣蔬菜出口量排名前三的是大蒜（53.85%）、洋葱（16.90%）和生姜（11.62%），与上年同期相比，大蒜占比增加 0.33 个百分点，洋葱占比减少 2.31 个百分点，生姜占比增加 0.43 个百分点（见图 1-2-3）；出口额排名前三的是大蒜（55.99%）、辣椒（15.13%）和生姜（12.40%），与上年同期相比，大蒜占比增加 2.31 个百分点，辣椒占比减少 0.87 个百分点，生姜占比减少 2.81 个百分点（见图 1-2-4）。

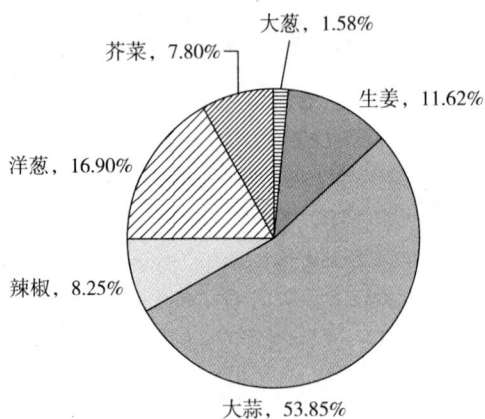

图 1-2-3　2020 年中国各类辛辣蔬菜出口量占比

资料来源：根据海关总署数据库数据整理计算所得。

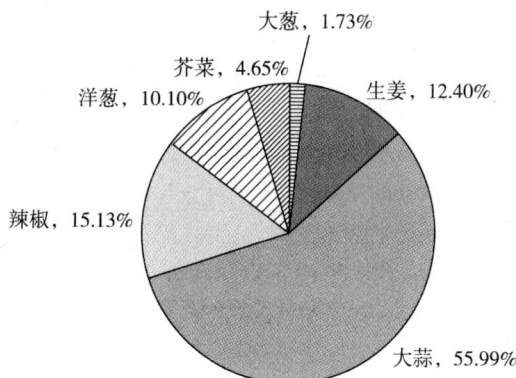

图 1-2-4 2020 年中国各类辛辣蔬菜出口额占比

从各类辛辣蔬菜的出口量变动来看（见表 1-2-1），2010~2019 年所有辛辣蔬菜出口量均呈现波动式增长，其中，2019 年与 2010 年相比，芥菜增长 154.96%、洋葱增长 52.66%、大蒜增长 27.35%、大葱增长 11.9%，与 2012 年相比，辣椒增长 101.85%、生姜增长 20.07%。可见，2019 年之前的十年间特色蔬菜出口量增长最快的是芥菜，其次为辣椒和洋葱。2010~2019 年出口量波动幅度最大的是生姜，最高增幅为 2015 年的 61.27%，最大降幅为 2014 年的 -31.16%，极差为 92.43%；其次为洋葱，最大增幅为 2017 年的 29.78%，最大降幅为 2016 年的 -18.97%，极差为 48.75%；其余辛辣蔬菜的波幅极差均在 30% 左右。2020~2021 年，特色蔬菜出口量除大蒜和辣椒于 2020 年呈增长变动外，其余产品均有所下滑，2021 年所有特色蔬菜均呈下滑趋势，但相较于 2019 年，大蒜和辣椒仍增长 10.35% 和 1.70%。可见，国外对中国大蒜和辣椒的需求依赖程度较高，在新冠肺炎疫情冲击下仍能保持较好的增速。

表 1-2-1 2010~2021 年中国各类辛辣蔬菜出口量变动情况 单位：万吨，%

年份	大葱		生姜		大蒜		辣椒		洋葱		芥菜	
	出口量	同比增减	出口量	同比增减	出口量	同比增减	出口量	同比增减	出口量	同比增减	出口量	同比增减
2010	7.25	—	—	—	150.68	—	—	—	63.56	—	12.60	—
2011	8.39	15.83	—	—	180.93	20.07	—	—	73.46	15.58	14.95	18.64
2012	6.45	-23.14	44.81	—	153.24	-15.30	15.80	—	61.49	-16.29	15.36	2.79
2013	6.83	5.79	38.01	-15.16	177.10	15.57	16.46	4.16	74.15	20.59	15.77	2.64
2014	6.24	-8.56	26.17	-31.16	190.39	7.50	16.79	2.00	73.02	-1.52	14.96	-5.14
2015	6.59	5.62	42.20	61.27	192.01	0.85	20.42	21.63	86.66	18.68	14.54	-2.83
2016	6.61	0.23	53.78	27.43	169.81	-11.56	26.95	31.97	70.23	-18.97	17.40	19.71
2017	7.66	15.96	45.45	-15.48	190.18	12.00	27.63	2.53	91.14	29.78	23.22	33.45
2018	8.41	9.76	49.13	8.10	207.24	8.97	31.04	12.33	89.54	-1.76	25.96	11.81
2019	8.11	-3.57	53.80	9.49	191.89	-7.41	31.90	2.77	97.03	8.36	32.12	23.72

年份	大葱		生姜		大蒜		辣椒		洋葱		芥菜	
	出口量	同比增减	出口量	同比增减	出口量	同比增减	出口量	同比增减	出口量	同比增减	出口量	同比增减
2020	7.09	-12.62	51.11	-5.00	244.43	27.38	34.38	7.77	87.75	-9.57	31.98	-0.45
2021	6.23	-12.09	45.69	-10.60	211.76	-13.37	32.44	-5.64	66.48	-24.24	30.66	-4.11

资料来源：根据海关总署数据库数据整理计算所得。

从各类辛辣蔬菜的出口额变动来看（见表 1-2-2），2010~2019 年除大蒜出口额有所下降外（2019 年比 2010 年减少 10.48%），其余辛辣蔬菜均呈波动式增长，其中，2019 年与 2010 年相比，荠菜增长 267.17%、洋葱增长 111.80%、大葱增长 33.23%，与 2012 年相比，生姜增长 118.49%、辣椒增长 110.70%。可见，2019 年之前的十年间特色蔬菜出口额增长最快的是荠菜，其次为生姜、洋葱和辣椒。2010~2019 年出口额波动幅度最大的是大蒜，最大增幅为 2016 年的 50.49%，最大降幅为 2018 年的 -38.82%，极差为 89.31%；其次为生姜，最大增幅为 2013 年的 52.79%，最大降幅为 2015 年的 -18.43%，极差为 71.21%；芥菜的波幅极差为 64.86%，大葱极差为 46.06%、辣椒极差为 41.10%、洋葱极差为 34.41%。可见，辛辣蔬菜出口额的波动幅度都相对偏高。2020~2021 年，特色蔬菜中大蒜、辣椒和芥菜持续保持上升趋势，大葱先降后升，生姜先升后降，但也比 2019 年略增 0.14%，只有洋葱出口额持续下滑。其主要原因在于，一是由于 2021 年中国洋葱种植面积减少，洋葱价格升高，成本和利润在一定程度上限制了出口；二是当年洋葱整体质量一般，优质货源偏低，许多货源达不到出口标准；三是海运费暴涨，运输成本巨大，人民币升值进一步削弱了国外买家对中国洋葱的兴趣。

表 1-2-2　2010~2021 年中国各类辛辣蔬菜出口额变动情况　单位：亿美元，%

年份	大葱		生姜		大蒜		辣椒		洋葱		芥菜	
	出口额	同比增减	出口额	同比增减	出口额	同比增减	出口额	同比增减	出口额	同比增减	出口额	同比增减
2010	0.57	—			26.51				2.85		0.51	
2011	0.74	30.77		—	24.63	-7.11			3.20	12.50	0.70	38.62
2012	0.71	-4.12	2.62		16.69	-32.23	2.98		3.06	-4.31	0.52	-25.26
2013	0.66	-6.98	4.00	52.79	17.58	5.33	2.85	-4.36	3.89	27.11	0.62	18.34
2014	0.56	-15.29	5.49	37.28	18.07	2.79	3.20	12.32	4.12	5.72	0.72	15.49
2015	0.62	10.07	4.48	-18.43	23.03	27.47	3.76	17.51	4.94	20.03	0.86	20.00
2016	0.76	22.16	3.70	-17.46	34.66	50.49	5.14	36.73	4.58	-7.30	0.95	10.60
2017	0.73	-3.39	4.29	15.96	31.49	-9.16	5.42	5.40	5.08	10.96	1.19	25.55
2018	0.85	16.39	4.72	10.09	19.27	-38.82	6.11	12.86	5.00	-1.67	1.33	11.48
2019	0.76	-10.80	5.72	21.20	23.74	23.20	6.28	2.62	6.03	20.61	1.86	39.60
2020	0.70	-8.03	7.18	25.64	25.35	6.79	6.73	7.27	5.22	-13.39	2.04	9.77
2021	0.80	14.54	5.73	-20.30	25.84	1.96	6.98	3.76	4.66	-10.64	2.14	5.14

资料来源：根据海关总署数据库数据整理计算所得。

（三）水生蔬菜出口贸易规模

2012~2021 年①，中国水生蔬菜出口贸易呈现小幅度波动（见图 1-2-5）。中国水生蔬菜出口量除 2014 年较低外，基本维持在 10 万吨左右，2021 年出口量达 9.60 万吨，同比减少 6.52%；中国水生蔬菜出口额除 2014 年较高外，其余年份均较为平稳，2021 年出口额达 1.20 亿美元，同比减少 2.89%，但比 2019 年略增 0.08%。可见，中国水生蔬菜受新冠肺炎疫情影响，出口量略有下降，但出口价格的拉动弥补了出口量下降的部分损失，表明国外对中国水生蔬菜的需求依赖程度也相对较高。

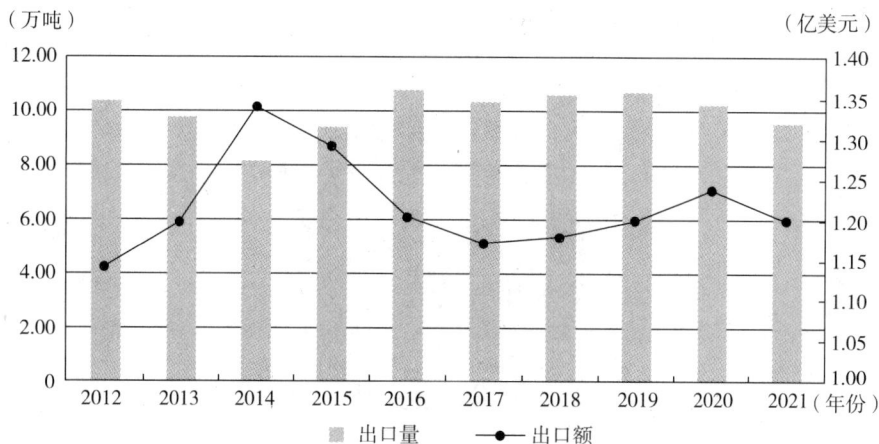

图 1-2-5　2012~2021 年中国水生蔬菜出口贸易变动情况

资料来源：根据海关总署数据库数据整理计算所得。

从水生蔬菜的产品构成来看，2021 年中国水生蔬菜出口量的产品构成情况为芋头（67.67%）、莲藕（26.05%）和荸荠（6.28%），与 2020 年相比变化不大，与 2012 年相比，莲藕占比增加 3.48 个百分点，芋头和荸荠分别减少 0.97 个百分点和 2.52 个百分点（见图 1-2-6）；出口额的产品构成情况为芋头（61.29%）、莲藕（30.22%）和荸荠（8.49%），与 2012 年相比，芋头占比减少 12.75 个百分点，莲藕占比增加 11.91 个百分点，荸荠占比增加 0.84 个百分点（见图 1-2-7）。可见，总体上芋头是水生蔬菜出口的主要产品，但在总体结构中的比重逐年缩减，莲藕份额逐年提高。

从各类水生蔬菜的出口量变动来看（见表 1-2-3），2010~2019 年莲藕出口量呈现增长趋势，芋头变化不大，荸荠逐年递减，2019 年与 2010 年相比，莲藕增长 28.49%，荸荠减少 66.70%，与 2012 年相比，芋头增长 1.63%；2020~2021 年，三类水生蔬菜除荸荠先升后降外，莲藕和芋头均持续缩减，2021 年三类水生蔬菜缩减幅度分别为莲藕-8.08%、

---

① 由于芋头出口贸易数据起始年份为 2012 年，芋头在水生蔬菜出口贸易中占比 66% 以上，因此水生蔬菜数据从 2012 年开始分析。

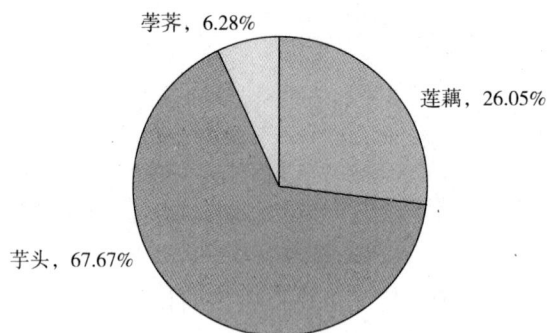

图 1-2-6 2021 年中国各类水生蔬菜出口量占比

资料来源：根据海关总署数据库数据整理计算所得。

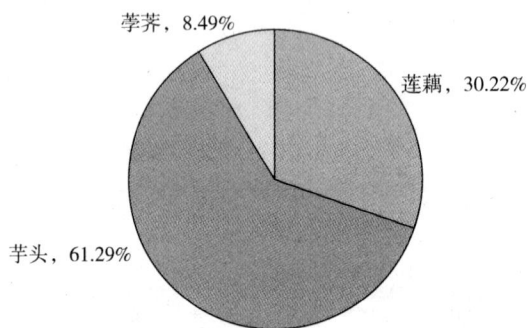

图 1-2-7 2021 年中国各类水生蔬菜出口额占比

芋头-5.53%、荸荠-10.41%。可见，新冠肺炎疫情对水生蔬菜出口量产生了一定的负面冲击。

表 1-2-3 2010~2021 年中国各类水生蔬菜出口量变动情况 单位：万吨，%

年份	莲藕		芋头		荸荠	
	出口量	同比增减	出口量	同比增减	出口量	同比增减
2010	2.229	—	—	—	1.868	—
2011	2.412	8.21	—	—	1.233	-33.97
2012	2.353	-2.45	7.156	—	0.917	-25.67
2013	2.263	-3.85	6.461	-9.71	1.033	12.71
2014	2.306	1.94	5.056	-21.74	0.845	-18.25
2015	2.499	8.33	6.378	26.14	0.558	-33.99
2016	2.773	11.00	7.586	18.95	0.503	-9.84
2017	3.179	14.63	6.741	-11.14	0.481	-4.31
2018	3.110	-2.18	6.905	2.43	0.638	32.66

续表

年份	莲藕		芋头		荸荠	
	出口量	同比增减	出口量	同比增减	出口量	同比增减
2019	2.864	−7.89	7.272	5.31	0.622	−2.52
2020	2.720	−5.03	6.875	−5.46	0.672	8.07
2021	2.501	−8.08	6.495	−5.53	0.602	−10.41

资料来源：根据海关总署数据库数据整理计算所得。

从各类水生蔬菜的出口额变动来看（见表 1-2-4），2010～2019 年莲藕出口额呈现增长趋势，芋头略有下降，荸荠逐年递减，2019 年与 2010 年相比，莲藕增长 40.75%，荸荠减少 56.23%，与 2012 年相比，芋头减少 7.30%；2020～2021 年，除芋头出口额略有缩减（−0.23% 和 −5.91%）外，莲藕和荸荠均持续增长，2021 年分别同比增长 2.11% 和 2.90%。可见，在疫情对水生蔬菜出口滞销的影响下，由于国外需求拉动，出口价格有所提升，带动了水生蔬菜出口额的相对提高。

表 1-2-4　2010～2021 年中国各类水生蔬菜出口额变动情况　单位：亿美元，%

年份	莲藕		芋头		荸荠	
	出口额	同比增减	出口额	同比增减	出口额	同比增减
2010	0.238	—	—	—	0.184	—
2011	0.305	28.16	—	—	0.138	−25.08
2012	0.209	−31.55	0.845	—	0.087	−36.56
2013	0.225	7.42	0.863	2.08	0.112	28.15
2014	0.271	20.85	0.963	11.62	0.106	−5.00
2015	0.313	15.36	0.904	−6.20	0.073	−30.91
2016	0.367	17.26	0.777	−13.98	0.062	−15.12
2017	0.377	2.72	0.736	−5.25	0.059	−6.09
2018	0.347	−7.92	0.751	2.02	0.082	39.41
2019	0.336	−3.39	0.784	4.31	0.080	−1.49
2020	0.355	5.91	0.782	−0.23	0.099	23.20
2021	0.363	2.11	0.736	−5.91	0.102	2.90

资料来源：根据海关总署数据库数据整理计算所得。

二、中国特色蔬菜出口贸易来源分析

（一）辛辣蔬菜出口贸易来源

2021 年，中国辛辣蔬菜出口贸易主要来源地分布情况如表 1-2-5 所示。大葱出口额排名前五的省份分别是山东、福建、江苏、广东和上海，出口额达 0.75 亿美元，占全国大葱总出口的 94.03%；生姜出口额排名前五的省份分别是山东、云南、广东、江苏和广西，出口额达 5.34 亿美元，占全国生姜总出口的 93.24%；大蒜出口额排名前五的省份分别是山东、江苏、河南、广西和云南，出口额达 23.77 亿美元，占全国大蒜总出口的 91.99%；辣椒出口额排名前五的省份分别是山东、河北、河南、云南和内蒙古，出口额达 6.03 亿美元，占全国辣椒总出口的 86.34%；洋葱出口额排名前五的省份分别是山东、广西、江苏、云南和甘肃，出口额达 4.18 亿美元，占全国洋葱总出口的 89.62%；芥菜出口额排名前五的省份分别是云南、湖南、广东、广西和黑龙江，出口额达 2.03 亿美元，占全国芥菜总出口的 94.42%。以上辛辣蔬菜中除芥菜外，其余蔬菜出口贸易大省均为山东，出口额占比分别为大葱 47.52%、生姜 79.36%、大蒜 64.12%、辣椒 68.18%、洋葱 39.10%。

表 1-2-5　2021 年中国辛辣蔬菜出口贸易主要来源地情况　单位：亿美元，%

排名	大葱			生姜			大蒜		
	省份	出口额	占比	省份	出口额	占比	省份	出口额	占比
1	山东	0.380	47.52	山东	4.544	79.36	山东	16.572	64.12
2	福建	0.232	29.03	云南	0.298	5.21	江苏	2.608	10.09
3	江苏	0.069	8.65	广东	0.207	3.61	河南	2.245	8.69
4	广东	0.043	5.32	江苏	0.185	3.23	广西	1.774	6.87
5	上海	0.028	3.51	广西	0.105	1.83	云南	0.574	2.22
合计	前五位	0.751	94.03	前五位	5.339	93.24	前五位	23.774	91.99
排名	辣椒			洋葱			芥菜		
	省份	出口额	占比	省份	出口额	占比	省份	出口额	占比
1	山东	4.762	68.18	山东	1.824	39.10	云南	0.900	41.95
2	河北	0.428	6.12	广西	1.609	34.51	湖南	0.627	29.21
3	河南	0.338	4.84	江苏	0.379	8.13	广东	0.227	10.57
4	云南	0.282	4.03	云南	0.253	5.43	广西	0.137	6.39
5	内蒙古	0.221	3.16	甘肃	0.114	2.44	黑龙江	0.135	6.30
合计	前五位	6.031	86.34	前五位	4.179	89.62	前五位	2.025	94.42

资料来源：根据海关总署数据库数据整理计算所得。

（二）水生蔬菜出口贸易来源

2021 年，中国水生蔬菜出口贸易主要来源地分布情况如表 1-2-6 所示。莲藕出口额排名前五的省份分别是湖南、广东、浙江、山东和云南，出口额达 0.28 亿美元，占全国莲藕总出口的 76.27%；芋头出口额排名前五的省份分别是山东、云南、广西、广东和湖南，出口额达 0.72 亿美元，占全国芋头总出口的 97.77%；荸荠出口额排名前五的省份分别是广西、湖南、福建、广东和云南，出口额达 0.10 亿美元，占全国荸荠总出口的 96.02%。

表 1-2-6　2021 年中国水生蔬菜出口贸易主要来源地情况　单位：亿美元，%

排名	莲藕			芋头			荸荠		
	省份	出口额	占比	省份	出口额	占比	省份	出口额	占比
1	湖南	0.093	25.72	山东	0.638	86.71	广西	0.054	52.88
2	广东	0.064	17.70	云南	0.049	6.69	湖南	0.023	22.45
3	浙江	0.048	13.21	广西	0.012	1.56	福建	0.010	9.90
4	山东	0.039	10.82	广东	0.011	1.46	广东	0.009	8.89
5	云南	0.032	8.82	湖南	0.010	1.35	云南	0.002	1.91
合计	前五位	0.277	76.27	前五位	0.719	97.77	前五位	0.098	96.02

资料来源：根据海关总署数据库数据整理计算所得。

三、中国特色蔬菜出口贸易流向分析

（一）辛辣蔬菜出口贸易流向

2021 年中国大葱出口额排名前五的伙伴国或地区分布情况如表 1-2-7 所示。中国鲜青葱出口额排名前五的国家或地区分别是日本、中国香港、中国澳门、马来西亚和泰国，出口额达 0.25 亿美元，占全国鲜青葱总出口额的 98.92%；中国鲜大葱出口额排名前五的国家或地区分别是日本、韩国、新加坡、俄罗斯和马来西亚，出口额达 0.54 亿美元，占全国鲜大葱总出口额的 98.11%。日本为中国大葱最主要的出口市场，其中鲜青葱出口额为 0.20 亿美元，占比 78.53%；鲜大葱出口额为 0.42 亿美元，占比 76.28%。这种过于单一出口市场结构并不利于中国大葱的外贸发展。中国要实时把握日本需求动向，积极调整或改进国内大葱品质，还要勇于创新，不断开发大葱系列产品，拓宽销售渠道，促进出口市场的多元化发展。

表 1-2-7　2021 年中国大葱出口贸易主要伙伴国或地区情况　单位：亿美元，%

排名	鲜青葱			鲜大葱		
	国家（地区）	出口额	比重	国家（地区）	出口额	比重
1	日本	0.196	78.53	日本	0.419	76.28
2	中国香港	0.043	17.14	韩国	0.085	15.56
3	中国澳门	0.0031	1.26	新加坡	0.013	2.38
4	马来西亚	0.0027	1.07	俄罗斯	0.011	2.07

排名	鲜青葱			鲜大葱		
	国家（地区）	出口额	比重	国家（地区）	出口额	比重
5	泰国	0.002	0.93	马来西亚	0.010	1.82
合计	前五位	0.247	98.92	前五位	0.539	98.11

资料来源：根据海关总署数据库数据整理计算所得。

2021年中国生姜出口额排名前五的伙伴国或地区分布情况如表1-2-8所示。中国未磨生姜出口额排名前五的国家或地区分别是荷兰、美国、巴基斯坦、日本和阿联酋，出口额达2.85亿美元，占全国未磨生姜总出口额的53.10%；中国已磨生姜出口额排名前五的国家或地区分别是日本、美国、荷兰、英国和德国，出口额达0.30亿美元，占全国已磨生姜总出口额的81.14%。总体上，中国未磨生姜出口市场更为元化，分布较为广泛，涉及欧美、东亚和东南亚各地区，市场份额较为均匀，有利于中国未磨生姜出口的稳定性。中国已磨生姜出口主要面向发达国家，已磨生姜属于初级加工品，产品附加值较高，是拓展发达国家市场的重要产品类型。

表1-2-8　2021年中国生姜出口贸易主要伙伴国或地区情况　　单位：亿美元，%

排名	未磨生姜			已磨生姜		
	国家（地区）	出口额	比重	国家（地区）	出口额	比重
1	荷兰	0.885	16.50	日本	0.157	43.07
2	美国	0.636	11.86	美国	0.064	17.66
3	巴基斯坦	0.485	9.04	荷兰	0.028	7.60
4	日本	0.440	8.21	英国	0.026	7.08
5	阿联酋	0.402	7.50	德国	0.021	5.73
合计	前五位	2.847	53.10	前五位	0.296	81.14

资料来源：根据海关总署数据库数据整理计算所得。

2021年中国大蒜出口额排名前五的伙伴国或地区分布情况如表1-2-9所示。中国鲜蒜头出口额排名前五的国家或地区分别是印度尼西亚、越南、马来西亚、菲律宾和泰国，出口额达10.85亿美元，占全国鲜蒜头总出口额的57.85%；中国其他鲜大蒜出口额排名前五的国家或地区分别是美国、日本、加拿大、荷兰和澳大利亚，出口额达0.98亿美元，占全国其他鲜大蒜总出口额的83.90%；中国干大蒜出口额排名前五的国家或地区分别是美国、日本、德国、巴西和加拿大，出口额达3.84亿美元，占全国干大蒜总出口额的64.77%。总体上来看，中国鲜蒜头出口市场主要集中于东南亚地区，绝大部分属于"一带一路"沿线国家，市场份额较为均匀，有利于蒜头出口市场的稳定。其他大蒜和干大蒜出口主要面向发达国家，市场集中度较高，近半数出口依赖美国市场，在各种不确定的影响下，该市场结构极易影响该产品的出口稳定性。

表 1-2-9 2021 年中国大蒜出口贸易主要伙伴国或地区情况 单位：亿美元，%

排名	鲜蒜头			其他鲜大蒜			干大蒜		
	国家（地区）	出口额	比重	国家（地区）	出口额	比重	国家（地区）	出口额	比重
1	印度尼西亚	4.992	26.62	美国	0.557	47.72	美国	2.586	43.65
2	越南	2.954	15.75	日本	0.133	11.36	日本	0.479	8.09
3	马来西亚	1.325	7.07	加拿大	0.110	9.44	德国	0.298	5.02
4	菲律宾	0.826	4.40	荷兰	0.105	8.98	巴西	0.258	4.36
5	泰国	0.752	4.01	澳大利亚	0.075	6.40	加拿大	0.216	3.64
合计	前五位	10.849	57.85	前五位	0.979	83.90	前五位	3.837	64.77

资料来源：根据海关总署数据库数据整理计算所得。

2021 年中国辣椒出口额排名前五的伙伴国或地区分布情况如表 1-2-10 所示。中国鲜辣椒出口额排名前五的国家或地区分别是俄罗斯、泰国、中国香港、越南和马来西亚，出口额达 0.74 亿美元，占全国鲜辣椒总出口额的 87.76%；中国未磨辣椒干出口额排名前五的国家或地区分别是墨西哥、马来西亚、泰国、美国和日本，出口额达 1.31 亿美元，占全国未磨辣椒干总出口额的 86.87%；中国已磨辣椒出口额排名前五的国家或地区分别是西班牙、美国、日本、马来西亚和韩国，出口额达 2.94 亿美元，占全国已磨辣椒总出口额的 63.46%。总体来看，中国鲜辣椒主要出口至周边接壤国家，内蒙古和黑龙江主要出口至俄罗斯，云南主要出口至泰国和越南，这与鲜辣椒保鲜的特殊性有关；未磨辣椒干出口市场主要集中于北美、东南亚和东亚地区；已磨辣椒出口市场分布最为广泛，且市场集中度较低，发达国家比重相对较高。

表 1-2-10 2021 年中国辣椒出口贸易主要伙伴国或地区情况 单位：亿美元，%

排名	鲜辣椒			未磨辣椒干			已磨辣椒		
	国家（地区）	出口额	比重	国家（地区）	出口额	比重	国家（地区）	出口额	比重
1	俄罗斯	0.339	40.07	墨西哥	0.508	33.79	西班牙	1.475	31.82
2	泰国	0.189	22.37	马来西亚	0.363	24.16	美国	0.490	10.58
3	中国香港	0.091	10.78	泰国	0.205	13.68	日本	0.456	9.83
4	越南	0.068	8.00	美国	0.127	8.44	马来西亚	0.269	5.80
5	马来西亚	0.055	6.53	日本	0.102	6.81	韩国	0.252	5.44
合计	前五位	0.742	87.76	前五位	1.305	86.87	前五位	2.943	63.46

资料来源：根据海关总署数据库数据整理计算所得。

2021 年中国洋葱及芥菜出口额排名前五的伙伴国或地区分布情况如表 1-2-11 所示。中国鲜洋葱出口额排名前五的国家或地区分别是越南、日本、菲律宾、泰国和马来西亚，出口额达 3.62 亿美元，占全国鲜洋葱总出口额的 88.21%；中国干洋葱出口额排名前五的国家或地区分别是美国、德国、菲律宾、日本和韩国，出口额达 0.30 亿美元，占全国干洋葱总出口额的54.07%；中国鲜芥菜出口额排名前五的国家或地区分别是中国香港、越南、泰国、俄罗斯和马来西亚，出口额达2.12亿美元，占全国鲜芥菜总出口额的98.61%。可见，对于鲜洋葱和鲜芥菜等鲜或冷藏类辛辣蔬菜大多销往周边国家。

表1-2-11 2021年中国洋葱和芥菜出口贸易主要伙伴国或地区情况

单位：亿美元，%

排名	鲜洋葱			干洋葱			鲜芥菜		
	国家（地区）	出口额	比重	国家（地区）	出口额	比重	国家（地区）	出口额	比重
1	越南	1.886	45.90	美国	0.157	28.24	中国香港	0.855	39.89
2	日本	1.121	27.29	德国	0.042	7.51	越南	0.638	29.76
3	菲律宾	0.260	6.34	菲律宾	0.037	6.61	泰国	0.307	14.34
4	泰国	0.195	4.74	日本	0.036	6.45	俄罗斯	0.174	8.14
5	马来西亚	0.162	3.94	韩国	0.029	5.25	马来西亚	0.139	6.49
合计	前五位	3.624	88.21	前五位	0.300	54.07	前五位	2.115	98.61

资料来源：根据海关总署数据库数据整理计算所得。

（二）水生蔬菜出口贸易伙伴流向

2021年中国水生蔬菜出口额排名前五的伙伴国或地区分布情况如表1-2-12所示。中国莲藕出口额排名前五的国家或地区分别是马来西亚、日本、美国、韩国和泰国，出口额达0.30亿美元，占全国莲藕总出口额的83.00%；中国芋头出口额排名前五的国家或地区分别是日本、越南、阿联酋、马来西亚和沙特阿拉伯，出口额达0.69亿美元，占全国芋头总出口额的94.31%；中国荸荠出口额排名前五的国家或地区分别是越南、马来西亚、中国台湾、美国和日本，出口额达0.09亿美元，占全国荸荠总出口额的90.35%。总体上，中国水生蔬菜出口市场多年并未发生太多变动，总体形势较为稳定。

表1-2-12 2021年中国水生蔬菜出口贸易主要伙伴国或地区情况

单位：亿美元，%

排名	莲藕			芋头			荸荠		
	国家（地区）	出口额	比重	国家（地区）	出口额	比重	国家（地区）	出口额	比重
1	马来西亚	0.134	36.93	日本	0.561	76.27	越南	0.054	52.59
2	日本	0.098	26.96	越南	0.061	8.27	马来西亚	0.023	22.67
3	美国	0.040	10.92	阿联酋	0.030	4.11	中国台湾	0.009	8.88
4	韩国	0.015	4.23	马来西亚	0.023	3.12	美国	0.004	4.40
5	泰国	0.014	3.96	沙特阿拉伯	0.019	2.55	日本	0.002	1.81
合计	前五位	0.301	83.00	前五位	0.694	94.31	前五位	0.092	90.35

资料来源：根据海关总署数据库数据整理计算所得。

四、中国特色蔬菜出口贸易发展对策建议

（一）推进特色蔬菜产品高质量发展

从短期来看，新冠肺炎疫情对中国特色蔬菜贸易的顺利开展造成了较大的冲击，但中国特色蔬菜的绝对市场支配地位抵消了部分中长期负面影响。在全球市场低迷的形势下，提高特色蔬菜质量和附加值是进一步突破国际市场的重要手段。首先，在生产加工方面，中国特色蔬菜需要加强育种育苗、智能环控、水肥一体化等技术创新，扶持特色蔬菜产业经济高质量发展。其次，要加强冷链物流建设，提升特色蔬菜保鲜能力，制定统一冷链物流产品质量标准，防止途中温度改变，导致损害增加。最后，质量追溯技术也需要加强，充分利用其可追溯性强、无法篡改等特点，进一步保证特色蔬菜产品质量，持续提高特色蔬菜产品的国际竞争力，应对新冠肺炎疫情的负面冲击。

（二）完善特色蔬菜市场应急预警机制

应对新冠肺炎疫情等重大风险，需要建立并完善产品应急预警机制。首先，要不断完善蔬菜田头价格、批发价格和零售价格，规范采集标准，打造蔬菜产业数据链，提高数据资源可用性、共享性和拓展性。其次，完善特色蔬菜信息分析平台，着力打造"消费确定生产"作用链，用消费引导确定生产，形成一个新的供应链条。最后，完善特色蔬菜产销信息服务制度，打造"信息引导生产"传导链，着力提升信息服务标准化、智能化、智慧化，使蔬菜产业进一步完善。

（三）拓展特色蔬菜"一带一路"市场

新冠肺炎疫情对全球经济贸易格局及世界秩序产生了巨大的影响，全球经济贸易政策的不确定性继续加大，美国、意大利、西班牙、德国、英国等发达国家经济体将对中国已磨生姜、其他鲜大蒜、干大蒜、干洋葱等主要依赖发达国家市场的特色蔬菜布局产生重要影响。但是，中国还有大量特色蔬菜面向"一带一路"沿线国家，特色蔬菜贸易应更多地开发"一带一路"沿线国家市场，释放"一带一路"经贸合作的潜力，在与发展中国家共同发展过程中，形成中国特色蔬菜外贸发展新动力。

参考文献

［1］乔立娟，吴曼，宗义湘，等．我国辛辣类蔬菜产业发展趋势与建议［J］．中国蔬菜，2021，390（08）：11-17.

［2］赵帮宏，宗义湘，乔立娟，等．2019年我国辛辣类蔬菜产业发展趋势与政策建

议［J］. 中国蔬菜，2019（06）：1-5.

　　［3］杨宾宾，宗义湘，赵邦宏. 中国大蒜生产布局及贸易格局分析［J］. 农业展望，2019，15（11）：117-122.

　　［4］王永平，何嘉，张绍刚，等. 中国辣椒国内外市场需求现状及变化趋势［J］. 北方园艺，2010（01）：213-216.

　　［5］刘颖，李如霞，郭秀琪，等. 中国对"一带一路"国家水生蔬菜出口贸易形势分析［J］. 长江蔬菜，2022（04）：31-36.

第二篇 增长效应专题报告

报告 2-1　中国辛辣蔬菜出口贸易增长效应分析

中国是蔬菜生产和出口大国，蔬菜出口是扭转农产品贸易逆差的重要组成部分，其中辛辣蔬菜在中国蔬菜出口贸易中起到重要作用。中国辛辣蔬菜主要出口美国、日本、越南、泰国、俄罗斯等国家。中国辛辣蔬菜在"一带一路"倡议的背景下出口量有了显著提高，市场也得到了开拓。但是受到全球新冠肺炎疫情的影响，近两年中国辛辣蔬菜的出口增长缓慢。研究中国辛辣蔬菜的出口贸易波动特征及其成因能更好地预测中国辛辣蔬菜出口的趋势，对未来中国辛辣蔬菜出口具有深远的经济意义。

中国辛辣蔬菜出口贸易量在显著增长的同时也呈现阶段性波动，具有变动快、波幅大及波动频繁的特征，主要原因在于随着中国农产品行业的发展，中国的辛辣蔬菜贸易问题更是不断凸显，入市以来，中国辛辣蔬菜出口贸易持续增长，但目前尚存在一系列因素，比如农药残留严重、化肥超标、土壤贫瘠等使中国的辛辣蔬菜有一部分不能达到一些国家进口标准，这也严重制约着中国辛辣蔬菜出口贸易的可持续发展；再加上经济全球化和农业国际化的发展，中国蔬菜的出口更是有了进一步的提升，辛辣蔬菜的出口量也得到了提升，但是处在金融危机、绿色贸易壁垒背景下，中美贸易摩擦也使许多追随美国的国家减少了对中国蔬菜的进口，加之辛辣蔬菜受到地域饮食偏好的限制，中国很难在一些不喜欢辛辣蔬菜的国家和地区开拓出新的市场。

以往文献很少研究中国辛辣蔬菜总体出口贸易波动特征及成因分析等问题，更多集中于中国葱、蒜、辣椒等单一辛辣蔬菜的出口及影响因素研究。对中国辛辣蔬菜出口贸易波动特征及其成因的分析可以总体上掌握中国辛辣蔬菜这一大类的出口定向特征，从总体上把握中国辛辣蔬菜的国际走势，为稳定辛辣蔬菜出口海外提供一定的理论参考。

一、中国辛辣蔬菜出口贸易波动特征分析

中国辛辣蔬菜在中国蔬菜出口贸易中占据重要份额，是中国经济发展的重要组成部分。本报告选取 2010~2020 年中国辛辣蔬菜出口贸易数据作为测算依据，根据海关 HS 编码分类，本报告所研究的辛辣蔬菜包括：鲜大蒜、鲜洋葱和鲜辣椒，数据来源于海关总署数据库。通过分析中国辛辣蔬菜出口贸易数据，发现中国辛辣蔬菜出口贸易波动呈现以下特征：

（一）出口总规模呈现波动性增长

2010 年以后中国辛辣蔬菜种植规模以及出口规模均有较大提升，出口总额由 2010 年的 34.63 亿美元增长到了 2018 年的 51.32 亿美元，年增长 1.669 亿美元（见表 2-1-1）。2020 年受新冠肺炎疫情影响，出口量也并未出现大幅度下滑。预计全球新冠肺炎疫情受到控制以后，中国辛辣蔬菜的出口将会呈现前所未有的增长趋势。中国辛辣蔬菜的出口量呈现三个波谷、三个波峰，但是出口总值却是波动上涨的趋势。在 2018 年中国辛辣蔬菜出口达到近 10 年来的最大值后，出口额便有所下降，但这只是暂时的下降。受中美贸易摩擦的影响，中国不止辛辣蔬菜的出口量受到了限制，其他产业的出口也受到了影响。中国辛辣蔬菜出口总量每年都有较大的波动，虽然 2010~2015 年出口总量总体趋于平缓增长，但是 2015 年之后便有了较大的上下浮动。2015 年受自然灾害的影响，辛辣蔬菜的产量有所减少但价格却达到了一个高峰。之后出现的"蒜你狠"都是这一时期辛辣蔬菜价格上涨的体现。

表 2-1-1　2010~2020 年中国辛辣蔬菜出口贸易波动情况

单位：万吨，亿美元，%

年份	出口量	同比增减	出口额	同比增减
2010	185.49	—	34.63	—
2011	187.56	1.11	35.19	1.60
2012	190.34	1.14	34.63	-1.59
2013	186.21	-2.1	36.26	4.70
2014	193.52	3.90	37.48	3.36
2015	195.38	0.96	43.53	16.14
2016	192.46	-1.49	48.32	11.00
2017	198.47	3.12	50.94	5.40
2018	200.21	0.87	51.32	0.74
2019	198.70	-0.75	50.86	-1.01
2020	199.59	0.44	49.29	-3.08

资料来源：根据海关总署数据库数据整理计算所得。

（二）大蒜、洋葱、辣椒出口占比最高

中国的辛辣类蔬菜产量较高的品种是大蒜、洋葱、辣椒（见表 2-1-2），其中大蒜的量最多，中国是世界上大蒜种植地最多的国家。中国辛辣蔬菜主要以新鲜类蔬菜出口为主，约 2/3 为初级加工，所以中国无论是蔬菜还是范围比较小的辛辣蔬菜都面临着一个难以深加工的问题。辛辣类蔬菜相对于其他蔬菜来讲存储时间更久一些，以鲜辣椒为例，中国鲜辣椒出口占中国辣椒出口量的 40%。但近两年受中美贸易摩擦的影响，中国辛辣蔬菜的出口品种有

所减少，但是排在前三位的依旧是大蒜、洋葱、辣椒。从全球各地大蒜产量分布来分析，中国是全球大蒜产量最高的地区。据统计，2019 年中国大蒜产量以 2330.6 万吨稳居世界第一位，占比全球的产量比重高达 75.9%。尽管如此，中国大蒜还是以初级产品出口为主。大蒜本身作为一种调味品，从本身性质来说较难进行深加工。2020 年中国大蒜出口总量为 246.16 万吨，同比 2019 年增长了 27.3%。中国洋葱出口量由 2010 年的 61.83 万吨增长到 2020 年的 70.24 万吨。中国洋葱出口主要以鲜洋葱为主，加工出口不足鲜洋葱的 3%，对洋葱进行深加工更是少之又少。虽然受全球新冠肺炎疫情的影响，中国蔬菜出口受到限制，但是可以看出疫情对中国辛辣类蔬菜出口的影响还是比较小的。

表 2-1-2　2010~2020 年中国三大类辛辣蔬菜出口量占比　　单位：%

年份	大蒜	洋葱	辣椒
2010	30.28	23.61	20.45
2011	31.43	22.47	19.35
2012	32.13	25.63	17.61
2013	32.5	20.50	19.35
2014	30.47	20.82	19.48
2015	34.53	22.36	20.54
2016	35.27	23.40	22.26
2017	34.24	21.34	21.70
2018	33.19	23.50	19.17
2019	34.16	20.53	20.40
2020	35.80	22.19	21.43

资料来源：根据海关总署数据库数据整理计算所得。

（三）出口贸易市场集中程度较高

2020 年中国辛辣蔬菜贸易额达 49.29 亿美元，其中泰国、越南、日本、美国、俄罗斯等国家是中国辛辣蔬菜主要出口国。中国新鲜辛辣蔬菜主要出口于美国、马来西亚、日本等国家（见表 2-1-3）。

表 2-1-3　2010~2020 年中国主要辛辣蔬菜出口市场分布

年份	大蒜	洋葱	辣椒
2010	越南 马来西亚 美国	越南 俄罗斯 日本	俄罗斯 泰国 哈萨克斯坦
2011	越南 马来西亚 美国	越南 俄罗斯 日本	俄罗斯 泰国 哈萨克斯坦

年份	大蒜	洋葱	辣椒
2012	越南 马来西亚 巴西	越南 俄罗斯 日本	俄罗斯 泰国 越南
2013	越南 马来西亚 美国	俄罗斯 越南 日本	俄罗斯 泰国 蒙古
2014	越南 马来西亚 巴西	越南 日本 俄罗斯	俄罗斯 墨西哥 马来西亚
2015	越南 美国 巴西	越南 日本 俄罗斯	墨西哥 马来西亚 泰国
2016	马来西亚 越南 美国	越南 日本 俄罗斯	俄罗斯 墨西哥 泰国
2017	越南 马来西亚 日本	越南 日本 俄罗斯	墨西哥 俄罗斯 美国
2018	越南 马来西亚 日本	越南 俄罗斯 日本	俄罗斯 泰国 墨西哥
2019	越南 马来西亚 日本	越南 俄罗斯 日本	俄罗斯 泰国 马来西亚
2020	越南 马来西亚 日本	越南 俄罗斯 日本	墨西哥 俄罗斯 泰国

资料来源：根据海关总署数据库数据整理计算所得。

日本受制于地理环境，国土面积的71%是山地，耕地资源少，主要种植粮食作物。但是日本对味觉有很高的追求，所以对于调味品比如辣椒、生姜、大蒜的需求量就比较多，而洋葱则是日本不可或缺的一种蔬菜。中国辛辣蔬菜出口总量中约35%供给日本。俄罗斯对辛辣蔬菜的需求主要受制于气候、土壤等自然因素。俄罗斯辣椒产量不高，但是俄罗斯人对辣椒的需求量很大，且考虑到运输的问题，中国与俄罗斯毗邻，无论是从需求量还是运输距离来讲，俄罗斯都是中国辛辣蔬菜的出口需求大国。越南和泰国主要进口中国洋葱，进口量达中国出口越南和泰国辛辣蔬菜总量的65%。受价格影响，越南和泰国洋葱进口主要源自中国广西地区，近几年对山东及云贵地区的进口也有所增加。中国辛辣蔬菜在美国农产品贸易中表现出较强的竞争力，但在出口额和出口量攀升的背后，也受到美国技术贸易壁垒、美国农业保护、市场秩序环境等诸多不利因素影响，严重制约着中国辛辣蔬菜对美国出口的可持续性。

二、中国辛辣蔬菜出口贸易增长效应模型

(一) 恒定市场份额模型

恒定市场份额模型（CMS）能通过对辛辣蔬菜出口进行分解和考场，揭示影响其出口贸易的主要因素。模型基本假设为：在中国辛辣蔬菜出口产品竞争力不变的情况下，其在进口国的市场份额会保持不变。如果两者存在差异，则是由辛辣蔬菜出口结构或者出口竞争力的变化导致的。中国辛辣蔬菜出口贸易呈现波动变化，这种变化可能来自出口产品结构和市场变动的影响。因此，选用 CMS 模型对中国辛辣蔬菜出口贸易的波动及成因进行解释，并提出两个层次分解。

第一层分解为：

$$\Delta q = \sum \sum S_{ij}^0 \Delta Q_{ij} + \sum \sum Q_{ij}^0 \Delta S_{ij} + \sum \sum \Delta S_{ij} \Delta Q_{ij} \qquad (2\text{-}1\text{-}1)$$
　　（结构效应）　　　　（竞争力效应）　　　（交叉效应）

第二层分解为：

结构效应可分解为增长效应 S0ΔQ 和市场结构效应：

$$(\sum S_i^0 Q_i^0 - \Delta SQ) + (\sum \sum S_{ij}^0 \Delta Q_{ij} - \sum S_i^0 \Delta Q_i) \qquad (2\text{-}1\text{-}2)$$

竞争力效应可分解为整体竞争力效应 ΔSQ0 和产品竞争力效应：

$$(\Delta S_i Q_i^0 - \Delta SQ^0) + (\sum \sum \Delta S_{ij} Q_{ij}^0 - \sum \Delta S_i Q_i^0) \qquad (2\text{-}1\text{-}3)$$

交叉效应可分解为净交叉效应：$\dfrac{Q^1}{Q^0} - 1 \sum \sum \Delta S_{ij} Q_{ij}^0 \qquad (2\text{-}1\text{-}4)$

和动态交叉效应：$\sum \sum \Delta S_{ij} Q_{ij} - \dfrac{Q^1}{Q^0} - 1 \sum \sum \Delta S_{ij} Q_{ij}^0 \qquad (2\text{-}1\text{-}5)$

其中，q 表示产品出口总额；S 表示某国在世界市场中所占份额；S_i 表示某国的产品 i 在世界市场全部 i 产品进口中所占份额；S_{ij} 表示某国的产品 i 出口在目标市场 j 全部进口中所占份额；Q_i 表示国际市场对产品 i 的进口额；Q_{ij} 表示目标市场 j 对产品 i 的进口额；0 表示期初（起始年份）；1 表示期末（终止年份）；i、j 表示出口产品和出口所在地区；Δ 表示在两个时期之间的变化量。

CMS 模型各分解效应的解释含义如表 2-1-4 所示。

表 2-1-4　CMS 模型各分解效应的解释含义

效应项目	解释含义
结构效应	因世界辛辣蔬菜进口需求变化而引起的中国辛辣蔬菜出口额变化
增长效应	中国辛辣蔬菜出口额因世界辛辣蔬菜需求增长而增长的部分
市场效应	因世界市场分布情况变化而带来的中国辛辣蔬菜出口额变化

效应项目	解释含义
竞争效应	因出口竞争力变化引起的中国辛辣蔬菜出口额变化
整体竞争效应	因中国辛辣蔬菜出口整体竞争力变化引起的出口额变化
产品竞争效应	因中国辛辣蔬菜出口竞争力变化引起的出口额变化
交叉效应	因世界辛辣蔬菜进口需求变化和中国辛辣蔬菜竞争力变化的交互作用引起的辛辣蔬菜出口额变化
净交叉效应	因中国辛辣蔬菜出口世界市场份额的变化与世界辛辣蔬菜出口规模变化的交叉作用引起的中国辛辣蔬菜出口额变化，其中正值代表辛辣蔬菜出口份额适应世界辛辣蔬菜出口水平的变化，反之为负值
动态交叉效应	因中国辛辣蔬菜出口市场结构与世界辛辣蔬菜出口市场结构的交叉作用引起的中国辛辣蔬菜出口额的变化，其中正值代表辛辣蔬菜在世界辛辣蔬菜市场出口额增长较快，反之为负值

（二）数据来源及说明

研究采用的相关数据是来自2010~2020年中国海关统计数据库和联合国贸易统计数据库中有关中国大蒜、洋葱、辣椒等辛辣蔬菜出口量的相关数据，根据HS分类的方法，中国辛辣蔬菜出口类别可以分为大蒜（HS编码07032090、HS编码07032010）、洋葱（HS编码07031010）、辣椒（HS编码070960）。此外，在中国辛辣蔬菜出口的众多市场中选取出口量最多的国家，对中国辛辣蔬菜进口贸易的影响因素进行详细的分析。

三、中国辛辣蔬菜出口贸易增长效应分解

（一）CMS模型第一层次分析

2010~2013年为第一期，影响中国辛辣蔬菜出口的因素中结构效应占了81.2%，竞争效应只占了2.0%（见表2-1-5）。在这期间通过模型分析计算，中国辛辣蔬菜的出口结构对辛辣蔬菜的出口影响最大。也就是说，在这时期国际上的贸易环境还是良性竞争，贸易壁垒金融危机等因素对中国辛辣蔬菜出口的影响很少。在这段时期中国辛辣蔬菜出口是研磨还是未研磨的方式对出口的影响更大。这一时期中国辛辣蔬菜整体质量虽然过关，但仍然有一些农药残留问题。所以这一时期中国也致力于提升中国辛辣蔬菜的出口质量。

表2-1-5 CMS模型分析结果　　　　单位：亿美元，%

三期因素分解	第一期（2010~2013年）		第二期（2014~2017年）		第三期（2018~2020年）	
	绝对额	比重	绝对额	比重	绝对额	比重
实际出口增长	-2.6	100.0	7.9	100	13.4	100.0
结构效应	-3.2	81.2	4.5	85.6	1.6	70.4

续表

三期因素分解	第一期（2010~2013 年）		第二期（2014~2017 年）		第三期（2018~2020 年）	
	绝对额	比重	绝对额	比重	绝对额	比重
增长效应	-0.6	9.8	1.4	-20.8	1.3	5.8
市场效应	-2.6	71.4	3.1	106.4	0.3	64.6
竞争效应	2.2	2.0	4.3	7.3	6.1	8.7
整体竞争效应	1.1	-5.3	3.3	5.2	1.6	7.4
产品竞争效应	1.0	7.3	1.0	2.1	4.5	1.3
交叉效应	-1.6	16.8	-0.9	7.1	5.7	20.9
净交叉效应	-0.6	9.2	4.2	9.3	2.6	10.4
动态交叉效应	-1.0	7.6	-5.1	-2.2	3.1	10.5

2014~2017 年为第二期，结构效应因素仍然居于主导地位为 85.6%，说明在这期间中国辛辣蔬菜出口质量得到明显的提升，这一时期绿色贸易壁垒问题更加突出，中国利用世贸组织规则以及"一带一路"倡议加大了中国辛辣蔬菜的出口。在这一时期中国辛辣蔬菜种植面积进一步扩大，也为中国辛辣蔬菜出口量的增加奠定了基础。

2018~2020 年为第三期，辛辣蔬菜整体竞争力的影响因素有了更明显变化，说明这一时期中国虽然受中美贸易摩擦以及新冠肺炎疫情等因素的影响，但是中国辛辣蔬菜的整体质量不断提升。在这期间中国辛辣蔬菜结构效应的影响不断变小，也说明了近 10 年来中国辛辣蔬菜的质量不断提升，管理体系越来越规范。虽然受新冠肺炎疫情以及中美贸易战的影响，中国的辛辣蔬菜出口并没有大幅度的下滑，甚至在 2020 年 7 月出口额更是达到了一个小高峰。

（二）CMS 模型第二层次分析

从结构效应分析不难看出，这三个时期的增长效应都是正值，且所占比重分别为 71.4%、106.4% 和 64.6%。通过三个正值说明中国辛辣蔬菜出口的增长是顺应了世界市场对辛辣蔬菜需求增长的趋势，中国辛辣蔬菜抓住了市场机会。世界辛辣蔬菜消费市场的不断扩大是推动中国辛辣蔬菜出口量不断前进的关键因素。再来分析市场效应，第一和第三时期都为正值，但是第二时期却为负值，说明在第一时期中国辛辣蔬菜出口市场比较合理，随着世界对辛辣蔬菜需求量的增大，中国辛辣蔬菜的出口也有了明显的增加。但是到了第二时期，出现了负值，在第一时期市场得到了扩大，伴随着出现了市场集中化程度过高的现象也就导致了出口市场风险的增大，会抑制中国辛辣蔬菜的出口。但是到了第三时期，中国辛辣蔬菜出口市场得到了调整，市场变得多元化使中国辛辣蔬菜市场出口结构更加优化，因此也促进了中国辛辣蔬菜的增长，虽然并没有较大幅度的提升，但是较之前的增幅是相对较快的。

（三）主要结论

第一，2010~2020 年中国辛辣蔬菜出口量呈现波动上涨的趋势，出口总额也呈现逐年上升的趋势。中国辛辣类蔬菜出口主要以新鲜蔬菜出口为主。中国辛辣蔬菜的出口市场主要集中在日本、泰国、越南、美国、俄罗斯。随着中国辛辣类蔬菜种植规模近两年有一定的增加，中国辛辣蔬菜的出口量会有进一步的提升，产地规模的进一步扩大也推动了中国辛辣蔬菜产业规模化集聚化的形成。

第二，在 CMS 模型的基础上研究发现，中国辛辣蔬菜的结构效应在三个时期都为正值，且占比重较大，说明结构效应对中国辛辣蔬菜出口的影响较大。三类因素都有不同程度的波动趋势，这其实也说明了中国辛辣蔬菜出口存在不稳定性的特征。中国辛辣蔬菜的结构效应因素是第一层，是影响中国辛辣蔬菜出口量的第一因素，这说明中国辛辣蔬菜的整体质量虽然能达到国际食品安全质量的要求，但也表现出中国辛辣蔬菜的质量还需要有所提高，受农药以及管理不规范等因素的影响，中国辛辣蔬菜的质量要求有很多达不到美国、法国、英国等国家食品质量安全标准。如果不进行规范化管理的话，中国辛辣蔬菜虽然能在世界辛辣蔬菜出口中占得一席之地，但是近几年中国也遭受到绿色贸易壁垒的影响，各种辛辣蔬菜损失事件接连出现。如果不从根本上提高中国辛辣蔬菜的出口竞争力，一旦世界辛辣蔬菜贸易出现波动或者世界辛辣蔬菜贸易不景气的时候，中国辛辣蔬菜势必会受到严重的损失。从 CMS 模型分析来看，不只是辛辣蔬菜的结构效应，辛辣蔬菜的竞争效应以及辛辣蔬菜的产品竞争力都在不同程度上影响着中国辛辣蔬菜的出口，尽管中国是世界上辛辣蔬菜出口最多的国家，但是在出口的过程中也存在着不稳定性。所以中国辛辣蔬菜努力提升自身整体竞争力，适应国际和各个地区对辛辣蔬菜及其加工品的标准要求已经显得特别迫切。

四、主要结论与对策

本报告对 2010~2020 年中国辛辣蔬菜出口贸易数据进行整理分析，利用 CMS 模型对中国辛辣蔬菜出口贸易波动特征及成因进行分析，得出如下结论：

第一，中国辛辣蔬菜出口贸易整体上呈现波动上涨的趋势，出口产品以洋葱、辣椒、大蒜为主，出口市场主要集中在美国、日本、俄罗斯以及东南亚地区。

第二，结构效应、竞争效应对中国辛辣蔬菜出口增长的影响较为显著，市场需求是影响出口的重要因素。

由此提出以下对策建议：

第一，提高辛辣蔬菜品质。生产者积极遵守国家对辛辣蔬菜"三品一标"的规定，通过生产投入、检测、可追溯等方式，在辛辣蔬菜产前、产中和产后的全产业链环节严格进行质量把控，统一质量标准，提升蔬菜品质，有效规避国际贸易壁垒。

第二，注重品牌效应。重点培育和打造省内有名、全国著名和世界闻名的辛辣蔬菜品牌，如"老干妈"，严格制定系列辛辣产品质量标准，保障产品的商品指标、营养指标、卫生指标和品质指标的稳定性和一致性，在消费者心中树立优质高端形象，提升品牌溢价率，扩大品牌国际效应。

第三，提升现代化生产经营能力。政府积极扩大辛辣蔬菜基础设施投资，重视专业人才培养和科技创新，推进农业现代化经营，完善社会化服务体系，从宏观环境上保障辛辣蔬菜生产经营的有序高效，提升国际市场竞争力。

第四，加强辛辣蔬菜行业监管。有关部门可牵头建立农产品生产企业的行业协会，建立完善的协商、谈判制度，切实加强对行业的指导和约束，并确立最低出口下限，避免恶性竞争，保证既可多出口又能多创汇。

五、前景展望

中国在辛辣蔬菜的出口方面还是占据较大优势的，虽然近些年受到了新冠肺炎疫情以及中美贸易摩擦所带来的一些问题的影响，导致了辛辣蔬菜出口贸易有些许下滑，出现了波动增长的态势，但整体市场行情是持续向好的。由于中国资源丰富，地理位置也较优越，所以基本可以满足所有辛辣蔬菜的种植环境，辛辣蔬菜的种植规模逐年增多，而且近些年来大棚辛辣蔬菜种植也更为普遍，更能满足消费者在不同时节的需求，使出口量能够有进一步的提升。从出口贸易量来看，预计能够在新冠肺炎疫情得到控制后出现前所未有的高度，出口量会创新高。

从贸易结构来看，辛辣蔬菜出口优势不太明显。虽然目前中国辛辣蔬菜出口占据出口贸易中的大部分，但是出口的多为初级农产品，高层次的深加工产品较少。从品种结构来看，出口产品以洋葱辣椒大蒜为主，品种较为单一；出口流向美国、日本、俄罗斯和东南亚国家，其他地区的市场较少。中国辛辣蔬菜出口要想在未来占据较大优势，必须调整贸易结构，加大科技创新以此来对产品进行深加工，并且要增加其他辛辣蔬菜的出口，在稳固这些主要出口市场的同时，也要积极开拓其他市场，以此来增加出口。相信在出口深加工产品、加大出口种类、扩大出口市场之后，中国辛辣蔬菜的出口将会走向更新的高度。

从产品竞争力来看，中国辛辣蔬菜出口也是占据一定优势的。近年来中国在农产品出口方面制定了多项规章制度，在很大程度上保障了农产品出口质量；而且由于生产规模的增多、机械化的普及，使辛辣蔬菜在价位上也十分占据优势。另外，随着科技的不断发展，辛辣蔬菜的深层次加工品也在逐渐增多，更能满足不同客户的需求。所以从这些方面来分析，辛辣蔬菜的出口竞争力在国际上越来越占据优势，未来中国辛辣蔬菜的出口会呈现更快更好的增长态势，将会走上更高的台阶。

参考文献

[1] 乔立娟，吴曼，宗义湘，等．中国辛辣类蔬菜产业发展趋势与建议［J］．中国

蔬菜，2021（08）：11-17.

　　［2］王娟娟，杨莎，张曦．中国特色蔬菜产业形势与思考［J］．中国蔬菜，2020（06）：1-5.

　　［3］毛敏，余梅．基于引力模型的中国大蒜出口贸易影响因素分析［J］．北方园艺，2020（10）：150-156.

　　［4］王厚双，孟蔼禾．中国对日本蔬菜出口贸易波动及驱动因素实证研究——基于修正的 CMS 模型［J］．沈阳师范大学学报（社会科学版），2020（05）：56-62.

　　［5］刘春鹏，肖海峰．中国与中东欧 16 国农产品贸易增长成因研究——基于 CMS 模型的实证分析［J］．农业技术经济，2018（09）：135-144.

报告2-2 中国水生蔬菜出口贸易增长效应分析

水生蔬菜作为一种健康的绿色蔬菜,是中国区域性特色明显的优势农产品。中国不仅是世界上最大的水生蔬菜种植区,而且种类繁多,包括芋头、莲藕、荸荠等13种作物。水生蔬菜具有很高的营养价值和药用价值,世界需求量逐年增大,为中国水生蔬菜出口提供了广阔的世界市场空间。目前国内外学者针对水生蔬菜出口贸易的研究主要集中在贸易现状、出口竞争力及其影响因素等方面的研究,针对出口贸易特征及出口贸易增长效应的研究并不多见。因此,本报告选取具有代表性的芋头、莲藕、荸荠三种蔬菜作为研究对象,从水生蔬菜出口总量、出口产品结构、出口市场结构等方面分析水生蔬菜近年来的出口贸易特征,并运用恒定市场份额模型分析水生蔬菜出口贸易增长的主要影响因素来探究出口贸易增长的效应,有助于进一步推动水生蔬菜出口贸易的优化发展及国内水生蔬菜产业的健康发展。

一、中国水生蔬菜出口贸易发展现状

(一)中国水生蔬菜出口贸易规模

2012~2020年,中国水生蔬菜出口贸易规模大致经历了急速下降、缓慢回升、不断增加三个阶段,但总体比较平稳(见表2-2-1)。2012年出口量为10.43万吨,2020年为10.27万吨;出口额从2012年的1.14亿美元增长到2020年的1.24亿美元,增幅8.8%;其中2013~2015年水生蔬菜出口量出现了明显下降,其主要原因是当时全球经济发展不景气,国际经济发展不活跃,并且2013~2015年南方种植地区夏季洪涝灾害严重,连续出现暴雨天气,导致水生蔬菜生产量下降,供给不足,出口量也有所下降。2016~2020年中国水生蔬菜播种面积激增,逐渐增加了从事水生蔬菜研究的科研机构和技术人员,全方位多角度进行水生蔬菜新品种示范、试验、引进,推动了水生蔬菜生产效率,对自然灾害防控措施的加强保障了水生蔬菜的基本产量,同时国际经济发展有所好转,经济活力提高,市场需求变大,水生蔬菜出口量不断增加。

表 2-2-1　2012~2020 年中国水生蔬菜出口规模变动情况

单位：万吨，亿美元，美元/千克，%

年份	出口量	同比增减	出口额	同比增减	出口价格
2012	10.43	—	1.14	—	1.10
2013	9.76	-6.42	1.20	5.05	1.23
2014	8.21	-15.88	1.34	11.80	1.63
2015	9.43	14.94	1.29	-3.81	1.37
2016	10.86	15.15	1.21	-6.45	1.11
2017	10.40	-4.24	1.17	-2.87	1.13
2018	10.65	2.42	1.18	0.69	1.11
2019	10.76	0.99	1.20	1.65	1.12
2020	10.27	-4.55	1.24	3.06	1.21

资料来源：根据海关总署数据库数据整理计算所得。

（二）中国水生蔬菜出口产品结构

中国水生蔬菜主要由芋头、莲藕和荸荠三大种类构成（见表 2-2-2）。其中，芋头出口占比最多，其次为莲藕和荸荠。芋头在 2012~2020 年出口额处于波状上升趋势，但是在 2014 年芋头出口占比有所下降，但此后占比继续上升，到 2020 年芋头出口占比达到 67%。2012~2020 年莲藕出口额保持在 0.3 亿美元左右，而且出口量占比不断上升，但是荸荠出口额和出口量占比却在逐年下降。

表 2-2-2　2012~2020 年中国三大类水生蔬菜出口额及出口量占比

单位：亿美元，%

年份	芋头		莲藕		荸荠	
	出口量占比	出口额	出口量占比	出口额	出口量占比	出口额
2012	68.6	0.845	22.6	0.209	8.8	0.087
2013	66.2	0.863	23.2	0.225	10.6	0.112
2014	61.6	0.963	28.1	0.271	10.3	0.106
2015	67.6	0.904	26.5	0.313	5.9	0.073
2016	69.8	0.777	25.5	0.367	4.6	0.062
2017	64.8	0.736	30.6	0.377	4.6	0.059
2018	64.8	0.751	29.2	0.347	6.0	0.082
2019	67.6	0.784	26.6	0.336	5.8	0.080
2020	67.0	0.782	26.5	0.355	6.5	0.099

资料来源：根据海关总署数据库数据整理计算所得。

（三）中国水生蔬菜出口市场结构

中国水生蔬菜出口市场主要集中在亚洲、美洲等地区（见表 2-2-3）。其中以出口马来西亚、新加坡、美国、日本、阿联酋等国家为主。这些国家的出口额占总出口额的 68% 左右。2012~2020 年日本是中国芋头和莲藕最大出口国，中国出口到美国、马来西亚的水生蔬菜主要是荸荠。

表 2-2-3　2012~2020 年中国三大类水生蔬菜出口额排名前三的市场分布情况

产品类型	2012 年	2014 年	2016 年	2018 年	2019 年	2020 年
芋头	日本	日本	日本	日本	日本	日本
	阿联酋	阿联酋	越南	越南	越南	越南
	美国	美国	阿联酋	阿联酋	阿联酋	阿联酋
莲藕	美国	日本	日本	日本	日本	日本
	日本	美国	美国	美国	马来西亚	美国
	马来西亚	马来西亚	马来西亚	马来西亚	美国	马来西亚
荸荠	美国	美国	马来西亚	越南	越南	越南
	马来西亚	马来西亚	越南	马来西亚	马来西亚	马来西亚
	中国台湾	中国台湾	美国	新加坡	新加坡	美国

二、中国水生蔬菜出口贸易增长效应模型

（一）CMS 模型构建

恒定市场份额模型（Constant Market Share，CMS）是由泰森斯基最初提出的，通过勒尔纳等学者进行不断的修正后才变得较为完善。CMS 模型是主要对商品进出口进行分解和考察，来探寻影响进出口的主要因素，是国际贸易分析领域十分重要的量化模型工具。此模型的基本假设是：如果一个国家的某种出口产品的竞争力不变，那么其在进口国的市场份额也会不变。如果两者之间存在一些差额，那么是由出口结构发生改变或出口竞争力增减来导致。动态波动变化是目前中国的水生蔬菜出口贸易特征，其出口规模的增减有可能受到国际出口产品结构和国际出口市场变动的影响，所以，选用 CMS 模型为中国水生蔬菜出口贸易的增长和竞争力分析进行解释说明，并对模型提出两个层次的分解，第一层分解为：

$$\Delta q = \sum \sum S_{ij}^0 \Delta Q_{ij} + \sum \sum Q_{ij}^0 \Delta S_{ij} + \sum \sum \Delta S_{ij} \Delta Q_{ij} \qquad (2-2-1)$$

　　（结构效应）　　　　（竞争力效应）　　　（交叉效应）

第二层分解：

结构效应可分解为增长效应 $S^0\Delta Q$ 和市场结构效应：

$$(\sum S_i^0 Q_i^0 - \Delta SQ) + (\sum \sum S_{ij}^0 \Delta Q_{ij} - \sum S_i^0 \Delta Q_i) \qquad (2-2-2)$$

竞争力效应可分解为整体竞争力效应 ΔSQ^0 和产品竞争力效应：

$$(\Delta S_i Q_i^0 - \Delta SQ^0) + (\sum \sum \Delta S_{ij} Q_{ij}^0 - \sum \Delta S_i Q_i^0) \qquad (2-2-3)$$

交叉效应可分解为净交叉效应：$\dfrac{Q^1}{Q^0 - 1} \sum \sum \Delta S_{ij} Q_{ij}^0 \qquad (2-2-4)$

和动态交叉效应：$\sum \sum \Delta S_{ij} Q_{ij} - \dfrac{Q^1}{Q^0 - 1} \sum \sum \Delta S_{ij} Q_{ij}^0 \qquad (2-2-5)$

其中，q 表示产品出口总额；S 表示某国在世界市场中所占份额；S_i 表示某国的产品 i 在世界市场全部 i 产品进口中所占份额；S_{ij} 表示某国的产品 i 出口在目标市场 j 全部进口中所占份额；Q_i 表示国际市场对产品 i 的进口额；Q_{ij} 表示目标市场 j 对产品 i 的进口额；0 表示期初（起始年份）；1 表示期末（终止年份）；i、j 表示出口产品和出口所在地区；Δ 表示在两个时期之间的变化量。

CMS 模型各分解效应的解释含义如表 2-2-4 所示。

表 2-2-4　CMS 模型各分解效应的解释含义

效应项目	解释含义
结构效应	因世界水生蔬菜进口需求变化而引起的中国水生蔬菜出口额变化
增长效应	中国水生蔬菜出口额因世界水生蔬菜需求增长而增长的部分
市场效应	因世界市场分布情况变化而带来的中国水生蔬菜出口额变化
竞争效应	因出口竞争力变化引起的中国水生蔬菜出口额变化
整体竞争效应	因中国水生蔬菜出口整体竞争力变化引起的出口额变化
产品竞争效应	因中国水生蔬菜出口竞争力变化引起的出口额变化
交叉效应	因世界水生蔬菜进口需求变化和中国水生蔬菜竞争力变化的交互作用引起的水生蔬菜出口额变化
净交叉效应	因中国水生蔬菜出口世界市场份额的变化与世界水生蔬菜出口规模变化的交叉作用引起的中国水生蔬菜出口额变化，其中正值代表水生蔬菜出口份额适应世界水生蔬菜出口水平的变化，反之为负值
动态交叉效应	因中国水生蔬菜出口市场结构与世界水生蔬菜出口市场结构的交叉作用引起的中国水生蔬菜出口额的变化，其中正值代表水生蔬菜在世界水生蔬菜市场出口额增长较快，反之为负值

（二）数据来源及说明

本报告采用的数据来自 2012~2020 年联合国贸易统计数据库中水生蔬菜贸易相关数据和中国海关统计数据库，使用 HS 分类方法。另外，对于中国水生蔬菜出口市场，主要选取了 6 个目标市场：美国、阿联酋、日本、马来西亚、新加坡、越南对中国水生蔬菜出口贸易影响因素进行逐年分解和数据计算分析。

三、中国水生蔬菜出口贸易增长效应分解

利用 CMS 模型分析 2012~2020 年中国水生蔬菜出口市场份额的变动趋势情况，研究结果表明，市场份额效应和联合结构效应共同作用才出现中国水生蔬菜出口增长的情况，其中市场份额效应是带动水生蔬菜出口增长的主要原因，其次是联合结构效应的影响。

通过分析，可将 2012~2020 年中国水生蔬菜贸易分为两个贸易增长时期。第一期为 2012~2016 年，出口量和出口金额缓慢增长，贸易潜力有待开发；第二期为 2017~2020 年，水生蔬菜出口量和出口金额呈明显增加趋势。有关数据代入 CMS 模型中进行二阶计算分解，可得到中国水生蔬菜出口波动影响因素的测算结果，如表 2-2-5 所示。

表 2-2-5　CMS 模型分析结果　　　　　　　单位：亿美元，%

两期因素分解	第一期（2012~2016 年）		第二期（2017~2020 年）	
	绝对额	比重	绝对额	比重
实际出口增长	-2.1	100	10.7	100
结构效应	-2.6	79.6	2.1	69.9
增长效应	-1.4	69.5	1.2	66.1
市场效应	-1.2	10.1	0.9	3.8
竞争效应	1.9	2.0	5.1	8.6
整体竞争效应	1.1	-3.9	3.8	1.2
产品竞争效应	0.8	5.9	1.3	7.4
交叉效应	-1.4	18.4	3.5	21.5
净交叉效应	-1.2	6.6	1.9	10.1
动态交叉效应	-0.2	11.8	1.6	11.4

（一）CMS 模型第一层次数据分析

便于研究，可把 2012~2020 年分为两期：2012~2016 年、2017~2020 年。在第一期中，结构效应占 79.6%，竞争效应占 2.0%，交叉效应占 18.4%，可知水生蔬菜出口结构效应的影响效应最大。说明这一时期中，因为世界市场对其需求较大，从而拉动中国水生蔬菜种植和出口贸易的发展，但是同时中国水生蔬菜自身出口竞争力较弱是制约其出口增长的重要因素。在第二期中，结构效应依然为主导因素，占 69.9%，而竞争效应和交叉效应分别为 8.6% 和 21.5%，数据表明在这一期中，中国水生蔬菜出口竞争力还是处于上升状态，出口的结构优势依旧较为明显，说明这期间国际市场对芋头、荸荠、莲藕等产品消费需求旺盛，并且中国水生蔬菜出口也通过出口市场结构不断优化以及出口蔬菜品质提升，带来水生蔬菜出口的整体增长新局面。

（二）CMS 模型第二层次数据分析

对结构效应的计算分解可知，2012～2016 年、2017～2020 年这两个时期的增长效应都是正值，比重分别为 79.6% 和 69.9%，此数据说明中国水生蔬菜出口增长符合世界市场对水生蔬菜需求增长的要求，中国水生蔬菜顺应世界的需求发展，中国水生蔬菜出口离不开世界水生蔬菜消费市场对于水生蔬菜的需求。分析市场效应，第一期和第二期都是正值，分别是 10.1% 和 3.8%，说明在第一期出口市场位置分布较为合理，国际市场的不断扩大，贸易范围不断扩展，进一步促进了中国水生蔬菜出口的增加。到第二期，中国水生蔬菜出口市场多元化战略的调整使水生蔬菜出口市场结构更加优化合理，因此促进了出口的不断增加。

分析竞争效应的分解结果，可得出整体竞争效应对水生蔬菜出口增长的影响较为显著。在 2012～2016 年的第一期，整体竞争力显示为-3.9%，其主要原因可能是主要进口国市场对中国实施了更为严格的关税贸易壁垒和技术性贸易壁垒，大大增加了中国出口蔬菜到这些国家或地区的难度。在 2017～2020 年的第二期，情况有所好转，中国在水生蔬菜科学培育和加工技术有了明显的提升和发展，增加了水生蔬菜的竞争力，但是还要不断提升水生蔬菜产业总体的发展稳定性。

从交叉效应分解来看，两个阶段的净交叉效应都为正值，分别为 6.6% 和 10.1%，说明中国水生蔬菜的出口不断适应世界市场需求的变化，在世界水生蔬菜出口市场的所占比重也越来越大。

四、主要结论与对策

（一）主要结论

2012～2020 年中国水生蔬菜出口量和出口额呈现波浪式增长趋势，出口的产品结构以芋头为主，出口市场主要在日本和美国。基于 CMS 模型实证分析显示，结构效应、竞争力效应对中国水生蔬菜出口增长的影响较为显著，中国水生蔬菜出口增加在一定程度上依赖于国际市场需求量增加。但是水生蔬菜的出口发展还是面临一些问题，也存在一些不确定性的发展趋势，中国水生蔬菜的出口竞争力仍需要提升。

（二）主要对策

1. 提升质量技术标准，对接国际市场需求

农产品国际贸易壁垒不断变化，尤其是非关税贸易壁垒对中国水生蔬菜出口造成了一定程度的影响，阻碍了中国水生蔬菜出口之路。国际新的蔬菜安全政策和法规，大幅度地提高了中国对于进口蔬菜农产品的质量检验和检疫市场准入的标准，这一政策举措大幅度地抬高了对于中国进口水生蔬菜的门槛。因此，相关进行水生蔬菜出口的企业都认为应该

积极地去适应，深入学习研究国际新蔬菜食品安全政策和法规，确保其在出口水生蔬菜产品整个过程中的健康卫生管理和环境控制，并且要符合国际新政策法规，因此要深入研究相关的水生蔬菜产品标准、标签等规定，及时跟踪国际的贸易壁垒变化情况，促进中国水生蔬菜不断开拓国外市场，并在检测技术的基础上完善和加强农药残留检测相关方法。有必要开发新的农药，以减少蔬菜中农药、毒素和有害物质含量，研究和推广蔬菜产品生产地区的环境净化技术、如何生产和维护新鲜蔬菜，以及如何评估循环和污染、化学风险和泄漏等问题。

2. 加大科技投入力度，延伸水生蔬菜产业链

应从政策支持、资金投入、信息指导、科技指导等方面积极扶持芋头、莲藕等具有出口创汇优势的水生蔬菜品类。此外，还要坚持"走出去"政策。同时，在确保了规模经济发展的同时，也需要改变生产商和加工企业的结构。迅速把握农产品加工领域，以传统新鲜水上蔬菜食品为主要出口基础，增加了真空冷冻干燥食品、蔬菜泥、蔬菜卷和水上加工蔬菜等一系列高科技精深加工农产品。延长水生蔬菜供应链，使冷冻出口实现了与国际市场的对接。政府也需要支持一批主要的水生蔬菜产品出口商发展，优先的财政和货币政策将会使出口商能够拥有很强的市场竞争力和巨大的产品出口量，促进农民的就业，增加农民的生活和收入。

3. 创建国内外知名品牌，发挥品牌国际效应

水生蔬菜的出口需要从市场宽度改变到市场深度。加强产品品牌意识，创立独立品牌，扩大市场深度，提高国际市场知名度。不断开展国际品牌推广，开展商标注册和海外品牌获取，举办传统优秀产品等海外活动；而且通过提高蔬菜质量，来吸引国际客户。注重进出口商品的技术和质量，符合行业和国际标准，在国际市场上立足良好的区域产品形象。积极引导水生蔬菜外贸业务发展，扩大水生蔬菜国际市场影响力规模，不断提高质量，完善品牌，把水生蔬菜品牌"打响"，提高水生蔬菜国际知名度和影响力。增加投资，我们将扩大市场深度，努力发挥品牌效应，进一步增加中国水生蔬菜的出口量。

4. 加强对外经贸合作，促进出口市场多元化

扩大市场供应，寻找更多的国外客户群，逐步扩大国际市场份额，并满足不同国家对水生蔬菜的不同需求。在中小微型企业管理层面，要紧紧抓住产业链经济全球化发展的契机，向中小微产品进行区域性转移，并充分运用"一带一路"倡议，布局中小微企业生产能力与订货机制。中国的水生蔬菜等新兴产业也正继续与"一带一路"沿线国家合作建设项目，而以色列、约旦、巴基斯坦、越南和印度尼西亚等国家将来都是以中国为中心的亚洲客户产业链，有着重要作用。但是在对外贸易中最活跃的中国水生蔬菜出口也不可避免地受到新冠肺炎疫情暴发的冲击，影响了对日本、韩国、美国等国家水生蔬菜的出口。新冠肺炎疫情将彻底改变现代人们的生活和消费理念，因此我们仍然需要进一步地加强与国际合作，建立更多的国际市场，在不同国家开放更多的客户群，并且充分利用物联网，为中国的水生蔬菜出口打造一个全球化的供应链、产业链及其价值链。

参考文献

[1] 吴曼，宗义湘，赵帮宏，等. 中国水生蔬菜产业发展现状、存在问题及发展思路 [J]. 长江蔬菜，2019 (02)：35-41.

[2] 郭凤领，吴金平，周洁，等. 湖北省水生蔬菜产业调研报告及对策建议 [J]. 中国瓜菜，2020 (08)：80-84.

[3] 刘春鹏，肖海峰. 中国与中东欧 16 国农产品贸易增长成因研究——基于 CMS 模型的实证分析 [J]. 农业技术经济，2018 (09)：135-144.

[4] 葛明，高远东. 中国对 RCEP 农产品出口波动因素研究 [J]. 统计与信息论坛，2021 (07)：41-51.

[5] 刘钦. 乡村振兴战略背景下中国蔬菜产业发展分析 [J]. 北方园艺，2020 (04)：142-147.

第三篇　市场格局专题报告

报告 3-1 中国辛辣蔬菜出口市场集中度分析

随着全球食辣人群越来越多，辛辣蔬菜的国际需求不断扩大，国际贸易规模也随之增加。中国作为辛辣蔬菜生产大国，在国际市场中的地位举足轻重。中国的辛辣蔬菜包括干大蒜、干洋葱、鲜大蒜、鲜洋葱、鲜青葱、鲜大葱、生姜、辣椒和芥菜等，主要出口至美国、日本、巴西、俄罗斯、马来西亚、菲律宾、印度尼西亚、越南等国家和地区。但是，中国辛辣蔬菜出口也存在着出口市场结构单一、市场影响力不足等问题。深入分析中国辛辣蔬菜的出口集中度，有助于中国辛辣蔬菜在出口时找到长期稳定的出口贸易伙伴，同时开拓新兴市场，推动中国辛辣蔬菜出口市场结构的合理化，进而促进辛辣蔬菜产业的持续健康平稳发展。

一、中国辛辣蔬菜出口贸易现状分析

本报告选取中国 2010~2020 年辛辣蔬菜出口贸易数据作为测算依据。根据海关 HS 分类，辛辣蔬菜可分为：鲜大葱（HS 编号 07039020）、未磨生姜（HS 编号 09101100）、已磨生姜（HS 编号 09101200）、鲜蒜头（HS 编号 7032010）、鲜大蒜（HS 编号 07032090）、干大蒜（HS 编号 07129050）、鲜辣椒（HS 编号 07096000）、未磨辣椒干（HS 编号 09042100）、已磨辣椒（HS 编号 09042200）、鲜洋葱（HS 编号 07031010）、干洋葱（HS 编号 07122000）、鲜芥菜（HS 编号 07049090），所有数据均来源于中国海关总署数据库。

（一）出口总体规模

2010~2013 年辛辣蔬菜出口量呈现上升趋势，其中 2013 年同比增长最快，2017~2020 年出口量也呈现增长趋势，2014 年和 2016 年出口量同比下降了，其中 2016 年同比下降最多，下降了 4.87%，而其余年份都呈现上升趋势。2010~2020 年中国辛辣蔬菜出口额呈现波动上升趋势，2016 年出口额最高，达 49.79 亿美元，同比上升最多，达 32.10%，2018 年出口额同比下降最多，下降了 22.66%；2012 年出口额最低，为 26.59 亿美元。2018 年中国辛辣蔬菜出口量同比呈上升趋势，而同年出口额却同比下降最多，表明 2018 年中国辛辣蔬菜出口平均价格同比下降较多（见表 3-1-1）。

表 3-1-1　2010~2020 年中国辛辣蔬菜出口规模变动情况

单位：万吨，亿美元，%

年份	出口量	同比增减	出口额	同比增减
2010	234.09	—	30.43	—
2011	277.73	18.64	29.28	-3.81
2012	297.16	7.00	26.59	-9.18
2013	328.32	10.49	29.60	11.35
2014	327.57	-0.23	32.15	8.61
2015	362.42	10.64	37.69	17.22
2016	344.76	-4.87	49.79	32.10
2017	385.29	11.75	48.20	-3.19
2018	411.33	6.76	37.28	-22.66
2019	414.85	0.86	44.37	19.04
2020	456.72	10.09	47.22	6.42

资料来源：根据海关总署数据库数据整理计算所得。

（二）出口产品结构

中国辛辣蔬菜出口以鲜大葱、未磨生姜、已磨生姜、鲜蒜头、鲜大蒜、干大蒜、鲜辣椒、未磨辣椒干、已磨辣椒、鲜洋葱、干洋葱和鲜芥菜为主（见表 3-1-2），其中鲜蒜头出口额最高，在 2010 年出口额达 21.60 亿美元，占同年出口总额的 70.24%，2015 年出口额为 17.12 亿美元，占同年总出口额的 45.42%，2020 年出口额 19.32 亿美元，占同年总出口额的 40.91%；生姜类中未磨生姜出口额相对较高，占总出口额的 10%~15%；辣椒类中鲜辣椒的出口额较高，洋葱类中鲜洋葱的出口额相对较高。

表 3-1-2　2010 年、2015 年和 2020 年中国辛辣蔬菜出口产品结构

单位：亿美元，%

品种	2010 年		2015 年		2020 年	
	出口额	占比	出口额	占比	出口额	占比
鲜大葱	0.39	1.27	0.45	1.19	0.44	0.93
未磨生姜	—	—	4.16	11.04	6.85	14.51
已磨生姜	—	—	0.31	0.82	0.33	0.70
鲜蒜头	21.60	70.24	17.12	45.42	19.32	40.91
鲜大蒜	1.29	4.20	1.16	3.08	0.93	1.97
干大蒜	3.62	11.77	4.75	12.60	5.09	10.78
鲜辣椒	0.32	1.04	0.75	1.99	1.17	2.48
未磨辣椒干	—	—	1.11	2.95	1.26	2.67

品种	2010 年		2015 年		2020 年	
	出口额	占比	出口额	占比	出口额	占比
已磨辣椒	—	—	1.90	5.04	4.29	9.08
鲜洋葱	2.32	7.54	4.60	12.20	4.69	9.93
干洋葱	0.52	1.69	0.34	0.90	0.53	1.12
鲜芥菜	0.51	1.66	0.86	2.28	—	—
合计	30.75	1.00	37.69	1.00	47.22	1.00

资料来源：根据海关总署数据库数据整理计算所得。

二、中国辛辣蔬菜出口市场集中度测算及分析

通过对中国辛辣蔬菜出口市场分布状况进行分析，了解各类辛辣蔬菜的主要出口地区，有利于中国辛辣蔬菜出口巩固原有市场，开拓新的出口市场；通过计算辛辣蔬菜的出口市场集中率，作为中国辛辣蔬菜出口集中度分析依据，对中国辛辣蔬菜有效地避免风险从而优化市场结构有着重要的现实意义。在分析辛辣蔬菜出口集中度时，选取了具有代表性的出口额较高的产品进行分析，选取了鲜大葱、未磨生姜、鲜蒜头、鲜辣椒和鲜洋葱这五个出口额相对较高的不同种类的辛辣蔬菜进行出口集中度的分析。

（一）市场集中度测算方法

本报告主要借鉴市场集中度的测算指标来分析中国各类辛辣蔬菜出口市场集中度。市场集中度是某行业的市场结构集中水平的度量指标，而市场集中率（CRn）与赫芬达尔—赫希曼指数（HHI）是市场集中度最常用的两个计量指标，其中 CRn 最能直观地反映市场集中度，HHI 指数则偏向于反映市场的相对集中程度和离散程度。

根据上述指标的特点及中国辛辣蔬菜出口市场的分布情况，选用市场集中率（CRn）指标。中国辛辣蔬菜出口市场集中率是指中国辛辣蔬菜出口市场中前几个最大出口市场所占中国辛辣蔬菜总出口的比重，计算公式为：

$$CRn = \frac{\sum_{i=1}^{n} Xi}{T} \tag{3-1-1}$$

其中，CRn 表示中国辛辣蔬菜出口市场中最大前 n 位市场的出口市场集中率，Xi 表示中国辛辣蔬菜出口到第 i 位市场的总金额，n 表示要计算的最大前几位出口市场的个数，T 表示中国辛辣蔬菜出口总金额。

经济学家贝恩根据 CR4 和 CR8 指标的测算结果，将集中度分为六个不同等级。即极高寡占型（CR4>75%）、高集中寡占型（65%<CR4<75%）、中（上）集中寡占型（50%<CR4<65%）、中（下）集中寡占型（35%<CR4<50%）、低集中寡占型（30%<

CR4<35%）和原子型（CR4<30%）。根据贝恩的分类方法分析中国辛辣蔬菜出口集中度，n 取 4 和 8。

（二）出口市场分布情况

由表 3-1-3 可知，鲜大葱的出口额占总出口额的 1%左右，相对其他辛辣蔬菜，出口额较少，最主要的出口国家有日本、韩国、俄罗斯、马来西亚和菲律宾，其中日本的出口额最大，日本、韩国和俄罗斯在这三年稳居前三，中国对其的出口额相对较稳定，菲律宾在 2015 年退出了前五，新加坡进入了前五。

表 3-1-3　2010 年、2015 年和 2020 年中国辛辣蔬菜出口前五位市场分布情况

单位：亿美元

品种	年份	第一位	第二位	第三位	第四位	第五位
鲜大葱	2010	日本（0.36）	韩国（0.021）	俄罗斯（0.003）	马来西亚（0.0005）	菲律宾（0.0004）
	2015	日本（0.42）	韩国（0.017）	俄罗斯（0.0075）	新加坡（0.0073）	马来西亚（0.0018）
	2020	日本（0.36）	韩国（0.033）	俄罗斯（0.0088）	新加坡（0.0085）	马来西亚（0.0083）
未磨生姜	2012	日本（0.32）	巴基斯坦（0.29）	孟加拉国（0.21）	美国（0.21）	荷兰（0.20）
	2015	巴基斯坦（0.55）	荷兰（0.52）	美国（0.50）	日本（0.34）	马来西亚（0.31）
	2020	荷兰（1.10）	美国（0.76）	巴基斯坦（0.60）	阿联酋（0.51）	马来西亚（0.47）
鲜蒜头	2010	印度尼西亚（5.51）	巴西（1.59）	越南（1.30）	马来西亚（1.23）	菲律宾（0.84）
	2015	印度尼西亚（4.13）	越南（1.92）	巴西（1.20）	马来西亚（0.98）	巴基斯坦（0.73）
	2020	印度尼西亚（4.60）	越南（3.02）	巴西（1.01）	马来西亚（0.99）	巴基斯坦（0.79）
鲜辣椒	2010	俄罗斯（0.12）	中国香港（0.06）	中国台湾（0.06）	马来西亚（0.03）	哈萨克斯坦（0.01）
	2015	俄罗斯（0.25）	中国香港（0.21）	泰国（0.13）	中国台湾（0.04）	哈萨克斯坦（0.04）
	2020	俄罗斯（0.27）	泰国（0.27）	中国香港（0.14）	越南（0.14）	哈萨克斯坦（0.08）

续表

品种	年份	第一位	第二位	第三位	第四位	第五位
鲜洋葱	2010	日本 (1.02)	越南 (0.42)	俄罗斯 (0.24)	马来西亚 (0.23)	泰国 (0.12)
	2015	越南 (1.84)	日本 (1.13)	马来西亚 (0.36)	俄罗斯 (0.30)	菲律宾 (0.08)
	2020	越南 (2.84)	日本 (1.15)	马来西亚 (0.32)	俄罗斯 (0.22)	泰国 (0.20)

资料来源：根据海关总署数据库数据整理计算所得。

未磨生姜的出口额占总出口额的 10%~15%，最主要的出口国家有巴基斯坦、荷兰、美国、马来西亚和阿联酋，巴基斯坦、荷兰和美国在这两年稳居前三，表明中国出口这三个市场相对较集中。

鲜蒜头是中国辛辣蔬菜的主要出口产品，2010 年出口额达 21.60 亿美元，占出口总额的 70.24%，2015 年和 2020 年也位于中国辛辣蔬菜出口产品的首位。其中主要的出口国家有印度尼西亚、巴西、越南、马来西亚、菲律宾和巴基斯坦，印度尼西亚在这三年来一直位居首位，是中国鲜蒜头出口的重要市场。

鲜辣椒在这三年出口额占辛辣蔬菜用出口额的 1%~3%。最主要的出口国家和地区有俄罗斯、中国香港、中国台湾、马来西亚、泰国、越南和哈萨克斯坦，其中俄罗斯在这三年一直位居首位，是中国鲜辣椒的重要出口市场。

鲜洋葱在这三年的出口额占辛辣蔬菜总出口额的 7%~13%，是中国辛辣蔬菜的重要出口产品。最主要的出口国家有日本、越南、俄罗斯、马来西亚、泰国和菲律宾，其中，日本和越南一直位于中国鲜洋葱出口额的前两位，占总出口额的 53%~77%。

（三）出口市场集中度分析

从 CR4 计算结果来看（见表 3-1-4），中国辛辣蔬菜出口市场集中度从低到高依次是未磨生姜、鲜蒜头、鲜洋葱、鲜辣椒、鲜大葱。从 CR8 的计算结果来看，中国辛辣蔬菜出口市场集中度从低到高依次是未磨生姜、鲜蒜头、鲜洋葱、鲜辣椒、鲜大葱。从 CR8 平均值可以看出，期间平均每年超过 50% 的未磨生姜、超过 56% 的鲜蒜头、超过 88% 的鲜洋葱、超过 89% 的鲜辣椒及超过 96% 的鲜大葱都是出口到前八的市场。

表 3-1-4　2010 年、2015 年和 2020 年中国辛辣蔬菜市场集中度

年份/指标	指标	鲜大葱	未磨生姜	鲜蒜头	鲜辣椒	鲜洋葱
2010	CR4	0.9859	—	0.4787	0.8438	0.8232
	CR8	0.9874	—	0.5549	0.9063	0.8922

年份/指标	指标	鲜大葱	未磨生姜	鲜蒜头	鲜辣椒	鲜洋葱
2015	CR4	0.9333	0.4591	0.4945	0.8400	0.7726
	CR8	0.9684	0.5072	0.5583	0.9200	0.8772
2020	CR4	0.9513	0.4336	0.5135	0.7692	0.8346
	CR8	0.9536	0.5066	0.5874	0.8547	0.8860
平均值	CR4	0.9568	0.4465	0.4956	0.8177	0.8101
	CR8	0.9698	0.5069	0.5669	0.8946	0.8851

资料来源：根据海关总署数据库数据整理计算所得。

依据经济学家贝恩的分类标准，从 CR4 来看，鲜大葱在这三年都是属于极高寡占型；未磨生姜属于中（下）集中寡占型；鲜辣椒这三年都属于极高寡占型；鲜洋葱这三年都是属于极高寡占型。综上所述，中国各类辛辣蔬菜出口市场集中度较高，集中程度从低到高依次为未磨生姜、鲜蒜头、鲜洋葱、鲜辣椒、鲜大葱。

结合主要市场变化具体来看，鲜大蒜的出口集中度非常高，但总体趋于下降，主要集中于日本这一个市场，占据了总体的 90% 以上，而分布于其他市场的极少。未磨生姜的出口集中度持续小幅度降低，由日本、美国向荷兰、阿联酋等市场分散，这种变化有利于出口市场结构的优化，其出口主要集中在荷兰、巴基斯坦、美国和马来西亚等市场。鲜蒜头的出口集中度持续小幅度地上升，其出口主要集中于印度尼西亚、巴西和越南，占据鲜蒜头出口总额的 40% 以上，由菲律宾向马来西亚市场分散较明显。鲜辣椒的出口集中度持续小幅度地下降，这种变化促进了中国出口市场的优化，鲜辣椒主要集中于俄罗斯、中国香港和泰国等市场。鲜洋葱的出口集中度较高，出口前四位的总额占总出口额的 80% 左右，市场集中度过高，不利于分散出口风险。

在这五种辛辣蔬菜中，未磨生姜的集中度最低，且整体呈下降趋势，表明未磨生姜的市场竞争性较强，市场结构较为合理；而鲜大葱的集中度最高，出口市场结构分布相对不合理。

三、中国辛辣蔬菜出口市场发展建议

中国辛辣蔬菜出口市场的总体集中度非常高，各种辛辣蔬菜的集中程度由高到低依次是未磨生姜、鲜蒜头、鲜洋葱、鲜辣椒、鲜大葱。从出口市场来看，鲜大葱主要集中在日本、韩国等市场；未磨生姜主要集中在美国、巴基斯坦、荷兰；鲜蒜头主要集中在印度尼西亚、巴西、越南；鲜辣椒主要集中在中国香港、中国台湾、俄罗斯；鲜洋葱主要集中在日本、越南、俄罗斯。根据中国辛辣蔬菜出口市场的集中度表现，提出以下建议，从而促进中国辛辣蔬菜出口贸易的发展。

（一）开拓新兴市场，发展多元化出口市场

中国辛辣蔬菜的出口集中度较高，主要集中于少数的几个贸易市场。鲜大葱出口主要集中于日本市场，鲜辣椒出口主要集中于俄罗斯市场，鲜洋葱出口主要集中于日本和越南市场，而这些市场的风险较大，且近年来中国辛辣蔬菜出口屡次遭到国外传统市场的反倾销和非关税等贸易壁垒，很难掌握贸易主动权。因此，中国辛辣蔬菜在出口时，应降低对俄罗斯、日本、越南等这些高风险市场的依赖程度。中国辛辣蔬菜出口应提高开拓新消费市场的能力，把握住市场机遇，发展多元化的出口市场，减少对传统市场的依赖程度，调整出口市场结构，分散贸易风险。

（二）提高产品质量，稳定传统销售市场

中国辛辣蔬菜产业自身应完善行业标准，提高产品质量来减少传统市场因各种贸易技术壁垒给中国辛辣蔬菜出口造成的损失，从而保障中国辛辣蔬菜产品的稳步出口。改善环境条件，尽量做到适地、适时、适种，生产出高品质的辛辣蔬菜，辛辣蔬菜产品的产量和品质主要决定于辛辣蔬菜的品种特性和环境条件，从辛辣蔬菜的生长环境入手，提高产品的质量，增加产品竞争优势，还应该加大市场监管力度，完善市场规则，提高出口产品的优质化水平，从而稳定传统的市场，提高中国辛辣蔬菜出口的竞争力，促进中国辛辣蔬菜的出口。

（三）拉动国内消费需求，分散国际风险

从长期发展趋势把握当前的发展形势，要求中国牢牢把握扩大内需这一战略基点，加快形成以国内大循环为主体、国内国际双循环相互促进的新发展格局。中国是一个庞大的消费市场，应增加国内市场对辛辣蔬菜的需求量，充分发掘国内市场的消费潜力，拉动国内消费市场的需求，从而降低辛辣蔬菜产业对出口的依赖程度，分散国际风险，推动中国辛辣蔬菜产业健康持续平稳发展。扩大内需是促进国内循环的重要方向，从市场规模来看，中国拥有全球最大最具有发展潜力的内需市场，但是和许多发达国家相比，中国的居民储蓄率偏高，中国居民的消费意愿仍有很大的提升空间，所以应拉动国内对辛辣蔬菜的需求，可以降低对外国市场的依赖程度，降低出口集中度，从而分散国际风险。

参考文献

［1］赵帮宏，宗义湘，乔立娟，等.2019 年中国辛辣类蔬菜产业发展趋势与政策建议［J］.中国蔬菜，2019（06）：1-5.

［2］杨芳琴，陈富桥，姜仁华.中国茶叶出口市场集中度及依赖性研究［J］.茶叶通讯，2020，47（01）：113-120.

［3］杨宾宾，宗义湘，赵邦宏.中国大蒜生产布局及贸易格局分析［J］.农业展望，

2019，15（11）：117-122.

[4] 董桂才. 中国农产品出口市场结构及依赖性研究 ［J］. 国际贸易问题，2008（07）：16-21.

[5] 王永平，何嘉，张绍刚，等. 中国辣椒国内外市场需求现状及变化趋势 ［J］. 北方园艺，2010（01）：213-216.

报告3-2 中国水生蔬菜出口市场集中度分析

随着经济全球化、贸易自由化程度进一步加深，中国水生蔬菜参与世界经济的程度越来越高，并且深受国际市场的影响。水生蔬菜是中国区域性特色明显的优势农产品，属于区域性栽培、全球性消费的蔬菜，被称为"中国特菜"，在保障"菜篮子"产品有效供给、促进农民就业增收、农村环境增美等方面发挥了重要的作用。中国水生蔬菜在国际市场占有一席之地，以芋头、莲藕及荸荠为主要出口品种，贸易分布较为集中，主要分布在中国、日本、马来西亚、新加坡等亚洲国家，以及美国、加拿大、英国、法国、比利时等欧美国家。其中，亚洲是水生蔬菜贸易的主要市场，中国是水生蔬菜的生产大国和出口大国。虽然中国水生蔬菜的出口量在不断上升，但其出口价格却有所下降。中国作为农产品进出口的大国，其中水生蔬菜作为优势产品在中国农产品的出口中具有重大意义。

随着经济全球化的快速发展，中国农产品的出口量不断增长，其中水生蔬菜的出口数量不断增加。为深入了解中国水生蔬菜的出口状况，进一步研究中国水生蔬菜的出口集中度以及市场依赖性，有利于探寻出可靠的贸易合作伙伴，提出发展多元化市场、提高产品品质、稳定传统销售市场、拉动国内消费市场、分散风险等措施，推进中国水生蔬菜出口市场结构的进一步优化，从而达到增强中国水生蔬菜出口的稳定性的目的。

一、中国水生蔬菜出口贸易现状分析

本报告选取中国2012~2020年水生蔬菜贸易数据作为测算依据。根据海关HS分类，水生蔬菜可分为：芋头（HS编号0714400）、莲藕（HS编号07149029）和荸荠（HS编号07149010），所有数据均来源于中国海关总署数据库。

（一）出口总体规模

2012~2020年，中国水生蔬菜出口额由11418.12万美元上升到12363.47万美元，增长了8.28%，呈现波动上升的趋势；出口额在2014年达到13410.77万美元的顶峰，同比增长11.80%；中国水生蔬菜出口额最少的年份是在2012年，仅为11418.12万美元。中国水生蔬菜的出口量在2016年达到顶峰10.86万吨，同比增长15.14%，但此时出口额却仅为 12068.00 万美元，同比减少了 -6.47%，表明价格和出口量呈现了反方向的变动；2014 年水生蔬菜的出口量达到最低值 8.21 万吨，同比减少了 -15.88%，出口额为 13410.77 万美元，再次印证了价格和出口量的反方向变动。2012~2020 年水生蔬菜的出口额一直呈现较小的波动，在 2015 年之后水生蔬菜的出口量就达到了一个较为平稳的状态，同时出口量和出口额的变动呈现不同步的状态（见表 3-2-1）。

表 3-2-1　2010~2020 年中国水生蔬菜出口规模变动情况

单位：万吨，万美元，%

年份	出口额	同比增减	出口量	同比增减
2012	11418.12	157.69	10.43	185.98
2013	11995.52	5.05	9.76	-6.42
2014	13410.77	11.80	8.21	-15.88
2015	12902.26	-3.79	9.43	14.95
2016	12068.00	-6.47	10.86	15.14
2017	11721.75	-2.87	10.40	-4.24
2018	11802.18	0.69	10.65	2.42
2019	11996.43	1.65	10.76	0.99
2020	12363.47	3.06	10.27	-4.57

资料来源：根据海关总署数据库数据整理计算所得。

（二）出口产品结构

中国水生蔬菜的出口主要是以莲藕、芋头和荸荠为主，出口量从高到低依次是芋头、莲藕、荸荠（见表 3-2-2）。芋头的出口额最高达 9036.36 万美元，在水生蔬菜的出口额中占比 70.04%，同时芋头的出口额占比均值达 69.11%，居于水生蔬菜出口之最；其次是莲藕在 2020 年的出口额达到 3553.49 万美元，出口额占比也达 28.74%，与初始的 2012 年相比莲藕的出口额有了较大的增长，同时莲藕的出口额占比均值也达 23.77%；最后是荸荠在水生蔬菜的出口中占比最低在 5.69%~8.01%，在 2020 年达到最高值 8.01%。

表 3-2-2　2012 年、2015 年和 2020 年中国水生蔬菜出口产品结构

单位：万吨，万美元，%

品种	2012 年		2015 年		2020 年	
	出口额	占比	出口额	占比	出口额	占比
莲藕	2091.17	18.31	3129.60	24.26	3553.49	28.74
芋头	8454.21	74.04	9036.36	70.04	7819.53	63.25

品种	2012 年		2015 年		2020 年	
	出口额	占比	出口额	占比	出口额	占比
荸荠	873.05	7.65	734.36	5.69	990.45	8.01
合计	11418.43	100.00	12900.32	99.99	12363.47	100.00

资料来源：根据海关总署数据库数据整理计算所得。

二、中国水生蔬菜出口市场集中度测算及分析

通过对中国水生蔬菜的出口市场分布状况进行分析，了解各类水生蔬菜的主要出口市场，进而通过计算水生蔬菜的出口市场集中率，作为中国水生蔬菜出口集中度分析的依据，对于实现中国水生蔬菜如何有效地避免风险和优化市场结构有着重要的现实意义。

（一）市场集中度测算方法

本报告主要借鉴市场集中度的测算指标来分析中国各类水生蔬菜出口市场集中度。市场集中度是某行业的市场结构集中水平的度量指标。而市场集中率（CRn）与赫芬达尔—赫希曼指数（HHI）是市场集中度最常用的两个计量指标，其中 CRn 最能直观地反映市场集中度，HHI 指数则偏向于反映市场的相对集中程度和离散程度。

基于上述指标的特点及中国水生蔬菜出口市场的分布情况，本报告选取市场集中率（CRn）作为分析中国水生蔬菜出口市场集中度的衡量指标。中国水生蔬菜出口市场集中率是指中国水生蔬菜出口市场中前几个最大出口市场所占中国水生蔬菜总出口的比重，计算公式为：

$$CRn = \frac{\sum_{i=1}^{n} Xi}{T} \qquad (3-2-1)$$

其中，CRn 表示中国水生蔬菜出口市场中最大前 n 位市场的出口市场集中率，Xi 表示中国水生蔬菜出口到第 i 位市场的金额，n 表示要计算的最大前几位出口市场个数，T 表示中国水生蔬菜出口总金额。

经济学家贝恩根据 CR4 和 CR8 指标的测算结果，将集中度分为六个不同等级。即极高寡占型（CR4＞75%）、高集中寡占型（65%＜CR4＜75%）、中（上）集中寡占型（50%＜CR4＜65%）、中（下）集中寡占型（35%＜CR4＜50%）、低集中寡占型（30%＜CR4＜35%）、原子型（CR4＜30%）。本报告根据贝恩的分类方法分析中国水生蔬菜出口集中度，n 取 4 和 8。

（二）出口市场分布情况

芋头的出口额和出口量位于水生蔬菜之最，但其出口额近年来呈现下降的趋势。从

表 3-2-3 中可以看出，日本、美国、沙特阿拉伯等国家是芋头的主要输出地。其中日本是芋头的最大输出地，均位居出口市场的第一位，但在 2015 年之后出口额有所降低。阿联酋在 2012~2015 年一直稳居第二位，后被越南所取代，越南成为芋头的第二大出口市场。

表 3-2-3 2012 年、2015 年和 2020 年中国水生蔬菜出口额前五位市场分布情况

单位：万美元

品种	年份	第一位	第二位	第三位	第四位	第五位
莲藕	2012	日本（0.0720）	马来西亚（0.0504）	美国（0.0340）	加拿大（0.0115）	泰国（0.0098）
	2015	马来西亚（0.1251）	日本（0.0850）	美国（0.0406）	新加坡（0.0172）	加拿大（0.0111）
	2020	日本（0.1009）	马来西亚（0.0719）	美国（0.0516）	新加坡（0.0486）	加拿大（0.0167）
芋头	2012	日本（0.6998）	阿联酋（0.0423）	美国（0.0276）	越南（0.0206）	沙特阿拉伯（0.0173）
	2015	日本（0.7150）	阿联酋（0.0979）	美国（0.0254）	越南（0.0152）	马来西亚（0.0139）
	2020	日本（0.5259）	越南（0.0988）	阿联酋（0.0434）	沙特阿拉伯（0.0340）	马来西亚（0.0190）
荸荠	2012	美国（0.0297）	马来西亚（0.0153）	中国台湾（0.0131）	新加坡（0.0051）	日本（0.0034）
	2015	马来西亚（0.0388）	中国台湾（0.0102）	日本（0.0051）	美国（0.0051）	新加坡（0.0050）
	2020	越南（0.0496）	马来西亚（0.0151）	新加坡（0.0123）	中国台湾（0.0092）	美国（0.0055）
合计	2012	0.8015	0.1080	0.0747	0.0372	0.0305
	2015	0.8789	0.1931	0.0711	0.0375	0.0300
	2020	0.6764	0.1858	0.1073	0.0918	0.0412

资料来源：根据海关总署数据库数据整理计算所得。

莲藕是中国水生蔬菜的主要出口产品，出口量一直占中国水生蔬菜的 29% 以上，从表 3-2-4 中可以看出，马来西亚、日本、美国、加拿大等国家是主要的输出市场。其中美国、马来西亚、日本在这十年间一直稳居前三位，中国对其的出口比较稳定。在 2014年泰国逐渐被新加坡所取代，退出前五的市场。

表 3-2-4　2010~2020 年莲藕出口额前五位市场占总出口额的比重　　　　单位：%

年份	出口国家所占总出口额比重 X				
2010	美国 (15.53)	马来西亚 (49.29)	日本 (29.37)	泰国 (2.21)	加拿大 (3.88)
2011	美国 (21.34)	马来西亚 (11.18)	日本 (23.37)	泰国 (3.34)	加拿大 (4.89)
2012	美国 (19.12)	马来西亚 (24.14)	日本 (34.44)	加拿大 (5.51)	泰国 (4.71)
2013	美国 (18.09)	马来西亚 (34.63)	日本 (29.41)	加拿大 (5.46)	泰国 (2.07)
2014	美国 (13.64)	日本 (25.75)	马来西亚 (43.28)	加拿大 (3.41)	新加坡 (3.27)
2015	美国 (12.96)	日本 (27.15)	马来西亚 (39.98)	加拿大 (3.53)	新加坡 (5.50)
2016	美国 (19.05)	日本 (29.55)	马来西亚 (30.16)	加拿大 (4.95)	新加坡 (5.14)
2017	美国 (19.53)	日本 (21.29)	马来西亚 (25.09)	加拿大 (4.96)	新加坡 (6.27)
2018	美国 (19.53)	马来西亚 (21.29)	日本 (30.20)	加拿大 (4.92)	新加坡 (7.66)
2019	美国 (14.98)	马来西亚 (17.71)	日本 (33.90)	加拿大 (3.89)	新加坡 (8.51)
2020	美国 (14.51)	日本 (28.40)	马来西亚 (20.23)	新加坡 (13.69)	加拿大 (4.68)

资料来源：根据海关总署数据库数据整理计算所得。

　　长期来看，中国的荸荠出口呈现一种下降的趋势。从表 3-2-3 中可以得知美国、马来西亚、日本等国家和中国台湾地区是荸荠的主要输出地，其中美国在 2010~2014 年位于首位，在 2015 年被马来西亚所代替，在 2014 年之后美国的进口量呈现下降的趋势。

　　从表 3-2-4 可以看出，2010~2020 年中国莲藕的出口额中日本所占比重最大，平均值达到了 26.89%，是平均值最高的一个国家，表明中国的莲藕对日本市场的依赖最强；其次是马来西亚，出口马来西亚的比重在 25.66% 左右，略低于日本，位于第二位，表明中国莲藕对马来西亚市场的依赖也很强；美国市场占总出口额的比重均值达 17.11%，表明对美国市场的依赖也相对较强。而新加坡和加拿大的出口额所占比率在 3%~8%，表明中国莲藕对新加坡和加拿大市场的依赖性较弱；出口泰国的比重低于 5%，表明中国对泰国市场依赖最弱。

　　从表 3-2-5 可以看出，2012~2020 年中国芋头的出口额中日本、阿联酋和越南所占比重基本上位于前三，总共占总额的70%左右，表明中国芋头对日本、阿联酋和越南这三个国家的依靠最强，其中，日本占比在67.25%~84.98%，日本是中国芋头的进口大国，中国对日本市场的依靠极强；其次美国、马来西亚和沙特阿拉伯这三个国家每年分别占1.69%~3.84%，表明中国芋头对这三个国家的占比相对较低；而其余国家占比较小未居于前五位，表明中国芋头对其余国家出口更少。

表3-2-5 2012~2020年中国芋头出口额前五位市场占总出口额的比重 单位：%

年份	出口国家所占总出口额比重 X				
2012	日本 （82.78）	美国 （3.27）	阿联酋 （5.01）	越南 （2.43）	沙特阿拉伯 （2.04）
2013	美国 （4.00）	日本 （83.67）	越南 （1.65）	阿联酋 （5.39）	沙特阿拉伯 （1.78）
2014	日本 （84.98）	阿联酋 （6.25）	美国 （3.49）	沙特阿拉伯 （1.27）	马来西亚 （1.02）
2015	日本 （79.13）	阿联酋 （10.83）	美国 （2.81）	越南 （1.69）	马来西亚 （1.54）
2016	日本 （71.50）	阿联酋 （6.96）	越南 （10.13）	美国 （3.97）	沙特阿拉伯 （1.50）
2017	日本 （72.06）	阿联酋 （6.30）	美国 （3.44）	越南 （9.17）	马来西亚 （2.09）
2018	日本 （69.56）	越南 （13.66）	阿联酋 （4.60）	美国 （3.84）	马来西亚 （2.38）
2019	日本 （69.00）	阿联酋 （3.93）	越南 （13.21）	美国 （2.95）	沙特阿拉伯 （1.92）
2020	日本 （67.25）	越南 （12.63）	沙特阿拉伯 （4.35）	阿联酋 （4.38）	马来西亚 （2.44）

资料来源：根据海关总署数据库数据整理计算所得。

从表3-2-6可以看出，2010~2014年中国荸荠的出口额美国最大，在34%左右，其次是马来西亚在24%左右，但是到了2015年中国荸荠的出口市场前五位发生了较大的变化，美国占比迅速下降，2015~2020年出口额马来西亚最大，在33.25%左右，其次是越南从2017年的0.46%上升至2018年的42.84%，且在2019年和2020年也保持在50%左右，表明中国的主要出口市场是马来西亚和越南，对这两个市场的占比最大；其次，对中国台湾地区的出口额也在14%左右，表明中国荸荠对中国台湾地区的市场也有一定的依赖性；日本、英国和新加坡这三个国家总和约占总出口额的比重较小，表明中国对这三个市场的占比相对较弱。

表 3-2-6　2010~2020 年中国荸荠出口额前五位市场占总出口额的比重　　单位：%

年份	出口国家所占总出口额比重 X				
2010	美国 (37.29)	中国台湾 (11.11)	马来西亚 (27.16)	日本 (4.41)	英国 (5.55)
2011	美国 (35.49)	马来西亚 (27.96)	中国台湾 (11.65)	日本 (3.44)	新加坡 (3.12)
2012	美国 (34.00)	马来西亚 (17.54)	中国台湾 (15.03)	新加坡 (5.85)	日本 (3.85)
2013	美国 (30.13)	马来西亚 (21.72)	中国台湾 (23.23)	英国 (4.17)	加拿大 (3.69)
2014	美国 (33.93)	马来西亚 (28.80)	中国台湾 (16.65)	新加坡 (4.65)	日本 (7.41)
2015	美国 (6.90)	马来西亚 (52.87)	中国台湾 (13.86)	日本 (6.95)	新加坡 (6.87)
2016	美国 (8.69)	马来西亚 (50.73)	中国台湾 (14.65)	新加坡 (0.46)	日本 (0.39)
2017	中国台湾 (15.95)	美国 (8.27)	马来西亚 (44.05)	新加坡 (0.60)	越南 (0.46)
2018	越南 (42.84)	美国 (4.87)	马来西亚 (19.87)	新加坡 (11.25)	中国台湾 (10.64)
2019	越南 (50.09)	马来西亚 (16.81)	中国台湾 (10.31)	美国 (4.24)	新加坡 (10.70)
2020	越南 (50.23)	马来西亚 (15.20)	新加坡 (12.39)	中国台湾 (9.27)	美国 (5.57)

资料来源：根据海关总署数据库数据整理计算所得。

（三）出口市场集中度分析

从表 3-2-7 可以看出，从 CR4 计算结果来看，中国水生蔬菜出口市场集中度从高到低依次是芋头、莲藕和荸荠。从 CR4 平均值可以看出，期间平均每年超过 92% 的芋头、超过 81% 的荸荠、超过 87% 的莲藕是出口到前四名市场。从 CR8 的计算结果来看，中国水生蔬菜出口市场集中度从高到低依次是莲藕、芋头和荸荠。从 CR8 平均值可以看出，期间平均每年超过 94.13% 的莲藕、94.12% 的芋头和 91.51% 的荸荠是出口到前八名市场。

表 3-2-7　2010~2020 年中国水生蔬菜市场集中度

年份	指标	莲藕	芋头	荸荠
2010	CR4	0.9213	—	0.8151
	CR8	0.9424	—	0.8748

年份	指标	莲藕	芋头	荸荠
2011	CR4	0.8622	—	0.7836
	CR8	0.9434	—	0.8861
2012	CR4	0.8354	0.9336	0.7626
	CR8	0.9156	0.9734	0.8571
2013	CR4	0.8778	0.9454	0.7959
	CR8	0.9185	0.9834	0.9245
2014	CR4	0.8667	0.9503	0.8612
	CR8	0.9245	0.9876	0.9487
2015	CR4	0.8532	0.9409	0.8056
	CR8	0.9145	0.9776	0.8434
2016	CR4	0.8355	0.9256	0.8112
	CR8	0.9334	0.9543	0.9378
2017	CR4	0.9023	0.9033	0.7856
	CR8	0.9765	0.9767	0.9198
2018	CR4	0.9167	0.9165	0.8487
	CR8	0.9533	0.9524	0.9367
2019	CR4	0.8942	0.8954	0.8742
	CR8	0.9676	0.9643	0.9656
2020	CR4	0.8887	0.8867	0.8634
	CR8	0.9654	0.9609	0.9713
平均值	CR4	0.8776	0.9219	0.8188
	CR8	0.9413	0.9412	0.9151

资料来源：根据海关总署数据库数据整理计算所得。

依据贝恩的分类标准，从 CR4 来看，莲藕近几年都是属于极高寡占型；芋头也属于极高寡占型；荸荠也都是属于极高寡占型。综上所述，中国各类水生蔬菜的出口市场集中度极高，集中程度从高到低依次为芋头、莲藕和荸荠。

结合主要市场变化来看，莲藕的出口集中度非常高，2010~2020 年变动较为平稳，主要集中于马来西亚、日本这两个市场，占据了总体的 57.26% 以上，而分布于其他市场的较少。芋头的出口集中度呈现小幅度波动，其中主要出口到日本，日本市场的占比达 78.25%，沙特阿拉伯、越南、美国等也是芋头的主要出口市场，占比均在 10% 以下。2010~2014 年荸荠的出口市场主要集中于美国和马来西亚两个市场，其中美国占比均值为 34.17%，马来西亚占比均值为 24.64%，但在 2015~2017 年荸荠的出口市场发生了较大波动，其中马来西亚市场占比均值突增到 49.22%，而美国市场的均值跌落到了 7.95%，荸荠对马来西亚市场的集中度增高，对美国市场的程度降低，在 2018~2020 年荸荠的出口市场又发生了较大的变化，越南的比重迅速上升，马来西亚等国的比重降低，表明荸荠的市场竞争性较强，市场结构较为合理。市场集中度高是一把"双刃剑"，在拥有稳定市场的同时，也会存在诸多的风险，可能会因为突发传染性疾病、政治原因、自然灾害等影响水生蔬菜出口市场，造成水生蔬菜无法顺利出口。

三、中国水生蔬菜出口市场发展建议

中国水生蔬菜出口市场集中度非常高，各种水生蔬菜的集中程度由高到低依次是芋头、莲藕、荸荠。从出口市场来看，芋头主要集中在日本、美国、沙特阿拉伯市场；莲藕主要集中在马来西亚、日本、美国市场；荸荠主要集中在美国、马来西亚、日本市场。

（一）扩展新兴市场，形成多元化出口市场，降低出口风险

由于中国水生蔬菜出口集中度高，主要集中于少数几个市场，且近年来中国水生蔬菜出口屡次遭受传统市场的反倾销、非关税等贸易壁垒影响，不能很好地掌握贸易主动权。因此，中国水生蔬菜应降低对美国、日本等高风险市场的出口依赖程度。中国水生蔬菜出口应提高开拓能力把握住市场机遇，发展多元化出口市场，减少对传统市场的依赖，调整出口市场结构，分散贸易风险。美国、日本、马来西亚等国家和中国台湾地区是中国水生蔬菜的主要输出地，且对这些市场的依赖性极高，因此需要政府有关部门和协会收集与发布与市场相关的信息，对市场可能出现的风险做好预警，为出口企业做好咨询服务，以降低出口风险。同时，牢牢把握"一带一路"倡议重要机遇，开发战略沿线具有发展潜力的新兴国家市场，为中国水生蔬菜出口市场的优化提供新的动力。

（二）延长产业链，优化产品结构，形成良好的出口秩序

应该适应世界水生蔬菜市场需求的变化及时调整和优化水生蔬菜的出口产品结构，在强化原有的出口产品优势的基础上，充分满足市场需求，发展多样化的产品，吸取经验教训优化劣势产品，推动其出口。同时我们还可以利用中国劳动密集型的比较优势，加快发展水生蔬菜加工品出口，丰富出口产品的类型，促进产品结构向深加工转变，推进水生蔬菜市场有质有序地发展。中国水生蔬菜产业自身应完善行业标准，提高产品质量，以减少海外市场因各种贸易技术壁垒给中国水生蔬菜出口造成的损失，从而保障中国水生蔬菜产品出口顺利。

（三）促进国内消费，发展好国内国外两个市场，降低风险

应充分发掘国内市场的消费潜力，水生蔬菜在国内的销售市场具有较强的地域性，产品单一、产业影响力小，消费习惯没有得到广泛传播。应打破其地域性，培育一批区域公用品牌和企业品牌，构建整体品牌为龙头、区域公用品牌和企业产品品牌为主体的水生蔬菜品牌体系，利用好国内消费市场，把握供给侧结构性改革的发展机遇，对水生蔬菜加强政策扶持、建设产业集群、加大科研投入、培育品牌、三产融合的水生蔬菜国内发展的新

思路，以推动中国水生蔬菜产业健康持续发展。

参考文献

［1］吴曼，宗义湘，赵帮宏等．中国水生蔬菜产业发展现状、存在问题及发展思路［J］．长江蔬菜，2019（02）：35-41.

［2］董桂才．中国农产品出口市场结构及依赖性研究［J］．国际贸易问题，2008（07）：16-21.

［3］柯卫东，黄新芳，李建洪，等．中国水生蔬菜科研与生产发展概况［J］．长江蔬菜，2015（14）：33-37.

［4］吴大志．湖北省水生蔬菜再认识［J］．湖北农业科学，2018，57（08）：143-145.

［5］柯卫东，黄登怀，刘义满，等．湖北省水生蔬菜产业发展现状与建议［J］．长江蔬菜，2010（14）：121-122.

报告 3-3 中国生姜出口市场格局及波动分析

生姜出产于亚洲的热带和亚热带地区，在中国南部和中部地区广泛种植。据世界粮食及农业组织（FAO）统计，2020 年世界生姜种植面积为 407.84 千公顷，总产量为 432.83 万吨，共 39 个国家种植生姜，总产量持续增长。印度、尼日利亚、中国、尼泊尔和印度尼西亚的生姜产量位居世界前五。中国作为世界生姜的主要生产国和出口国，在国际市场中占据重要地位。

近年来，国内生姜出口规模扩大，然而国际市场竞争力却不断下降。这不仅受国内环保政策的影响，还受到其他国家对中国在国际市场份额争夺的影响。2020 年，中国的生姜产业链在经过新冠肺炎疫情的考验后，再次成为各国生姜贸易的第一选择，生姜出口市场格局发生重要变动。在此背景下，本报告从新冠肺炎疫情下中国生姜的出口规模、出口价格等形势分析入手，对中国生姜出口市场格局进行聚类分析，全面掌握疫情期间生姜出口市场形势特征，进而提出应对疫情的有效建议。该报告对于全球新冠肺炎疫情持续性流行的背景下中国生姜有效应对内外风险，稳定对外出口，促进本国生姜产业健康发展具有重要意义。

一、中国生姜出口贸易变动趋势分析

（一）出口规模

2012~2020 年中国生姜出口额整体呈上升趋势，由 2.6173 亿美元快速攀升至 7.1845 亿美元，近十年几乎翻了 2.75 倍，其中 2015 年和 2016 年连续两年负增长，之后逐年递增。从出口量来看，2012~2020 年中国生姜出口量保持在一定范围内波动，2012~2014 年出口量逐年递减，2015 年以后出口量以增长为主。在新冠肺炎疫情大暴发的 2020 年，受国外消费市场不景气的影响，中国生姜出口量略有放缓，同比下降 5.00%，但出口额大幅上升，同比上涨 25.64%，达到近六年来的增速高峰（见表 3-3-1）。

表 3-3-1 2012~2020 年中国生姜出口额及出口量变动情况

单位：亿美元，万吨，%

年份	出口额	同比增减	出口量	同比增减
2012	2.6173	—	44.807	—
2013	3.9989	52.79	38.014	-15.16
2014	5.4896	37.28	26.168	-31.16
2015	4.4780	-18.43	42.202	61.27
2016	3.6960	-17.46	53.776	27.43
2017	4.2859	15.96	45.453	-15.48
2018	4.7182	10.09	49.134	8.10
2019	5.7185	21.20	53.798	9.49
2020	7.1845	25.64	51.109	-5.00

资料来源：根据海关总署数据库数据整理计算所得。

从生姜出口品类来看，相比于已磨生姜，未磨生姜在近十年内无论是出口额还是出口量都占据九成以上的市场份额，甚至占比还在双双攀升。2012~2020 年，中国未磨生姜出口额由 2.30 亿美元快速上升到 6.85 亿美元，增幅高达 297.23%，年均增长率为 12.87%，出口量有明显的波动变化，在总体上呈波段上升形态（见表 3-3-2）。中国已磨生姜的出口额由 0.31 亿美元缓慢波动到 0.33 亿美元，出口量由 1.65 万吨下降至 1.32 万吨，尽管出口额是增长的，但在生姜总出口额内的占比却是逐年降减的（见表 3-3-3）。受新冠肺炎疫情影响，未磨生姜出口额同比增长 26.56%，出口量同比下降 4.91%，已磨生姜出口额同比增长 9.36%，出口量同比下降 8.22%。

表 3-3-2 2012~2020 年中国未磨生姜出口变动情况

单位：亿美元，万吨，%

年份	出口额	同比增减	占生姜出口总额比重	出口量	同比增减	占生姜出口总量比重
2012	2.30	—	88.06.	43.15	—	96.31
2013	3.69	60.30	92.39	36.38	-15.70	95.70
2014	5.19	40.40	94.49	24.95	-31.42	95.35
2015	4.16	-19.72	93.00	40.78	63.43	96.62
2016	3.37	-19.01	91.26	52.13	27.84	96.94
2017	4.02	19.29	93.88	44.09	-15.42	97.00
2018	4.43	10.09	93.88	47.76	8.34	97.21
2019	5.41	22.20	94.66	52.37	9.63	97.34
2020	6.85	26.56	95.35	49.79	-4.91	97.43

资料来源：根据海关总署数据库数据整理计算所得。

表 3-3-3　2012~2020 年中国已磨生姜出口变动情况

单位：亿美元，万吨，%

年份	出口额	同比增减	占生姜出口总额比重	出口量	同比增减	占生姜出口总量比重
2012	0.31	—	11.94	1.65	—	3.69
2013	0.30	−2.63	7.61	1.64	−1.17	4.30
2014	0.30	−0.66	5.51	1.22	−25.53	4.65
2015	0.31	3.74	7.00	1.43	17.04	3.38
2016	0.32	3.01	8.74	1.65	15.66	3.06
2017	0.26	−18.85	6.12	1.36	−17.24	3.00
2018	0.29	10.11	6.12	1.37	0.43	2.79
2019	0.31	5.81	5.34	1.43	4.65	2.66
2020	0.33	9.36	4.65	1.32	−8.22	2.57

资料来源：根据海关总署数据库数据整理计算所得。

（二）出口价格

通过各年份的生姜出口额和出口量计算当年的生姜平均价格（见表 3-3-4），由 2012 年的 0.58 美元/千克，快速翻倍上涨到 2014 年的 2.10 美元/千克，3 年上涨了 359.25%；再快速腰斩到 2016 年的 0.69 美元/千克，跌幅达 67.25%；随后几年均价基本在 1 美元/千克上下波动。在新冠肺炎疫情后，受各经济体贸易量减少的影响，生姜均价也随之上涨了 32.27%。由于未磨生姜在出口份额占据九成以上，因此未磨生姜均价变化趋势与整体生姜均价相同。而已磨生姜近十年的均价为 2.07 美元/千克，新冠肺炎疫情暴发后价格上涨了 19.15%，通过对比，已磨生姜均价波动震幅相对较小。

表 3-3-4　2012~2020 年中国生姜出口价格变动情况　　单位：美元/千克

年份	未磨生姜出口价格	已磨生姜出口价格	平均价格
2012	0.53	1.89	0.58
2013	1.02	1.86	1.05
2014	2.08	2.48	2.10
2015	1.02	2.20	1.06
2016	0.65	1.96	0.69
2017	0.91	1.92	0.94
2018	0.93	2.11	0.96
2019	1.03	2.13	1.06
2020	1.38	2.54	1.41

资料来源：根据海关总署数据库数据整理计算所得。

二、中国生姜出口贸易市场格局分析

（一）市场格局及波动幅度

生姜在中国境内种植分布极广，前五名省份出口量占出口总量比重均值为93.7%。中国生姜对外出口量最多的省份是山东，近十年一直位列第一。尽管山东生姜出口量占比持续降低，但仍占据高达八成以上的出口份额。后面占比排序分别是广东、云南、江苏、广西和福建，其中云南作为后发省份，经过数年发力赶超，出口份额逐渐稳定在前三的位置，而福建的出口量份额持续下降，直到退出前五位，而其他省份比重在整体上的趋势变化不大（见表3-3-5）。

表3-3-5　2012~2020年中国生姜出口前五位省份出口份额情况　　单位：%

年份	第一位占比	第二位占比	第三位占比	第四位占比	第五位占比	前五位占比
2012	山东（85.42）	广东（3.00）	江苏（2.75）	福建（2.17）	广西（1.77）	95.11
2013	山东（85.28）	广东（2.58）	江苏（1.99）	广西（1.61）	云南（1.41）	92.86
2014	山东（82.92）	广东（3.36）	福建（2.45）	云南（2.20）	江苏（1.99）	92.92
2015	山东（83.20）	广东（3.85）	云南（2.82）	福建（1.59）	广西（1.59）	93.06
2016	山东（83.25）	广东（3.71）	云南（3.63）	广西（1.54）	江苏（1.38）	93.50
2017	山东（83.96）	广东（4.36）	云南（2.48）	江苏（1.48）	广西（1.47）	93.74
2018	山东（83.67）	广东（4.30）	云南（3.71）	江苏（2.14）	广西（1.59）	95.42
2019	山东（80.80）	云南（4.98）	广东（4.40）	江苏（2.77）	广西（1.73）	94.68
2020	山东（80.10）	广东（3.96）	云南（3.72）	江苏（3.35）	广西（1.28）	92.40

资料来源：根据海关总署数据库数据整理计算所得。

中国生姜对外出口额排名前五的国家分别是荷兰、美国、巴基斯坦、日本和阿联酋，占中国生姜总出口额的49.56%，占据近一半的市场份额（见表3-3-6）。2012~2019年，除日本以外的前五大市场对中国生姜的进口额都在波动增长，四国进口额的平均涨幅为275.09%，在这期间日本对生姜的进口额均值为4905万美元，其市场进口额相较其他国家更稳定。对荷兰的生姜出口占比大幅度增长，上涨了73.96%；对美国和阿联酋的出口占比有一定的增长，分别增长了26.95%和14.37%；对巴基斯坦的出口占比小幅度下降，降低了11.64%；对日本的出口比重直接腰斩，总体上降低了55.78%。受生姜市场价格影响，对各国的出口额增长率在2015年与2016年两年明显出现了负增长，而其他时间段基本都呈波动上涨。而在新冠肺炎疫情暴发的2020年，各主要国家对中国生姜的进口额都有不同幅度的上涨，出口额的平均涨幅为25.58%。

表 3-3-6 2012~2020 年中国生姜主要出口市场分布情况　单位：千万美元，%

国家	分布情况	2012 年	2013 年	2014 年	2015 年	2016 年	2017 年	2018 年	2019 年	2020 年
荷兰	出口额	2.08	5.45	7.58	5.40	4.87	5.60	6.39	7.91	11.29
	占比	7.95	13.63	13.81	12.06	13.16	13.06	13.55	13.83	15.71
	增长率	—	161.90	39.09	-28.78	-9.88	15.08	14.17	23.72	42.72
美国	出口额	2.31	4.43	9.01	5.36	4.13	5.90	5.96	6.41	8.04
	占比	8.83	11.07	16.41	11.97	11.16	13.78	12.63	11.21	11.19
	增长率	—	91.69	103.36	-40.47	-23.04	43.09	0.96	7.54	25.41
巴基斯坦	出口额	2.94	2.80	1.71	5.54	3.73	3.77	5.12	5.68	6.02
	占比	11.25	7.01	3.11	12.36	10.09	8.80	10.86	9.94	8.38
	增长率	—	-4.75	-39.05	223.83	-32.65	1.14	35.91	10.89	5.95
日本	出口额	5.01	4.48	6.64	4.97	4.38	4.55	4.37	4.84	5.17
	占比	19.13	11.21	12.09	11.11	11.85	10.63	9.26	8.46	7.20
	增长率	—	-10.51	48.16	-25.09	-11.97	4.022	-4.07	10.75	6.88
阿联酋	出口额	1.39	3.37	6.33	4.15	2.83	3.52	2.94	3.46	5.09
	占比	5.29	8.43	11.53	9.00	7.66	8.22	6.22	6.05	7.08
	增长率	—	143.21	87.90	-34.38	-31.85	24.48	-16.69	17.89	46.95

资料来源：根据海关总署数据库数据整理计算所得。

从 2012~2020 年不同类别生姜出口排名前五位的国家分布情况来看，出口市场主要集中于西欧、北美和亚洲（见表 3-3-7）。未磨生姜前三大主要出口市场基本稳定在荷兰、美国和巴基斯坦这三个国家，日本、孟加拉国、阿联酋、马来西亚等国家也占据着较大的市场份额，其中日本的排名变化最为明显，近十年由第一位逐渐掉出前五大市场。前五大市场占中国未磨生姜出口额的比重由 2012 年的 47.35% 上升为 2014 年的 58.03%，之后落回到 48%，在 2020 年拥有 47.88% 的比重，未磨生姜市场具有较高的集中度。已磨生姜前五大主要出口市场有日本、美国、荷兰、英国和德国，2013~2020 年仅发生过顺序的调整而未有太大的变化，但前五大市场占中国已磨生姜出口额的比重由 2012 年的 9.65%下降至 2014 年的 4.71%，再攀升至 2016 年的 7.36%，然后降低至 3.64%，说明已磨生姜市场头部效应不再显现，市场变得更加均匀分散。

表 3-3-7 2012~2020 年中国两大类生姜主要出口市场分布情况

类型	2012 年	2013 年	2014 年	2015 年	2016 年	2017 年	2018 年	2019 年	2020 年
未磨生姜	日本	荷兰	美国	巴基斯坦	荷兰	美国	荷兰	荷兰	荷兰
	巴基斯坦	美国	荷兰	荷兰	美国	荷兰	美国	美国	美国
	美国	孟加拉国	阿联酋	美国	巴基斯坦	巴基斯坦	巴基斯坦	巴基斯坦	巴基斯坦
	孟加拉国	阿联酋	日本	阿联酋	日本	阿联酋	日本	孟加拉国	阿联酋
	荷兰	马来西亚	马来西亚	日本	阿联酋	日本	阿联酋	日本	马来西亚

类型	2012 年	2013 年	2014 年	2015 年	2016 年	2017 年	2018 年	2019 年	2020 年
已磨生姜	日本	日本	日本	日本	日本	日本	日本	日本	日本
	德国	德国	英国	美国	英国	美国	德国	美国	美国
	英国	英国	美国	英国	美国	德国	美国	德国	荷兰
	澳大利亚	美国	德国	荷兰	荷兰	英国	英国	英国	英国
	美国	荷兰	荷兰	德国	德国	荷兰	荷兰	荷兰	德国

资料来源：根据海关总署数据库数据整理计算所得。

近十年中国对 144 个国家与地区进行过生姜出口贸易活动，以新冠肺炎疫情暴发前的 2019 年作为参考年份，按照生姜出口额排名位于前 30 名作为标准，选取了荷兰、美国、巴基斯坦、孟加拉国、日本、阿联酋、马来西亚、越南、沙特阿拉伯、英国、加拿大、韩国、俄罗斯、菲律宾、新加坡、西班牙、意大利、阿曼、卡塔尔、摩洛哥、德国、土耳其、法国、印度尼西亚、伊朗、以色列、泰国、阿尔及利亚、埃及、约旦 30 个国家与地区。这些国家的出口额占据了中国生姜出口总额的 96.41%，可以代表中国当前的生姜出口整体格局，为了更加清晰地观察新冠肺炎疫情对中国生姜出口贸易格局的影响，选取 2018~2020 年的出口额增长率进行数据分析，以出口额增长率的标准差作为波动幅度的衡量标准，为增长率变动形态划定变动特征类型，其中增长率连续上涨记为 1，连续下跌记为 2，先涨后跌记为 3，先跌后涨记为 4（见表 3-3-8）。

表 3-3-8　2018~2020 年中国生姜对各国出口额增长率、波动幅度及波动特征　单位：%

国家	2018 年增长率	2019 年增长率	2020 年增长率	波动幅度	波动特征
荷兰	14.17	23.72	42.72	14.53	1
美国	0.96	7.54	25.41	12.65	1
巴基斯坦	35.91	10.89	5.95	16.06	2
孟加拉国	27.80	71.87	-27.97	50.03	3
日本	-4.07	10.75	6.88	7.69	3
阿联酋	-16.69	17.89	46.95	31.86	1
马来西亚	10.59	13.44	51.74	22.98	1
越南	94.11	51.71	-15.43	55.23	2
沙特阿拉伯	-12.88	18.81	47.37	30.14	1
英国	7.55	1.36	48.86	25.82	4
加拿大	19.72	19.69	25.71	3.47	4
韩国	85.50	71.97	-18.35	56.46	2
俄罗斯	-16.63	3.01	117.58	72.48	1

续表

国家	2018 年增长率	2019 年增长率	2020 年增长率	波动幅度	波动特征
菲律宾	-32.30	1384.64	82.60	787	3
新加坡	9.36	20.57	52.02	22.12	1
西班牙	19.18	-1.55	46.89	24.30	4
意大利	-6.86	-9.88	-13.46	3.30	2
阿曼	72.62	11.37	22.66	32.60	4
卡塔尔	62.26	12.67	51.21	26.03	4
摩洛哥	16.04	543.79	-52.17	326.18	3
德国	43.86	-21.50	2.83	33.03	4
土耳其	-21.58	33.11	97.39	59.55	1
法国	-21.52	58.08	2.99	40.77	3
印度尼西亚	1323.72	292.47	6.32	692.93	2
伊朗	-17.08	-5.490	57.81	40.31	1
以色列	4.470	10.82	47.19	23.05	1
泰国	36.01	15.28	215.96	110.37	4
阿尔及利亚	-36.20	57.62	24.96	47.63	3
埃及	48.54	9.820	81.71	35.98	4
约旦	-14.92	37.55	39.55	30.89	1

资料来源：根据海关总署数据库数据整理计算所得。

（二）聚类分析及波动特征

聚类分析是一种解决研究"物以类聚"问题的多元统计分析方法，将一批没有先验知识而不知晓内部关联性的个案或变量集合，根据其多种特征或性质上的差异与亲疏紧密程度，进行定量化的评估、类别划分与距离描述。在聚类分析中通过疏密程度对样本进行分类，疏密程度越小的个案之间相似性质越多，越可能分在一类；疏密程度越大的个案之间差异性越大，越不可能分在同一类。对于这种固定距离的个案或变量的描述方法有：欧式距离、平方欧式距离、切比雪夫距离、Block 距离等。本报告选用欧式距离来计算个案之间的疏密程度。

$$Euclid(x, y) = \sqrt{\sum_{i=1}^{n} (x_i - y_i)^2} \qquad (3-3-1)$$

其中，x，y 表示两两不同的个案；n 表示个案内部的变量个数；Euclid（x，y）表示欧氏距离，用于表示个案之间的疏密程度。

先对样本集采用正规化方法完成数据标准化，具体的标准化公式为 $x_i - \bar{x}/s$，其中，$\bar{x}$ 为变量均值，s 为样本变量的标准差。样本数据标准化后在表 3-3-9 中呈现。

表 3-3-9 2018~2020 年中国生姜对各国出口额增长率的标准化处理　　　　单位：%

国家	数据标准化		
	2018 年增长率	2019 年增长率	2020 年增长率
荷兰	-0.87	-0.22	1.09
美国	-0.82	-0.30	1.12
巴基斯坦	1.14	-0.42	-0.72
孟加拉国	0.08	0.96	-1.04
日本	-1.12	0.81	0.31
阿联酋	-1.03	0.06	0.97
马来西亚	-0.64	-0.51	1.15
越南	0.92	0.15	-1.07
沙特阿拉伯	-1.02	0.04	0.98
英国	-0.45	-0.69	1.15
加拿大	-0.57	-0.58	1.15
韩国	0.69	0.45	-1.15
俄罗斯	-0.71	-0.44	1.14
菲律宾	-0.65	1.15	-0.50
新加坡	-0.81	-0.31	1.12
西班牙	-0.10	-0.95	1.05
意大利	0.97	0.06	-1.03
阿曼	1.14	-0.74	-0.40
卡塔尔	0.78	-1.13	0.35
摩洛哥	-0.47	1.15	-0.68
德国	1.07	-0.94	-0.17
土耳其	-0.97	-0.05	1.03
法国	-0.85	1.10	-0.25
印度尼西亚	1.13	-0.36	-0.77
伊朗	-0.72	-0.43	1.14
以色列	-0.71	-0.43	1.14
泰国	-0.48	-0.67	1.15
阿尔及利亚	-1.09	0.89	0.20
埃及	0.05	-1.03	0.97
约旦	-1.15	0.55	0.61

资料来源：根据海关总署数据库数据整理计算所得。

Q 型聚类指的是对样本进行聚类，使那些特征相似的样本聚集成同一类，将差异性大的样本分隔开来。系统聚类包含凝聚和分解两种聚类方法，本报告采用凝聚方式的系统聚类，将每个样本视为一类，按照某方法度量样本个体间的亲密程度将最亲近的两类合为一个小类，重复该操作直到将所有样本个案凝聚成一大类。度量样本个体与小类、小类之间的方法有：最近邻居距离、最远邻居距离、组间平均链锁距离、组内平均链锁距离、中心距离等。

运用 SPSS23 进行聚类分析，对 30 个生姜出口市场进行 Q 型、选用组间平均链锁距离完成系统聚类，聚类结果如图 3-3-1 所示。

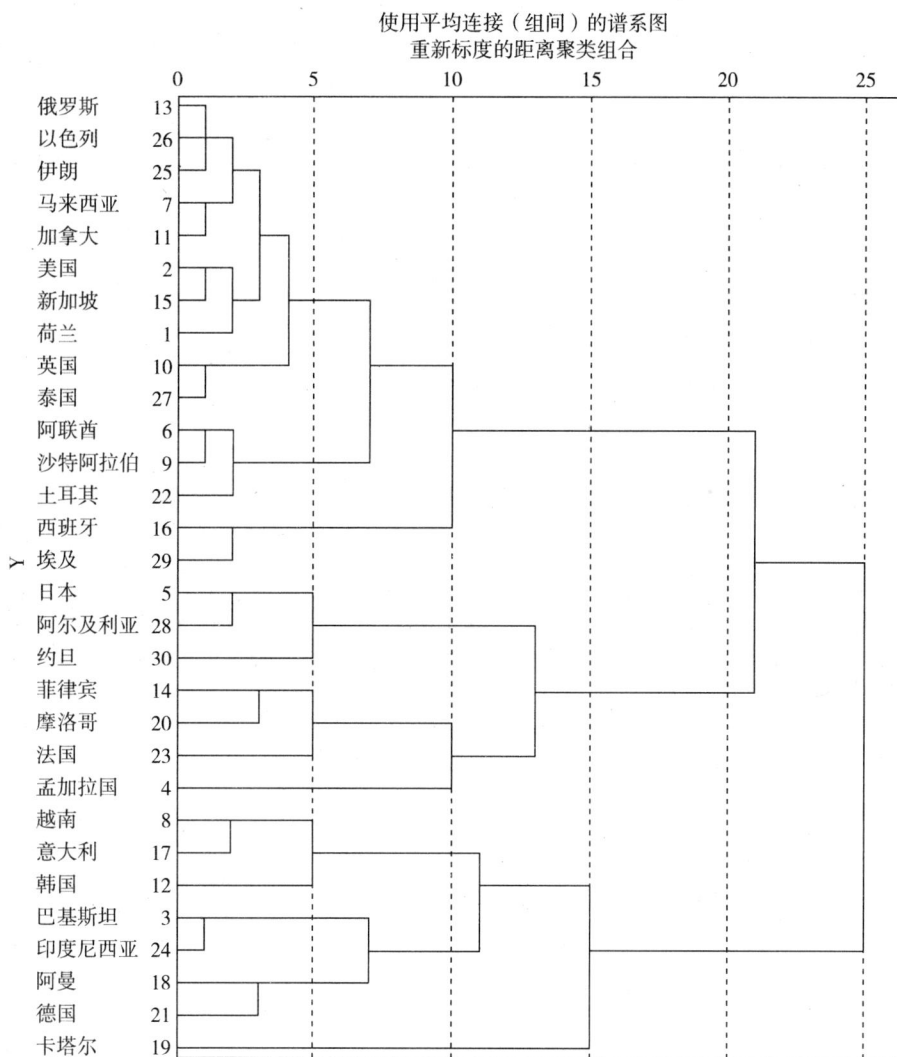

图 3-3-1　中国生姜出口流向国家聚类分析树状图

根据上图的聚类树状图，可将中国生姜出口市场分为以下十种类型：

第一类：以俄罗斯、以色列、伊朗、马来西亚、加拿大、美国、新加坡、荷兰、英国和泰国为代表的国家，中国对这些国家的生姜出口增长率于近三年整体呈逐年上升态势，2020年，除美国和加拿大增长率约为25%外，剩余的国家进口额增长率基本都保持在50%以上。

第二类：中国对以阿联酋、沙特阿拉伯和土耳其为代表的中东国家的生姜出口增长率由原先的负增长逐渐变为正增长，新冠肺炎疫情使这类国家加大对中国生姜的进口。

第三类：以西班牙和埃及为代表的这类国家，中国对这些国家的生姜出口增长率在近些年原本处于下降状态，新冠肺炎疫情反而促使它们增大对中国生姜的进口。

第四类：以日本、阿尔及利亚和约旦为代表的这类国家，中国对这些国家的生姜出口增长率于近三年先降后升，在总体上来看波动幅度较小。

第五类：以菲律宾、摩洛哥和法国为代表的这类国家，中国对这些国家的生姜出口增长率有个共同点：在2019年大幅度飙升，在2019年后增长率大幅度降低甚至负增长，增长率总体上波动幅度很大。

第六类：中国对孟加拉国的生姜出口增长率在前两年连续增长，而在2020年后出现了负增长。

第七类：中国对以越南、意大利和韩国为代表的这些国家的生姜出口增长率连年下降，并在2020年出口额增长率都出现了负增长。

第八类：中国对以巴基斯坦和印度尼西亚这两个国家的生姜出口增长率升幅尽管连年在降低，但总体上出口额在三年里仍处于增长状态。

第九类：中国对阿曼和德国这两个国家的生姜出口增长率前两年先下降，在2020年后大幅上升，增长率在总体上波动幅度较大。

第十类：中国对卡塔尔的生姜出口增长率不同于阿联酋为首的中东国家，原本在2018年出口额增长率就是正数，之后该国也对中国生姜的进口额也大幅度上升。

三、中国生姜出口贸易发展对策

（一）把握市场特色，完善生姜市场应急预警机制

国际贸易的情况复杂多变，生姜产品出口与销售公司需要实时关注贸易政策的动态，以便及时有效地收到支持其相关的出口贸易决策。各省生姜加工企业可以就新冠肺炎疫情的特殊情况，临时组建信息收集处理部门，收集来自多方的国际贸易和相关出口案例信息，并以符合国家政策的适当方式出口，以有效解决因出口引起的贸易风险。聚类分析结果将中国生姜出口市场分为十个类型，每一个类型都有其独特的市场特色，及时掌握每一类国际市场的贸易动态，能够更大程度地推动中国生姜出口贸易。完善市场应急预警机制，提高生姜产业数据资源的可用性和共享性，提升信息服务标准化和智能化，以信息引导生产，以市场需求确定生产，实现特殊形势下生姜市场的安全稳定。

（二）开拓新兴市场，优化生姜出口贸易市场结构

中国生姜出口严重依赖北美与西欧，市场风险较大。这迫使中国在巩固原有出口市场的基础上，亟须开拓新市场并优化出口市场结构。在新冠肺炎疫情下，对日本、巴基斯坦、美国、荷兰和沙特阿拉伯的中国生姜出口增长率出现波动。对日本的出口份额减少了一半，对巴基斯坦的出口总量下降11%了。然而，中国生姜出口市场仍集中在这些国家和地区。因此，有必要采取针对性措施巩固其出口。尽管中国生姜出口到西班牙、澳大利亚、比利时、马来西亚、南非和土耳其的增长率正在下降，但在新冠肺炎疫情的推动下，总体情况有所改善。因此，这些国家和地区具有出口复苏的潜力，应被视为重要的出口市场。除巩固和发展上述生姜出口国和地区外，中国还应积极开拓其他新兴市场，如拉美、非洲，并最大限度地利用"一带一路"倡议的机会，促进双边和多边经济合作以及中国之间的自由贸易区的建设，形成中国生姜等特菜外贸发展的新动力。

（三）加强合作交流，妥善应对生姜贸易限制措施

新冠肺炎疫情给贸易与合作带来诸多挑战，各国存在许多去全球化现象，例如，制造业回流和外国投资撤回，但是从长远来看，效率低下的生产模式将不可避免地持续很长时间。因此，需要更多的协调与合作，以便及时交流双边贸易的供求关系，尽快消除新冠肺炎疫情给双方贸易伙伴带来的更多障碍。针对有关国家或地区采取的贸易限制措施，尽快通过国际组织和外交渠道进行交涉与谈判，妥善处理并尽早达成谅解；科学分析因新冠肺炎疫情导致的新增生姜技术性贸易壁垒，增加对国内生姜贸易商的经济支持；加强对新冠肺炎疫情发生国家或地区的物资出口，营造更有利的生姜特菜乃至整个农产品国际贸易环境，积极推动贸易开放和市场稳定。

参考文献

［1］任清盛，李承永．中国生姜产业现状及发展分析［J］．中国蔬菜，2021（08）：8-11.

［2］吴曼，赵帮宏，宗义湘．世界生姜生产布局与贸易格局分析［J］．北方园艺，2019（10）：141-150.

［3］乔立娟，吴曼，宗义湘，等．中国辛辣类蔬菜产业发展趋势与建议［J］．中国蔬菜，2021（08）：11-17.

［4］杨柳．中国农产品贸易结构特征与优化路径［J］．统计与决策，2019，35（24）：119-123.

［5］郭延景，肖海峰．"一带一路"背景下中国与上合组织成员国农产品贸易波动影响因素分析［J］．新疆大学学报（哲学・人文社会科学版），2021，49（01）：48-57.

［6］顾善松等．新冠肺炎疫情下的全球农产品市场与贸易变化：问题与对策［J］．

世界农业，2021（02）：11.

[7] 李丛希，谭砚文. 新冠肺炎疫情对我国农产品有效供给的主要影响及对策[J]. 南方农村，2020，36（02）：16-22.

[8] 董立，高奇正. 贸易便利化、邻国效应与双边农产品出口——基于中国及周边国家空间模型的经验研究[J]. 世界农业，2020，492（04）：66-77.

报告 3-4　中国芋头出口市场格局及波动分析

芋头属天南星科多年生宿根性草本植物，常作一年生作物栽培。芋头原产中国和印度、马来半岛等地热带地区，埃及、菲律宾、印度尼西亚爪哇等热带地区也盛行栽种，将其视为主要食料。中国的芋头资源极为丰富，南北地区长期进行栽培，主要分布在珠江、长江及淮河流域。芋头是一种重要的蔬菜兼粮食作物，营养和药用价值高，是老少皆宜的营养品。由于芋头最喜高温湿润，栽培习惯越向南也就越兴盛。近年来，中国芋头出口总量变化不大，但是出口金额不断增加；同时芋头进口量不断增加、进口金额日益增长。

近年来，中国芋头出口主要集中在印度尼西亚、越南等地区，在亚洲地区主要出口日本。2012~2021 年中国芋头出口总量变化不大，比较稳定，随着经济水平的不断提高，中国的芋头出口金额也在稳定增长；芋头进口量不断增加，进口金额也随之不断增加，虽然中国芋头保持顺差地位稳固，但芋头进口量逐年增加，国际市场竞争力下降，不利于保持高质量的对外开放格局。在经济全球化的背景下，本报告通过对中国芋头进出口规格、价格进行聚类分析来描述中国芋头出口贸易市场格局，分析当前中国芋头出口形势，找到影响中国芋头出口的主要因素，并对其提出建议和应对策略，对于中国芋头出口竞争力的提升和保证高质量的改革开放格局具有重要意义。

一、中国芋头出口贸易变动趋势分析

（一）出口规模

2012~2021 年中国芋头出口额在整体上呈下降趋势（见表 3-4-1）。出口额由 0.845 亿美元下降为 0.736 亿美元，十年来略有下降，其中 2015~2017 年、2020 年和 2021 年均呈现负增长。2012~2021 年中国芋头出口量比较稳定，维持在一定范围内，2012~2014 年逐年降低，降到了最低点 5.056 万吨；2014~2016 年稳步增长到达了最高点，达 7.586 万吨，2016~2017 年骤降，2017~2019 年逐年增长，2020~2021 年又开始减少，但中国芋头出口量总体上比较稳定。

表 3-4-1　2012~2021 年中国芋头出口额及出口量变动情况

单位：亿美元，万吨，%

年份	出口额	同比增减	出口量	同比增减
2012	0.845	—	7.156	—
2013	0.863	2.08	6.461	-9.71
2014	0.963	11.62	5.056	-21.74
2015	0.904	-6.20	6.378	26.14
2016	0.777	-13.98	7.586	18.95
2017	0.736	-5.25	6.741	-11.14
2018	0.751	2.02	6.905	2.43
2019	0.784	4.31	7.272	5.31
2020	0.782	-0.23	6.875	-5.46
2021	0.736	-5.91	6.495	-5.53

资料来源：根据海关总署数据库数据整理计算所得。

（二）出口价格

2012~2021 年中国芋头出口价格变动趋势如图 3-4-1 所示，由 2012 年的 1181.5 美元/吨上涨到 2014 年的 1905.3 美元/吨，3 年上涨了 161.86%；而后又下跌至 2016 年的 1024.6 美元/吨，跌幅达 46.6%；随后几年出口价格在 1090 美元/吨上下波动，2021 年上涨至 1132.9 美元/吨。总体上自 2016 年后中国芋头出口价格基本稳定。

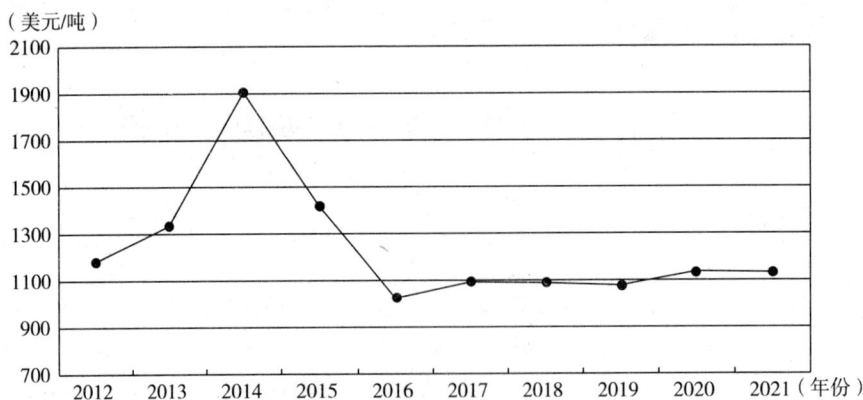

图 3-4-1　2012~2021 年中国芋头出口贸易价格变动情况

资料来源：根据海关总署数据库数据整理计算所得。

二、中国芋头出口贸易市场格局分析

（一）市场格局及波动幅度

芋头在中国主要分布在珠江、长江及淮河流域。中国芋头对外出口量最多的省份是山东，近十年一直位列第一（见表 3-4-2）。尽管山东芋头出口份额逐渐减少，但仍占据高达七成以上的出口份额，其余占据较大出口份额的省份是广东、云南、广西。其中，云南作为后发省份，经过数年发力赶超，出口份额大幅增加，已逐渐稳定在前三的位置；广东的出口份额比较稳定，但也表现出了下降的趋势；广西出口份额增长迅速，逐渐靠近前三的位置，其他省份比重整体趋势变化不大。

表 3-4-2 2012~2021 年中国芋头出口前三位省份出口份额情况 单位：%

年份 \ 排位	第一位	第二位	第三位	占比
2012	山东（91.43）	云南（3.08）	广东（2.52）	97.03
2013	山东（91.99）	广东（1.75）	云南（1.78）	95.52
2014	山东（91.96）	广东（0.72）	云南（1.41）	94.09
2015	山东（88.56）	云南（1.68）	广东（1.14）	91.38
2016	山东（81.87）	广西（5.48）	云南（4.82）	92.17
2017	山东（83.04）	云南（5.51）	广西（4.59）	93.14
2018	山东（79.74）	广西（8.63）	云南（5.29）	93.67
2019	山东（79.53）	云南（7.76）	广西（6.58）	93.87
2020	山东（79.97）	云南（7.99）	广西（5.78）	93.74
2021	山东（86.71）	云南（6.69）	广西（1.56）	94.96

资料来源：根据海关总署数据库数据整理计算所得。

2012~2021 年中国芋头对外出口份额排名前五的国家分别是日本、越南、阿联酋、美国和沙特阿拉伯，占中国芋头总出口份额的 94.09%（见表 3-4-3）。日本是中国芋头出口份额最多的国家，但市场份额逐年降低，由 2012 年的 82.78% 降低到 2021 年的 76.27%；越南是中国芋头出口的第二大市场，出口市场份额稳步提升，从 2012 年的 2.43% 上涨到 2021 年的 8.27%；沙特阿拉伯稳步增加，从 2012 年的 2.04% 上涨到 2021 年的 2.55%；马来西亚市场份额逐渐扩大，从 2012 年的 0.91% 上涨到 2021 年的 3.12%，在 2020 年超越了美国市场份额；阿联酋和美国市场份额逐渐减少。

表 3-4-3　2012~2020 年中国芋头主要出口市场分布情况　单位：千万美元；%

国家	分布情况	2012 年	2013 年	2014 年	2015 年	2016 年	2017 年	2018 年	2019 年	2020 年	2021 年
日本	出口额	7.00	7.22	8.19	7.15	5.56	5.31	5.23	5.41	5.26	5.61
	占比	82.78	83.67	84.98	79.13	71.50	72.07	69.56	74.72	67.26	76.27
	增长率	—	3.18	13.36	-12.65	22.27	-4.50	-1.53	3.49	-2.72	6.70
越南	出口额	0.21	0.14	0.065	0.15	0.79	0.68	1.03	1.04	0.99	0.61
	占比	2.43	1.65	0.68	1.69	10.13	9.17	13.66	13.21	12.63	8.27
	增长率	—	-31.03	-53.89	132.63	417.01	-14.26	52.01	0.85	-4.59	-38.4
阿联酋	出口额	0.42	0.47	0.60	0.98	0.54	0.46	0.35	0.31	0.34	0.30
	占比	5.01	5.39	6.25	10.83	6.96	6.30	4.60	3.93	4.38	4.11
	增长率	—	9.87	29.43	62.63	-44.76	-14.17	-25.58	-10.88	11.37	-11.83
美国	出口额	0.28	0.35	0.34	0.25	0.31	0.25	0.29	0.23	0.18	0.097
	占比	3.27	4.00	3.49	2.81	3.97	3.44	3.84	2.95	2.25	1.32
	增长率	—	24.96	-2.54	-24.49	21.25	-17.92	14.07	-19.85	-23.99	-44.86
沙特阿拉伯	出口额	0.17	0.15	0.12	0.10	0.15	0.15	0.091	0.19	0.34	0.19
	占比	2.04	1.78	1.27	1.12	1.92	2.06	1.22	2.45	4.35	2.55
	增长率	—	-11.02	-20.64	-17.07	47.95	1.45	-39.7	109.65	77.5	-44.84
马来西亚	出口额	0.08	0.06	0.10	0.14	0.14	0.15	0.18	0.18	0.19	0.23
	占比	0.91	0.69	1.02	1.54	1.74	2.09	2.38	2.32	2.43	3.12
	增长率	—	-22.24	64.44	41.34	-2.68	13.27	16.56	1.78	4.42	20.58

资料来源：根据海关总署数据库数据整理计算所得。

近十年来中国对 50 多个国家和地区出口芋头，本报告选取日本、越南、阿联酋、美国、沙特阿拉伯、马来西亚、加拿大等 25 个国家出口贸易格局的变化情况进行分析，这些国家的出口额占据中国芋头出口总额的 99.3%，可以代表中国芋头出口的市场格局。2019~2021 年中国对这些国家芋头出口额增长率变化情况如表 3-4-4 所示。计算这三年的出口额增长率的标准差作为波动幅度的衡量标准，为增长率变动形态划定变动特征类型，其中增长率连续上涨记为 1，连续下跌记为 2，先涨后跌记为 3，先跌后涨记为 4。

表 3-4-4　2019~2021 年中国芋头对各国出口额增长率及波动特征　单位：%

国家和地区	2019 年增长率	2020 年增长率	2021 年增长率	波动幅度	波动特征
日本	3.49	-2.72	6.70	4.79	4
越南	0.85	-4.59	-38.40	21.27	2
阿联酋	-10.88	11.37	-11.83	13.13	3
美国	-19.85	-23.99	-44.86	13.41	2
沙特阿拉伯	109.65	77.50	-44.84	81.51	3
马来西亚	1.78	4.42	20.58	10.18	1

续表

国家和地区	2019 年增长率	2020 年增长率	2021 年增长率	波动幅度	波动特征
加拿大	8.98	-8.91	-53.15	31.98	2
荷兰	81.64	-4.89	-33.60	59.99	2
阿曼	-36.52	-16.98	-14.32	12.12	4
卡塔尔	34.12	45.32	3.88	21.44	3
法国	11.60	8.39	-32.49	24.58	2
澳大利亚	-0.20	15.67	-47.57	32.90	3
巴林	-6.09	-40.16	-23.00	17.04	4
比利时	-6.71	30.29	-63.78	47.39	3
俄罗斯	7.79	-6.12	128.03	73.76	4
菲律宾	-63.77	219.54	194.29	156.79	3
韩国	17.08	12.91	4.35	6.49	2
葡萄牙	172.19	-57.91	-41.55	128.39	4
泰国	52.65	115.23	-57.73	87.57	3
文莱	-73.98	310.82	140.47	192.82	3
西班牙	-29.97	-26.48	-70.36	24.39	2
新加坡	-2.03	121.87	-54.98	90.77	3
新西兰	102.81	-40.07	792.66	445.30	4
意大利	29.56	-50.49	-49.24	45.86	4
英国	62.06	-18.39	-26.01	48.80	2

资料来源：根据海关总署数据整理计算所得。

（二）聚类分析及波动特征

聚类分析是一种解决研究"物以类聚"问题的多元统计分析方法，将一批没有先验知识而不知晓内部关联性的个案或变量集合，根据其多种特征或性质上的差异与亲疏紧密程度，进行定量化的评估、类别划分与距离描述。在聚类分析中通过疏密程度对样本进行分类，疏密程度越小的个案之间相似性质越多，越可能分在一类；疏密程度越大的个案之间差异性越大，越不可能分在同一类。对于这种固定距离的个案或变量的描述方法有：欧式距离、平方欧式距离、切比雪夫距离、Block 距离等。本报告选用欧式距离来计算个案之间的疏密程度。

$$Euclid(x, y) = \sqrt{\sum_{i=1}^{n} (x_i - y_i)^2} \tag{3-4-1}$$

其中，x，y 表示两两不同的个案；n 表示个案内部的变量个数；Euclid（x，y）表示欧氏距离，用于表示个案之间的疏密程度。

先对样本集采用正规化方法完成数据标准化（见表 3-4-5），具体的标准化公式为

$x_i - \bar{x} / s$，其中，$\bar{x}$ 表示变量均值，s 表示样本变量的标准差。

表 3-4-5　2019～2021 年中国芋头对各国出口额增长率的标准化处理　　单位：%

国家和地区	2019 年增长率	2020 年增长率	2021 年增长率
日本	-0.26	-0.35	-0.10
越南	-0.31	-0.37	-0.36
阿联酋	-0.52	-0.18	-0.20
美国	-0.69	-0.59	-0.39
沙特阿拉伯	1.67	0.59	-0.39
马来西亚	-0.29	-0.26	-0.02
加拿大	-0.16	-0.42	-0.44
荷兰	1.16	-0.37	-0.33
阿曼	-0.99	-0.51	-0.22
卡塔尔	0.30	0.22	-0.11
法国	-0.11	-0.22	-0.32
澳大利亚	-0.33	-0.13	-0.41
巴林	-0.44	-0.78	-0.27
比利时	-0.45	0.04	-0.50
俄罗斯	-0.18	-0.39	0.60
菲律宾	-1.48	2.25	0.99
韩国	-0.01	-0.16	-0.11
葡萄牙	2.81	-0.99	-0.37
泰国	0.63	1.03	-0.47
文莱	-1.67	3.32	0.67
西班牙	-0.87	-0.62	-0.54
新加坡	-0.36	1.11	-0.45
新西兰	1.55	-0.78	4.43
意大利	0.21	-0.90	-0.42
英国	0.80	-0.53	-0.28

资料来源：根据海关总署数据库数据整理计算所得。

　　Q 型聚类指的是对样本进行聚类，使那些特征相似的样本聚集成同一类，将差异性大的样本分隔开来。系统聚类包含凝聚和分解两种聚类方法，本报告采用凝聚方式的系统聚类，将每个样本视为一类，按照某方法度量样本个体间的亲密程度将最亲近的两类合为一个小类，重复该操作直到将所有样本个案凝聚成一大类。度量样本个体与小类、小类之间的方法有：最近邻居距离、最远邻居距离、组间平均链锁距离、组内平均链锁距离、中心距离等。

　　运用 SPSS23 进行聚类分析，对 25 个芋头出口市场进行 Q 型、选用组间链锁距离来完成系统聚类，聚类结果图 3-4-2 所示。

使用平均连接（组间）的谱系图
重新标度的距离聚类组合

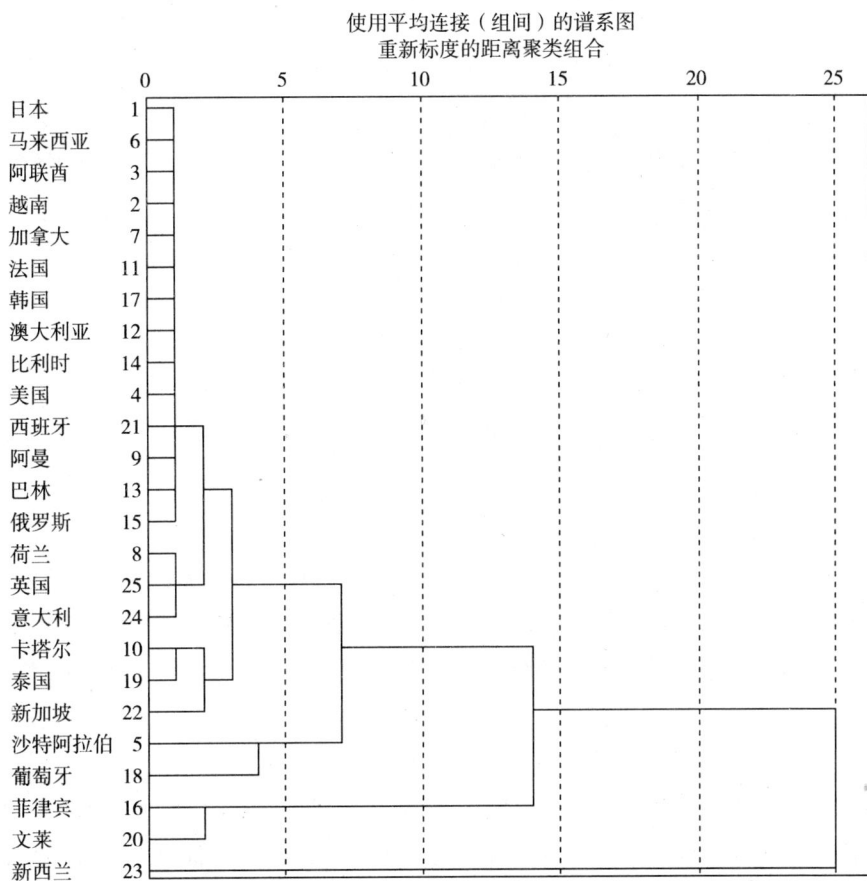

图 3-4-2　中国芋头出口市场聚类分析树状图

资料来源：根据海关总署数据库数据整理计算所得。

由图 3-4-2 可知，得到如下分类结果：

第一类：日本、马来西亚、阿联酋、越南、加拿大、法国、韩国、澳大利亚、比利时、美国、西班牙、阿曼、巴林、俄罗斯、荷兰、英国、意大利、卡塔尔、泰国、新加坡为代表的国家。中国对这些国家的芋头出口增长率近三年有涨有降，在总体看来波动幅度较小。

第二类：沙特阿拉伯、葡萄牙。中国对这两个国家的芋头出口增长率在 2019 年大幅上升，在 2020 年大幅下降，波动幅度较大。

第三类：新西兰。中国对以新西兰为代表的国家的芋头出口增长率近几年大幅增加，市场不断扩大。

第四类：菲律宾、文莱。中国对这两个国家的芋头出口增长率前两年先下降，后大幅增长，增长率在总体上波动幅度较大。

三、中国芋头出口贸易影响因素分析

（一）进口需求

随着世界经济的迅速发展，生活水平的不断提高，人们在饮食方面已经不仅仅满足于追求温饱，更看重食品是否健康，是否是绿色产品。芋头是一种常见的食物，其中含有丰富的营养，既可食用也可药用，具有保护牙齿的作用，而且能够增加食欲，促进消化，还可以润肠通便，防止便秘。芋头既可以作为主食，也可以作为蔬菜、做汤等，做法各式各样，非常美味。芋头的营养价值、药用价值、经济效益和生态效益正在逐渐被人们广泛认知。在这种背景下，未来芋头的市场需求仍会扩大，贸易量也会随之增加。中国芋头出口量在越南、沙特阿拉伯逐渐增加就体现了这一态势。

（二）产业供给

中国是世界芋头主要生产国之一，全世界芋头品种有 700 多种，中国就有 400 多种，中国芋头栽培历史悠久，且自然生态多样性高，使中国的芋头品种资源特别丰富，其中资源类型较丰富的有福建、海南、云南、广东、广西等省份，国内主要品种有魁芋、多子芋和多头芋等。在中国主要分布在珠江、长江及淮河流域，主产于广西、广东、湖南、江西、福建、浙江、广东、江苏等省份。山东是中国最大的芋头出口省份，其次是广西、广东、云南和甘肃。随着时间的推移，中国很多地区芋头种植生产出现了很多问题：芋头品种更新换代慢，优良品种匮乏；科研投入不足，科研与企业对接滞后；机械化程度低，劳动力成本高；企业开发难度大，企业化程度低。这些问题的存在制约了中国芋头产业的健康发展。

（三）贸易政策

新冠肺炎疫情使世界经济受到了严重挑战，许多国家都采取了很多贸易限制措施，不利于世界经济的良性发展。各国受新冠肺炎疫情影响，国内经济环境恶化，各国试图通过短期内的贸易限制来快速恢复国民经济。对于一个国家而言，贸易限制对短期国内经济复苏有更直接的影响，但是贸易限制的手段会严重影响现有的自由贸易体系，这也导致全球国际贸易出现萎缩。消极的贸易措施破坏了自由贸易秩序，这对于世界经济恢复和健康发展非常不利。只有各个国家积极合作，我们才能真正实现国家之间的物质交流，才能够在维护原有自由贸易秩序的基础上恢复和发展国民经济，促进世界经济良性发展。在这种背景下，中国的芋头产品出口受到各国贸易限制政策的严重影响。

四、中国芋头出口贸易发展对策

（一）加快培育新品种，提升产品品质

针对芋头品种混杂、品质退化及病虫害严重等问题，急需建立种苗繁育基地，培育芋头新品种，提供给农户种植，保证农户种植的芋头质量，提高芋头产量和品质；同时还要加大宣传力度，让种植户充分了解频繁使用自留品种种植的危害，以便全面提升芋头产量和品质；积极向种植户介绍芋头新品种，增加芋头种植品种，促进芋头产业健康发展。

（二）开拓新的出口市场，优化出口格局

针对中国芋头出口集中于亚洲市场的问题，要不断开拓新的市场，优化出口格局，避免市场过于集中。通过调查了解芋头主要客户，向客户展示中国芋头的独特益处；积极参加芋头产业相关研讨会、展览会，展示中国各品种芋头的特点，增加中国芋头的知名度；充分了解中国芋头出口的主要竞争对手，有针对性地选择竞争方案，扩大中国芋头的市场，促进芋头产业发展。

（三）掌握国际贸易动态，调整产业结构

面对复杂多变的国际贸易局势，某些国家边境口岸的关闭和贸易政策的变化都会对中国芋头产品出口产生影响。种植、生产、销售芋头的农户和公司要紧跟时事，时刻关注国际贸易发展现状，充分了解现阶段芋头产业现状和各个国家和地区的贸易政策变化情况，及时调整芋头的种植、生产和销售的策略，以便减少资源浪费，保证中国芋头产业的繁荣发展。

参考文献

［1］常蕾，汪翔.世界芋头产业发展现状综述［J］.现代农业科技，2019（02）：57-59.

［2］向华，吴曼，胡志山，等.世界芋头生产布局与贸易格局分析［J］.世界农业，2018（10）：144-150.

［3］覃夏燕，龙盛风，甘秀芹，等.广西芋头产业现状分析及其发展建议［J］.南方农业学报，2021，52（06）：1477-1484.

［4］顾善松等.新冠肺炎疫情下的全球农产品市场与贸易变化：问题与对策［J］.世界农业，2021（02）：11.

［5］戴修纯，罗燕羽，黄绍力，等.广东省芋头产业现状与发展对策［J］.广东农业科学，2021，48（06）：126-135.

第四篇　国际竞争力专题报告

报告 4-1 中国辣椒国际竞争力研究

中国作为世界辣椒生产大国，其产量和种植面积都位于世界前列，并且随着市场需求的增加与种植技术的提升，中国辣椒栽培面积与总产量持续增长，已经成为中国最大的单品蔬菜。由于世界辣椒产量的不断增加以及所带来的巨大经济效益，世界辣椒市场竞争十分激烈。虽然中国是世界上鲜辣椒产量最大的国家，但是墨西哥、西班牙、荷兰、美国、加拿大等国相比较中国鲜辣椒出口量更大，市场占有率更高。虽然中国干辣椒产量和出口量都具有一定的优势，但是印度干辣椒的出口量远大于中国。所以如何科学栽培提高产品质量及产量并降低成本，如何创立品牌并开拓市场，如何大力发展辣椒深加工并完善产业链，如何降低辣椒生产流通成本等问题都需要进行分析研究。通过比较中国与其他主产国辣椒贸易的国际竞争力，发现中国辣椒贸易的短板，明确中国辣椒在国际贸易的站位，从而实现提升中国辣椒种植户的收入以及中国辣椒加工企业的经济效益的最终目标。

一、中国辣椒国际竞争力指标分析

通过 UN comtrade 数据库查询全球辣椒国际贸易信息，按照 2021 年鲜辣椒、干辣椒（未磨）、干辣椒（已磨）出口量排名选取中国与主要辣椒出口国分析对象，鲜辣椒分析对象为：墨西哥、西班牙、荷兰、加拿大、美国、摩洛哥、中国、土耳其、以色列，干辣椒（未磨）分析对象为：印度、中国、秘鲁、墨西哥、缅甸、巴基斯坦、德国、西班牙、巴西、越南，干辣椒（已磨）分析对象为：中国、印度、西班牙、墨西哥、突尼斯、秘鲁、荷兰、德国、美国、哥伦比亚。

（一）国际市场占有率分析

国际市场占有率公式为：$MS_{ij} = X_{ij}/X_{wj}$，其中，X_{ij} 表示某国辣椒出口量，X_{wj} 表示世界辣椒出口量。比重越大说明某国辣椒国际市场竞争力和国际市场开拓力越强；反之，则越弱。

根据国际市场占有率计算公式，利用 UN comtrade 数据库辣椒贸易数据计算了 2012~2021 年中国以及主要辣椒出口国国际市场占有率，鲜辣椒国际市场占有率如表 4-1-1 所示，干辣椒（未磨）国际市场占有率如表 4-1-2 所示，干辣椒（已磨）国际市场占有率如表 4-1-3 所示。

表 4-1-1　2012~2021 年世界鲜辣椒主要出口国的国际市场占有率　　单位：%

国家＼年份	2012	2013	2014	2015	2016	2017	2018	2019	2020	2021
墨西哥	27.41	27.18	26.03	26.80	28.10	30.10	17.11	25.39	19.24	30.07
西班牙	18.47	20.00	22.18	22.01	21.71	20.76	20.69	—	20.27	21.97
荷兰	17.45	15.23	14.02	14.38	12.93	13.65	12.02	15.06	15.44	10.67
中国	2.3	2.33	2.25	2.72	2.64	2.84	2.66	3.64	2.48	—
以色列	4.95	4.79	3.61	2.76	2.18	1.76	2.00	2.30	2.61	—
美国	3.91	4.06	3.70	3.46	3.45	3.37	3.30	4.13	3.46	3.39
加拿大	3.84	3.96	3.96	3.94	4.52	4.14	3.87	5.20	4.00	4.31
摩洛哥	2.61	3.16	3.24	3.11	3.28	3.32	4.22	4.51	4.63	—
印度	—	0.46	0.49	0.44	0.51	0.55	1.09	1.39	1.12	1.38
土耳其	2.49	2.33	2.60	2.75	2.88	2.76	3.39	3.67	3.77	4.69

资料来源：根据 UN Comtrade Database 数据计算所得。

表 4-1-2　2012~2021 年世界干辣椒（未磨）主要出口国的国际市场占有率　单位：%

国家＼年份	2012	2013	2014	2015	2016	2017	2018	2019	2020	2021
印度	—	49.01	68.17	65.33	60.12	74.76	27.84	29.10	28.39	63.34
中国	44.95	22.70	12.18	14.88	20.36	12.06	16.86	15.60	16.08	—
秘鲁	29.87	11.77	5.79	6.11	7.77	4.41	4.06	4.16	4.63	—
墨西哥	4.33	4.48	3.15	2.85	2.64	2.20	2.57	—	2.33	2.79
缅甸	0.12	0.54	0.83	0.85	1.18	1.19	0.70	0.54	0.63	—
巴基斯坦	1.03	1.90	0.68	0.76	1.11	1.05	0.17	0.22	0.19	0.32
德国	2.28	1.47	1.07	1.01	0.79	0.68	1.32	1.28	0.81	1.51
西班牙	5.14	1.36	1.17	1.12	1.04	0.54	0.40	0.55	0.41	0.79
巴西	2.77	0.86	0.56	0.43	0.25	0.40	0.37	0.48	0.33	—
越南	—	0.12	0.09	0.12	0.96	0.38	0.38	0.27	0.39	

资料来源：根据 UN Comtrade Database 数据计算所得。

表 4-1-3　2012~2021 年世界干辣椒（已磨）主要出口国的国际市场占有率　单位：%

国家＼年份	2012	2013	2014	2015	2016	2017	2018	2019	2020	2021
中国	31.08	16.8	19.49	22.01	32.62	34.47	38.18	44.20	33.65	—
印度	—	39.56	40.42	32.60	22.38	25.21	20.61	26.01	21.99	41.13
西班牙	27.71	12.53	12.85	15.71	17.10	15.78	16.18	—	11.54	32.56

续表

年份 国家	2012	2013	2014	2015	2016	2017	2018	2019	2020	2021
墨西哥	3.61	4.36	3.92	4.57	6.38	4.74	1.30	1.58	1.10	2.86
突尼斯	5.11	5.99	4.10	5.58	3.54	4.58	4.44	4.46	—	
秘鲁	10.57	5.89	6.19	5.79	1.38	2.54	—	1.33	1.14	—
荷兰	1.47	1.06	1.27	1.19	1.38	1.39	1.38	1.53	1.11	2.44
德国	1.77	0.91	0.87	0.87	1.10	1.35	1.20	1.25	1.10	1.89
美国	2.83	1.33	1.38	1.44	1.45	1.32	1.72	1.79	1.12	2.37
哥伦比亚	0.76	0.90	0.55	0.50	1.18	1.26	1.18	1.31	1.13	—

资料来源：根据 UN Comtrade Database 数据计算所得。

对鲜辣椒国际市场占有率进行横向比较可以发现，中国鲜辣椒国际市场占有率呈上升趋势，2020 年达 2.48%，相比 2012 年上升 0.18%。在世界范围内，荷兰、墨西哥、西班牙为三大鲜辣椒出口国，其中墨西哥与西班牙鲜辣椒国际市场占有率呈现上升趋势，墨西哥鲜辣椒国际市场占有率从 2012 年的 27.41% 上升至 2021 年的 30.07%，西班牙国际市场占有率从 2012 年的 18.47% 上升至 2021 年的 21.97%；荷兰、美国、以色列呈现下降趋势，其中荷兰国际市场占有率从 2012 年的 17.45% 下降到 2021 年的 10.67%。纵向比较可以发现，2012~2021 年墨西哥和西班牙鲜辣椒国际市场占有率最高，2021 年分别为 30.07% 和 21.97%，合计占到全球鲜辣椒出口的一半以上。荷兰鲜辣椒国际市场占有率虽有下降趋势，但仍一直保持在 10% 以上，其余国家国际市场占有率区别不大。中国鲜辣椒国际市场占有率一直在 2% 左右，低于美国、加拿大、摩洛哥等国，说明中国鲜辣椒国际市场占有率较低，与中国鲜辣椒生产第一大国的位置不相匹配。

对干辣椒（未磨）国际市场占有率进行横向比较可以发现，中国干辣椒（未磨）国际市场占有率呈现下降趋势，从 2012 年的 44.95% 下降至 2020 年的 16.08%；而印度干辣椒（未磨）国际市场占有率上升明显，2013 年为 49.01%，2021 年达 63.34%，干辣椒（未磨）主要出口国除缅甸、越南外，其余国家国际市场占有率也呈现下降趋势。纵向比较可以发现，印度干辣椒（未磨）国际市场占有率最高，中国的干辣椒（未磨）国际市场占有率也较高，占 12% 以上，2017 年中国干辣椒（未磨）国际市场占有率降到最低为 12.06%，2018 年之后有所回升到 15% 以上；其余国家占比较小，缅甸干辣椒（未磨）国际市场占有率上升明显，2012 年占 0.12%，2020 年达 0.63%，位居世界第六。说明中国干辣椒（未磨）国际市场占有率较高，具有一定的竞争优势，但应谨慎对待印度对中国干辣椒（未磨）出口的冲击。

对干辣椒（已磨）国际市场占有率横向比较可以发现，中国干辣椒（已磨）国际市场占有率先上升后下降，虽然 2013 年受到印度冲击较大，但随后开始增长，2019 年达到峰值 44.20%，2020 年下降为 33.65%。除哥伦比亚和荷兰外，其余国家国际市场占有率均不同程度下降，秘鲁下降最明显，2020 年相比 2012 年下降 9.43%。纵向来看，中国市场占有率在 2013 年被印度超过，随后 2016 年超过印度，位居世界首位；西班牙国际市场占有率虽下降明显，但市场占有率一直处于 11% 以上。因此，中国干辣椒（已磨）国际市场占有率较高，竞争优势明显，印度为中国主要的竞争对手。

（二）贸易竞争力指数分析

贸易竞争力指数公式为：$TC = （X_i - M_i）/（X_i + M_i）$，其中，$X_i$ 和 M_i 分别表示某国辣椒出口量和进口量。无论进出口的绝对量是多少，贸易竞争力指数始终处于 $-1 \sim 1$，贸易竞争力指数为 -1 时表示该国辣椒只进口不出口，贸易竞争力指数为 1 时表示该国辣椒只出口不进口。因此，从出口分析，贸易竞争力指数越接近于 1，表示国际竞争力越强；如果贸易竞争力指数大于 0，表示该国辣椒的出口效率高于国际水平，具有较强的出口竞争力，并且数值越大，优势越大；如果贸易竞争力指数等于 0，说明该国辣椒出口效率与国际水平相当；如果贸易竞争力指数小于 0，则表示该国辣椒为净进口，即辣椒的出口效率小于国际水平，出口竞争力弱，处于竞争劣势，并且数值越大，劣势越明显。

根据贸易竞争力指数计算公式，利用 UN comtrade 数据库辣椒贸易数据计算了 2012 ~ 2021 年中国以及主要辣椒出口国贸易竞争力指数，鲜辣椒贸易竞争力指数如表 4-1-4 所示，干辣椒（未磨）贸易竞争力指数如表 4-1-5 所示，干辣椒（已磨）贸易竞争力指数如表 4-1-6 所示。

表 4-1-4 2012 ~ 2021 年世界鲜辣椒主要出口国的贸易竞争力指数

年份 国家	2012	2013	2014	2015	2016	2017	2018	2019	2020	2021
摩洛哥	0.999	1.000	0.999	1.000	1.000	1.000	0.987	0.994	0.991	—
中国	1.000	1.000	1.000	1.000	1.000	0.866	1.000	1.000	1.000	—
土耳其	1.000	0.951	0.995	0.998	0.995	0.999	0.968	0.927	0.998	0.980
以色列	0.995	0.996	0.998	0.985	0.977	0.927	0.981	0.982	0.983	—
西班牙	0.907	0.898	0.907	0.898	0.882	0.856	0.477	0.528	0.468	0.546
荷兰	0.530	0.536	0.547	0.596	0.598	0.617	0.778	0.811	0.690	0.552
德国	-0.512	-0.531	-0.493	-0.595	-0.639	-0.602	-0.531	-0.508	-0.598	-0.619
加拿大	-0.052	-0.047	0.009	0.013	0.065	0.034	-0.169	-0.184	-0.224	-0.110
美国	-0.782	-0.768	-0.784	-0.791	-0.808	-0.723	-0.581	-0.526	-0.513	-0.495
澳大利亚	-0.997	-0.995	-0.996	-0.972	-0.910	-0.999	-0.981	-0.992	-0.957	-0.908

资料来源：根据 UN Comtrade Database 数据计算所得。

表 4-1-5 2012 ~ 2021 年世界干辣椒（未磨）主要出口国的贸易竞争力指数

年份 国家	2012	2013	2014	2015	2016	2017	2018	2019	2020	2021
印度	—	0.995	0.998	0.999	0.998	0.999	0.998	0.998	0.998	—

续表

年份 国家	2012	2013	2014	2015	2016	2017	2018	2019	2020	2021
中国	0.498	0.858	0.858	0.905	0.963	0.796	-0.025	-0.395	-0.511	—
秘鲁	1.000	1.000	0.999	0.999	0.997	0.995	0.984	0.995	0.997	
澳大利亚	-0.997	-0.995	-0.996	-0.972	-0.910	-0.999	-0.981	-0.992	-0.957	-0.908
缅甸	0.122	0.82	0.949	0.988	0.983	0.418	0.522	0.013	0.554	—
巴基斯坦	-0.677	0.98	-0.596	-0.481	0.842	0.865	0.956	0.872	-0.924	-0.767
德国	-0.585	-0.532	-0.525	-0.379	-0.431	-0.413	-0.431	-0.427	-0.430	-0.405
西班牙	-0.706	-0.836	-0.778	-0.812	-0.817	-0.871	-0.794	-0.806	-0.796	-0.800
巴西	0.754	0.895	0.637	0.476	0.213	0.528	0.413	0.673	0.678	—
越南	—	-0.101	-0.066	0.589	0.913	0.378	-0.236	-0.227	0.412	

资料来源：根据 UN Comtrade Database 数据计算所得。

表 4-1-6　2012~2021 年世界干辣椒（已磨）主要出口国的贸易竞争力指数

年份 国家	2012	2013	2014	2015	2016	2017	2018	2019	2020	2021
中国	1.000	0.975	0.989	0.987	0.988	0.988	0.993	0.995	0.993	—
印度	—	0.993	0.997	0.998	0.973	0.972	0.973	0.974	0.981	0.959
西班牙	0.720	0.696	0.683	0.727	0.683	0.637	0.628	0.601	0.576	0.578
土耳其	0.524	0.430	0.705	0.898	0.833	0.768	0.531	0.513	0.769	0.774
突尼斯	0.476	0.757	0.638	0.695	0.614	0.629	0.684	0.552	—	—
匈牙利	0.064	-0.144	-0.118	-0.139	-0.112	-0.190	-0.261	-0.220	-0.213	-0.249
荷兰	-0.512	-0.384	-0.282	-0.397	-0.348	-0.297	-0.291	-0.364	-0.467	-0.385
德国	-0.565	-0.576	-0.629	-0.672	-0.639	-0.538	-0.557	-0.590	-0.597	-0.587
美国	-0.896	-0.899	-0.893	-0.895	-0.897	-0.822	-0.874	-0.894	-0.903	-0.913
哥伦比亚	0.906	0.926	0.899	0.865	0.919	0.920	0.906	0.879	0.912	—

资料来源：根据 UN Comtrade Database 数据计算所得。

2012~2020 年，中国鲜辣椒贸易竞争力指数较为稳定，除 2017 年为 0.866 外，其余年份均为 1.000，说明中国鲜辣椒的贸易竞争力优势非常明显；以色列、摩洛哥、土耳其鲜辣椒贸易竞争力指数基本保持在 0.990 左右，说明以色列、摩洛哥、土耳其鲜辣椒贸易竞争力优势明显；荷兰鲜辣椒贸易竞争力指数略低，但也基本保持在 0.700 左右；德国鲜辣椒贸易竞争力指数处于-0.500~-0.600，美国鲜辣椒贸易竞争力指数处于-0.500~-0.800，澳大利亚鲜辣椒贸易竞争力指数处于-0.990 左右，说明这几个发达国家为鲜辣椒净进口国，处于贸易竞争劣势。虽然中国鲜辣椒的贸易竞争力优势明显，也不能忽视其他鲜辣椒主要出口国的竞争压力。

2012~2020 年，中国干辣椒（未磨）贸易竞争力指数波动较大，2016 年最高值为

0.963，到 2020 年为 -0.511，说明中国干辣椒（未磨）的贸易竞争力已从优势变为劣势；印度、秘鲁干辣椒（未磨）贸易竞争力指数基本保持在 0.990 以上，说明印度、秘鲁干辣椒（未磨）贸易竞争力优势非常明显；澳大利亚、德国、西班牙三国干辣椒（未磨）贸易竞争力指数均为负数，并且分别处在 -0.900、-0.450、-0.800 左右，说明该三国干辣椒（未磨）贸易竞争力处于劣势，其中澳大利亚劣势最为明显。各国年度数据比较发现，中国、缅甸、越南三国干辣椒（未磨）贸易竞争力指数波动较大，三国作为干辣椒（未磨）出口国的同时也是进口国，干辣椒（未磨）贸易竞争力优势不稳定。中国干辣椒（未磨）贸易竞争力优势逐步下降。

2012~2020 年，中国干辣椒（已磨）贸易竞争力指数变化比较平稳，均高于 0.970，说明中国干辣椒（已磨）贸易竞争力一直具有明显优势；印度干辣椒（已磨）贸易竞争力指数从 2013 年的 0.993 下降到 2021 年的 0.959，呈下降趋势。西班牙和突尼斯干辣椒（已磨）贸易竞争力指数处于 0.450~0.750，说明该两国干辣椒（已磨）贸易竞争力具有一定的优势；哥伦比亚干辣椒（已磨）贸易竞争力指数一直在 0.900 左右，说明哥伦比亚干辣椒（已磨）贸易竞争力优势明显。匈牙利、荷兰、德国、美国四国干辣椒（已磨）贸易竞争力指数均为负数，说明该四国干辣椒（已磨）贸易竞争力处于劣势。由此可知，中国干辣椒（已磨）贸易竞争力在干辣椒（已磨）主要出口国中虽具有明显优势，但仍不可忽视印度干辣椒（已磨）的竞争压力。

（三）显示性比较优势指数分析

显示性比较优势指数公式为：$RCA_{ij} = (X_{ij}/X_{tj}) / (X_{iw}/X_{tw})$，其中，$RCA_{ij}$ 表示 j 国 i 产品的显示性比较优势指数，X_{ij} 表示 j 国 i 产品出口额，X_{tj} 表示 j 国所有产品出口总额，X_{iw} 表示世界 i 产品出口额，X_{tw} 表示世界所有产品出口总额。RCA_{ij} 值大于 1，表示该商品在国家中的出口比重大于在世界的出口比重，则该国的此产品在国际市场上具有比较优势，具有一定的国际竞争力；RCA_{ij} 值小于 1，则表示在国际市场上不具有比较优势，国际竞争力相对较弱。如果 $RCA_{ij} > 2.50$，则表示该国该产品具有很强的国际竞争力，如果 $1.25 < RCA_{ij} \leq 2.50$，则表示该国该产品具有较强的国际竞争力，如果 $0.80 < RCA_{ij} \leq 1.25$，则表示该国该产品的国际竞争力一般，如果 $RCA_{ij} \leq 0.80$，则表示该国该产品的国际竞争力较弱。

根据显示性比较优势指数计算公式，利用 UN comtrade 数据库辣椒贸易数据计算 2012~2021 年中国以及主要辣椒出口国显示性比较优势指数，鲜辣椒显示性比较优势指数如表 4-1-7 所示，干辣椒（未磨）显示性比较优势指数如表 4-1-8 所示，干辣椒（已磨）显示性比较优势指数如表 4-1-9 所示。

表 4-1-7　2012~2021 年世界鲜辣椒主要出口国的显示性比较优势指数

年份 国家	2012	2013	2014	2015	2016	2017	2018	2019	2020	2021
墨西哥	8.74	8.89	8.77	8.60	9.35	7.83	2.24	2.13	2.35	1.68

续表

年份 国家	2012	2013	2014	2015	2016	2017	2018	2019	2020	2021
西班牙	11.75	12.37	12.99	12.33	12.29	11.59	2.14	2.42	3.57	2.79
荷兰	8.77	8.32	7.24	8.31	7.38	6.98	6.91	6.81	6.18	5.12
加拿大	2.34	2.62	2.60	2.88	2.79	2.72	1.17	1.25	1.12	0.92
美国	0.53	0.54	0.57	0.51	0.55	0.49	0.42	0.44	0.51	0.40
摩洛哥	11.03	13.02	12.71	11.5	11.27	19.90	6.44	5.92	6.26	—
中国	0.07	0.06	0.08	0.12	0.11	0.12	0.93	0.85	0.68	
土耳其	2.06	2.11	1.98	1.91	2.00	2.00	0.12	0.13	0.18	0.18
以色列	14.81	13.19	10.63	7.66	5.21	6.32	12.33	13.00	14.22	—

资料来源：根据 UN Comtrade Database 数据计算所得。

表 4-1-8　2012~2021 年世界干辣椒（未磨）主要出口国的显示性比较优势指数

年份 国家	2012	2013	2014	2015	2016	2017	2018	2019	2020	2021
印度	—	19.11	31.43	33.48	34.1	36.43	10.19	12.65	22.62	25.40
中国	3.62	2.01	1.22	1.10	1.33	0.94	2.27	1.99	1.62	—
秘鲁	93.55	61.48	43.69	44.87	37.89	23.01	8.87	10.56	14.94	—
墨西哥	2.54	3.51	2.46	2.38	1.74	1.61	3.34	3.11	4.03	2.83
缅甸	3.18	15.33	27.56	18.83	15.92	8.94	4.48	4.27	15.29	—
巴基斯坦	11.13	10.22	4.71	6.08	6.35	6.22	1.20	1.39	0.49	1.80
德国	0.77	0.70	0.46	0.36	0.27	0.28	0.10	0.10	0.14	0.17
西班牙	2.80	0.92	0.79	0.65	0.51	0.35	0.18	0.19	0.27	0.36
巴西	1.63	0.58	0.46	0.25	0.16	0.33	0.10	0.12	0.12	—
越南	—	0.30	0.24	0.19	1.07	0.91	0.68	0.33	0.65	

资料来源：根据 UN Comtrade Database 数据计算所得。

表 4-1-9　2012~2021 年世界干辣椒（已磨）主要出口国的显示性比较优势指数

年份 国家	2012	2013	2014	2015	2016	2017	2018	2019	2020	2021
中国	2.69	1.75	1.92	1.88	2.68	2.86	0.93	0.88	1.15	—
印度	—	15.63	17.07	15.59	12.19	9.98	2.73	2.83	5.03	
西班牙	17.57	10.08	9.70	10.55	10.22	9.19	2.88	3.00	4.55	6.28
墨西哥	0.56	0.92	0.72	0.62	0.71	0.56	0.20	0.20	0.23	0.36
突尼斯	34.31	50.76	39.46	40.09	25.87	29.51	11.85	9.72	—	
秘鲁	28.94	18.24	21.84	22.06	7.75	7.65	1.76	1.28	3.03	—
荷兰	0.52	0.43	0.49	0.51	0.54	0.48	0.16	0.16	0.28	0.49

续表

年份 国家	2012	2013	2014	2015	2016	2017	2018	2019	2020	2021
德国	0.42	0.28	0.26	0.22	0.23	0.27	0.09	0.09	0.16	0.28
美国	0.35	0.23	0.23	0.21	0.21	0.18	0.08	0.08	0.13	0.20
哥伦比亚	1.34	2.28	1.42	1.66	2.54	2.21	0.65	0.68	1.74	—

资料来源：根据 UN Comtrade Database 数据计算所得。

近几年，墨西哥、加拿大、土耳其鲜辣椒显示性比较优势指数处于下降趋势，墨西哥鲜辣椒显示性比较优势指数从 2012 年的 8.74 下降到 2021 年的 1.68，加拿大鲜辣椒显示性比较优势指数从 2012 年的 2.34 下降到 2021 年的 0.92，土耳其的鲜辣椒显示性比较优势指数从 2012 年的 2.06 下降到 2021 年的 0.18，说明三国鲜辣椒国际竞争力优势下降。西班牙、荷兰、摩洛哥、以色列等国鲜辣椒显示性比较优势指数均大于 2.50，说明鲜辣椒国际竞争力具有一定的优势。中国鲜辣椒显示性比较优势指数从 2012 年的 0.07 上升到 2020 年的 0.68，说明中国鲜辣椒国际贸易相较于其他产业不具有比较优势，但整体竞争力呈上升态势。

从主要出口国干辣椒（未磨）显示性比较优势指数来看，印度、秘鲁、缅甸三国近几年干辣椒（未磨）显示性比较优势指数波动较大，印度干辣椒（未磨）显示性比较优势指数在 2017 年达到最高值 36.43，2018 年则出现 10.19 的最低值，秘鲁干辣椒（未磨）显示性比较优势指数从 2012 年的 93.55 下降到 2020 年的 14.94，缅甸干辣椒（未磨）显示性比较优势指数则由 2012 年的 3.18 上涨到 2020 年的 15.29，说明该三国干辣椒（未磨）国际竞争力优势明显，但出口并不稳定。墨西哥干辣椒（未磨）显示性比较优势指数波动上升，2020 年达到最高点 4.03，说明墨西哥干辣椒（未磨）国际竞争力优势增强；巴基斯坦、德国、西班牙、巴西四国干辣椒（未磨）显示性比较优势指数呈下降趋势，到 2020 年分别下降到 0.49、0.14、0.27、0.12。中国干辣椒（未磨）显示性比较优势指数由 2012 年的 3.62 下降到 2020 年的 1.62，说明中国干辣椒（未磨）国际竞争力呈下降趋势。

从主要出口国干辣椒（已磨）显示性比较优势指数来看，近年来印度、西班牙、突尼斯干辣椒（已磨）显示性比较优势指数均大于 2.50，说明该三国干辣椒（已磨）出口在国际出口贸易中占有重要地位。哥伦比亚干辣椒（已磨）显示性比较优势指数呈先增后降趋势，从 2012 年的 1.34 上升到 2016 年的 2.54，但 2020 年又回落到 1.74，说明哥伦比亚干辣椒（已磨）国际竞争力逐渐增强；墨西哥、荷兰、德国、美国该四国干辣椒（已磨）显示性比较优势指数一直小于 0.80，说明该四国干辣椒（已磨）国际竞争力较弱；秘鲁干辣椒（已磨）显示性比较优势指数呈下降趋势，但一直大于 1，说明秘鲁干辣椒（已磨）具有国际竞争力。中国干辣椒（已磨）显示性比较优势指数波动变化，2017 年达到最高值 2.86，2019 年出现最低值 0.88，说明中国干辣椒（已磨）国际竞争力虽存在波动但具有优势。

二、中国辣椒国际竞争力影响因素分析

（一）国内因素

1. 品质与安全

在中国辣椒国际竞争力的影响因素中，质量与安全至关重要，是最基本的门槛，在这个经济快速发展的时代，人们的生活水平越来越高，追求的不再是数量而是质量，人们越来越倾向于选择质量高的、绿色健康、营养价值更高的食物，辣椒也不例外，人们对于优质辣椒的需求越来越高，加大培育研究力度，培育出更高质量、更好口感的辣椒对于增强国际竞争力起着关键性的作用。辣椒的高质量和高安全性会为中国辣椒增加知名度以及国际上的信任度，帮助中国辣椒打造自己的品牌与特色，从而可以直接提高对外出口量和出口额。

2. 成本与技术

辣椒生产成本直接影响着辣椒的国际贸易竞争力。辣椒经营风险大，受地区和自然环境的限制比较多，在自然环境恶劣的季节和地区，辣椒的产量和质量都会受到大大小小的影响，从而辣椒的国际竞争力也会有所影响，所以需要通过提升辣椒的种植技术，多学习国外辣椒种植的优秀技术，提高辣椒的产量，降低辣椒的生产成本。

（二）国外因素

1. 贸易壁垒

许多西方国家，为了保护本国农业以及农业生产者，对进口辣椒定制了一系列的限制政策，这些国际绿色贸易壁垒给中国辣椒出口贸易带来了不容忽视的影响，这些限制严重降低了中国辣椒产业的竞争力和出口效益，由于市场准入性差，致使中国辣椒出口市场受到影响。

2. 市场需求

随着国内外居民生活水平的提高，人们对于辣椒的需求呈现稳步上升的趋势，辣椒食品消费地区和人群不断扩大，已经由区域性消费向全民性消费转变。辣椒拥有着十分广泛的市场，出口贸易的前景会越来越好。

三、主要结论与对策建议

（一）主要结论

中国辣椒总产量（鲜辣椒与干辣椒之和）在世界各国中一直处于第一的位置，但国际竞争中优势并不突出。从多个国际竞争力指标和出口价格比较分析来看，中国在鲜辣椒出口市场中属于低价净出口国，近年来虽然国际市场占有率有所提升，但竞争优势仍不及荷兰等国。中国干辣椒出口优势明显，中国干辣椒（未磨）的贸易竞争力指数整体呈上升态势，但国际市场占有率及显示性比较优势指数呈现下降趋势，出口价格优势不明显；中国干辣椒（已磨）显示性比较优势指数较低、国际竞争力较弱，出口价格优势不明显，因此具有很大竞争优势的同时也面临竞争者所带来的价格压力。

（二）对策建议

1. 实施品牌战略，提高中国辣椒知名度

在国际市场中，品牌作为一种无形资产，在增加市场份额、提高国际竞争力上起着重要作用，从国际竞争力分析可知，中国虽然为鲜辣椒净出口国，但是国际市场占有率不高，显示性优势指数较低，知名度不高是影响出口的重要因素之一，目前中国辣椒行业缺少能够自主创建品牌的企业，虽然中国辣椒出口量较多，但具有相对影响力的中国辣椒品牌较少，因此，培养具有地域特色的"特色辣椒"非常重要，从而提高辣椒知名度，提高市场占有率，并在辣椒出产地，培养辣椒特色产业，使其成为当地的龙头企业，针对比较成功的辣椒企业，可以进行示范点的宣传，从而带动其他辣椒种植户和辣椒企业，使辣椒成为规模行业，产生品牌效应；提高辣椒知名度，必须保证辣椒的质量安全，应该推进辣椒质量标准体系建设，大力开发无公害、绿色辣椒，从而提高辣椒产品质量与辣椒食品安全，获得客户的口碑，提高辣椒知名度。

2. 降低辣椒生产成本，调整辣椒出口价格

从辣椒贸易引力模型中可以看出，中国鲜辣椒出口价格为中国鲜辣椒出口的有利因素，中国干辣椒（未磨）、中国干辣椒（已磨）出口价格为中国干辣椒（未磨）、中国干辣椒（已磨）出口的不利因素。辣椒产出模式的改变能够优化生产模式，减少中间环节的费用，通过整合当地零散辣椒种植户，扩大辣椒地区适度种植规模，优化土地使用，并在种植过程中采用机械化种植、机械化施肥等手段提高效率，分摊种植成本，从而直接或间接降低种植成本；通过重视农业科技，利用新技术从节水、节地、节肥、节能等多方面入手，降低辣椒生产资料投入，通过精准施肥、测土配肥等方式降低肥料投入，从而降低辣椒生长成本，保证辣椒质量；目前，中国辣椒生产、加工、运输、贸易等环节分别由不同企业或主体负责，中间环节较多，缺少系统、整体、稳定的关系，这样各个环节之间为了自己利益，出现衔接不到位、中间环节时间过长等现象，影响辣椒的质量以及价格，因此建立系统的辣椒产业化体系，实现各环节高效衔接，达到既能减少整体费用，也能提高辣椒质量的结果。通过提高辣椒质量，适当提高中国鲜辣椒出口价格，降低与其他国家鲜辣椒出口价格之间的差距，既能促进中国鲜辣椒出口量，还能有效扩大中国鲜辣椒出口额；中国干辣椒（未磨）、中国干辣椒（已磨）的出口价格高于世界平均水平，并且高于主要竞争对手国印度，所以在保证辣椒质量的前提下，适当降低中国干辣椒（未磨）、中国干辣椒（已磨）出口价格，既能在出口价格上获得优势，也能促进中国干辣椒（未磨）、中国干辣椒（已磨）出口。

3. 优化运输路径，降低辣椒运输成本

从辣椒贸易引力模型中可以看出，中国与贸易伙伴的距离是中国鲜辣椒和中国干辣椒（未磨）的不利因素，是中国干辣椒（已磨）的非主要影响因素，通过优化运输路径，根据在贸易伙伴与中国最适位置选取该国和地区中转站，并且根据运输成本，针对贸易伙伴的不同，选择最适合的运输方式，从而既能有效缩短距离，也能减低运输成本。通过针对不同的贸易伙伴，建立系统、完善的贸易运输体系，全国范围内建立几个大辣椒中转站，并且每个中转站针对的贸易伙伴尽量选取在同一路线或相邻的国家，这样能够有效减少辣椒出口运输次数，降低了辣椒出口运输成本；通过辣椒贸易引力模型可知贸易伙伴是否与中国有共同边界为中国鲜辣椒出口的有利因素，是中国干辣椒（未磨）出口的不利因素，因此推测，鲜辣椒出口陆运费用较低，干辣椒（未磨）出口海运费用较低。因此通过优化运输路径和选取最适运输方式，有效降低运输成本，促进辣椒出口。

4. 针对性开拓市场，扩大辣椒出口范围

根据统计中国鲜辣椒、干辣椒（未磨）、干辣椒（已磨）单独市场没有超过 100 个贸易伙伴，尤其鲜辣椒市场仅为不到 30 个，国外市场较少，进口中国辣椒的基数少，导致中国辣椒出口量较低，因此中国应加强与其他国家和地区的农业交流，农产品交流，使国外其他国家和地区了解、认识、认可中国辣椒产品，并通过提高辣椒品质、打造辣椒品牌、降低出口价格、提供政策支持等方式提高中国辣椒出口综合竞争力，从而多方开拓市场，从辣椒贸易引力模型可知，贸易伙伴的干辣椒产量、贸易伙伴的国内生产总值、贸易伙伴的人口总量等因素影响辣椒出口，所以在开拓市场过程中，应该考虑种种因素，做到有针对性地开拓市场，通过辣椒贸易引力模型分析，中国鲜辣椒出口市场开拓重点应该是国家经济发展较好、人口增速缓慢的与中国有共同边界的非发达国家，中国干辣椒（未磨）出口市场开拓重点应该是距离较近、与中国没有共同边界、对干辣椒需求量增加、人口数量增长的国家，中国干辣椒（已磨）出口市场开拓重点应该是国内生产总值和干辣椒需求量增长，并且人口增长缓慢的国家。

5. 大力发展辣椒深加工，完善产业链

中国辣椒的总产量较大，但出口量并没有很大优势，原因不仅是生产出来的辣椒品质不符合国际标准，更主要的是中国辣椒出口的产品多为初级加工产品，跟深加工辣椒制品相比，所获得的利润少，并且由于辣椒产业链不完善以及深加工技术偏低的原因，导致在生产加工过程中资源利用率不高，造成极大浪费的同时也使生产成本变高，自然收益率变低，所以大力发展辣椒深加工技术并且完善辣椒产业链是必要的，也是急迫的。提高深加工技术的同时进行辣椒的综合开发，使辣椒的副产物也展现其价值，尽可能多地通过开发利用把辣椒副产物运用到更多的产业领域，例如工业、畜牧业等，逐渐做到充分利用辣椒资源，提高国际市场竞争力的同时也提高辣椒的经济效益和社会效益。

6. 加强国际交流，应对贸易保护政策

发达国家农产品保护政策主要是保护本国发展、限制国外进口，并且保护程度远高于发展中国家，并且通过辣椒贸易引力模型中影响因素可知，贸易伙伴是否为发达国家为中国辣椒出口的不利因素，中国是农产品出口大国，受到其他国家贸易保护政策影响较大，比较容易发生贸易壁垒，辣椒作为农产品的一种，也会受到影响，对中国辣椒出口产生阻碍，因此应该积极应对贸易保护政策，尽量避免贸易壁垒、贸易摩擦，通过加强国际交流，积极创造辣椒出口国际环境，可以利用 WTO 成员方优势，合理解决目前已经发生的辣椒贸易摩擦，通过加强国际交流，与各国之间建立良好的外交关系，为中国辣椒出口提供良好的政治基础，并且应该建立辣椒贸易保护政策预警机制，时刻关注各国对于辣椒贸易的政策变动，做到信息快速知晓、政策及时跟进，切实规避辣椒贸易壁垒。

参考文献

［1］王思宇．中国辣椒贸易的国际竞争力研究［D］．保定：河北农业大学，2019．

［2］熊德斌，张成功．我国辣椒出口价格与出口量的周期特征及趋势预测［J］．价格理论与实践，2021（05）：89-92+194．

［3］张娟娟，乔立娟，赵帮宏．河北省辣椒产业发展现状及问题分析［J］．中国蔬菜，2021（09）：11-15．

［4］姚二强．全球农产品贸易与中国农产品国际竞争力研究［J］．南方农业，2014（15）：105-106．

［5］彭思云，罗燚，谢挺，毛东，胡建宗，易伦．遵义市辣椒产业竞争力"钻石模型"分析与建议［J］．辣椒杂志，2019，17（01）：31-36．

［6］唐小英，柴玉亮．我国辣椒产品出口韩国市场面临的技术壁垒及措施［J］．对外经贸实务，2020（10）：40-43．

报告 4-2 中国洋葱国际竞争力研究

中国是世界蔬菜出口大国，近年来，中国蔬菜进口额和出口额整体上均呈现增长趋势，且持续实现贸易顺差，蔬菜是中国农产品贸易顺差最大的品类。其中，洋葱在中国蔬菜的出口量中排名第二，仅次于出口量第一的大蒜，占中国出口蔬菜总量的15%，是中国重要的出口创汇蔬菜之一。

洋葱是一种世界性蔬菜，其栽培历史可以追溯到公元前3000年，洋葱于近代传入中国，在中国仅有100多年的栽培历史，但洋葱的适应性强、耐储存、便于运输的特质使洋葱在中国的发展速度很快，虽然其在中国种植时间不长，但全国很多地方都有栽培，洋葱的主产区主要分布在云南、甘肃、山东、河北、江苏、河南等省份，并且都已经初步形成了规模化种植。中国洋葱的产量位居前列，2020年总产量为2365.97万吨，占世界总产量的22.63%，单产水平达21.83吨/公顷，为世界单产平均水平的1.14倍。中国是世界上洋葱主要出口国之一，2020年中国鲜或冷藏的洋葱出口量为87.75万吨，世界排名第三，出口额为5.22亿美元，位居世界第二，且近年来中国洋葱的出口情况呈现持续增长的态势。中国洋葱的生产和贸易在国际市场中占据重要地位。

洋葱的营养价值丰富，具有杀菌、降脂、降压、抗哮喘、预防感冒甚至预防癌症等多种保健功能，可广泛应用于食品、医药和保健领域，深受国内外消费者的喜爱，在国外，洋葱被誉为"菜中皇后"，是必不可少的食物配菜，在中国，洋葱可以用作炒菜、凉拌和调味，且近年来由于它的保健功能，洋葱越来越受到大众的喜爱。随着中国"一带一路"倡议的实施，中国的经济和贸易面临着全新的发展机遇与挑战，这也使中国同"一带一路"沿线国家的农产品贸易通道大为顺畅，同时，在农业供给侧结构性改革的背景下，洋葱的深加工增值潜力大、市场开发前景广、产品层次多样化，洋葱产业将成为中国具有很强国际竞争力和较高出口贸易能力的农业主导产业，其出口创汇空间将会越来越大，洋葱产业将成为蔬菜贸易中创汇能力的强劲产业，在培育农村发展新动能、促进农业增效、农民增收等方面发挥重要的作用。

一、中国洋葱国际竞争力指标分析

国际竞争力是指一个国家在世界经济的大熔炉下，各个国家的竞争力相互比较，其创造增加值和国民财富持续增长的能力。本报告选取的国际竞争力分析指标为：国际市场占有率、贸易竞争力指数和显示性比较优势指数。通过 UN Comtrade Database 数据库选取了2020 年世界鲜或冷藏的洋葱出口量排名前十名的国家：荷兰、中国、墨西哥、印度、美国、埃及、西班牙、巴基斯坦、新西兰和秘鲁。这些国家基本包含了世界洋葱生产与贸易的主要地区，且来自各个大洲。通过这些国家的对比与分析，可以判定中国鲜或冷藏的洋葱（以下简称洋葱）在国际市场的地位。

（一）国际市场占有率分析

国际市场占有率（Market Occupancy Ratio）能够表示一国某商品的国际竞争力，其表达式为：

$$MOR_{ij} = \frac{X_{ij}}{X_{wj}} \tag{4-2-1}$$

式（4-2-1）表示洋葱的国际市场占有率等于一国洋葱的出口额占全世界洋葱出口额的比重，比重越大，表示这一国家洋葱的国际市场占有率越大，反之则说明洋葱的市场占有率越小，其国际竞争力和市场开拓能力越弱。根据数据和公式计算出 2016～2020 年十个国家的国际市场占有率如表 4-2-1 所示。

表 4-2-1 2016～2020 年世界洋葱主要出口国的国际市场占有率　　　　　　单位：%

地区 \ 年份	2016	2017	2018	2019	2020
荷兰	18.71	16.92	19.45	19.31	21.46
中国	13.86	16.04	14.59	14.69	13.03
墨西哥	12.55	11.25	10.70	8.50	10.50
印度	11.61	13.39	12.01	8.93	9.12
美国	6.98	6.94	6.63	6.99	6.58
埃及	6.11	6.56	3.37	5.93	4.61
西班牙	4.69	4.22	5.06	5.17	4.05
巴基斯坦	0.40	0.38	1.39	1.64	3.26
新西兰	2.47	2.57	1.78	2.77	2.63
秘鲁	2.16	2.18	2.12	2.13	2.50

资料来源：根据 UN Comtrade Database 数据计算所得。

中国洋葱的国际市场占有率在世界洋葱主要出口国中常年排名第二，仅次于荷兰，2016～2020 年，中国洋葱的国际市场占有率呈现波动性，2016 年为 13.86%，2017 年增长到 16.04%，增长了 5.75 个百分点，在国际市场上具有较强的竞争力，但 2018 年后国际市场占有率有所下降，2019 年略有提升，2020 年又开始下滑，低至 13.03%。荷兰洋葱的国际市场占有率在世界洋葱出口国中一直位于首位，且总体呈现上升趋势，2016 年市场占有率为 18.71%，2017 年下降到 16.92%，2018 年后转为上升，2020 年达 21.46%。墨西哥洋葱国际市场占有率 2016 年位居第三，但 2017～2019 年逐年下降，被印度赶超，2020 年又超过印度重新回到第三位，市场占有率为 10.50%。总体来看，世界主要洋葱出口国的洋葱国际市场占有率除荷兰于 2020 年超过 20% 外，中国、墨西哥、印度的市场占有率水平在多数年份高于 10%，说明这些国家的洋葱具有较强的出口竞争力。西班牙、巴基斯坦、新西兰和秘鲁的洋葱国际市场占有率小于 5%，洋葱的出口竞争力弱。

（二）贸易竞争力指数分析

贸易竞争力指数（Trade Competitiveness Power Index）从净出口的角度分析竞争力，同时分析了商品的进口额和出口额，是国际竞争力的常用测算指标。贸易竞争力的公式为：

$$TC_{ij} = \frac{X_{ij} - M_{ij}}{X_{ij} + M_{ij}} \tag{4-2-2}$$

式（4-2-2）表示一国某产品的出口额、进口额的差与其和的比值。贸易竞争力指数的值在 -1～1，值为 -1 表示该国洋葱只进口不出口。值为 1 表示该国洋葱只出口不进口。在本报告中，贸易竞争力指数大于零表示某国洋葱的生产效率高于国际水平，出口水平高于进口水平，贸易竞争力指数越接近 1，表明洋葱的国际竞争力越强。反之，贸易竞争力指数越接近 -1，表明洋葱在国际市场的竞争力越弱。贸易竞争力指数等于零则表示一国洋葱的生产效率与国际水平相当，进出口能力相当，其洋葱的进出口只是单纯地进行国际品种交换。2016～2020 年世界主要洋葱出口国的贸易竞争指数如表 4-2-2 所示。

表 4-2-2　2016～2020 年世界洋葱主要出口国的贸易竞争力指数

年份 地区	2016	2017	2018	2019	2020
荷兰	0.7281	0.6671	0.6950	0.6032	0.7332
中国	0.9827	0.9956	0.9949	0.9983	0.9999
墨西哥	0.8805	0.7619	0.8104	0.6831	0.7247
印度	0.9998	0.9914	0.9942	0.8043	0.6733
美国	-0.3296	-0.3303	-0.3153	-0.2295	-0.3070
埃及	0.9967	0.9882	0.9975	0.9991	0.9998
西班牙	0.6347	0.6974	0.6475	0.6486	0.5226
巴基斯坦	0.2188	-0.0611	0.6860	0.6230	0.6222
新西兰	0.9849	0.9879	0.9254	0.9803	0.9931
秘鲁	1.0000	1.0000	1.0000	1.0000	1.0000

资料来源：根据 UN Comtrade Database 数据计算所得。

2016～2020 年，除美国以及 2017 年的巴基斯坦外，世界洋葱主要出口国的贸易竞争力指数均为正，秘鲁的贸易竞争力指数连续五年为1，该国洋葱只进口不出口，国际竞争力很强。2016~2020年，中国洋葱的贸易竞争力指数较为稳定，2020年达0.9999，仅次于秘鲁，排名第二，说明中国洋葱的生产效率高于国际水平，洋葱的国际竞争力很强。中国、埃及、新西兰和秘鲁的贸易竞争力指数均大于0.9，说明这几个国家洋葱的国际竞争力都很强，在国际市场上是净供应国。荷兰虽然是世界第一大洋葱出口国，但由于其每年的洋葱进口金额也很大，贸易竞争力指数维持在0.6~0.8。印度洋葱的贸易竞争力指数于2018年之前高于0.9，具有很强的竞争力，但2019~2020年连续两年下滑，2020年降至0.6733。

（三）显示性比较优势指数分析

显示性比较优势指数（Revealed Comparative Advantage Index）是评价一国某产品国际竞争力的重要指标。它通过某国某产业在该国出口中所占的份额与世界贸易中该产业占世界贸易总额的份额之比来表示，剔除了国家总量波动和世界总量波动的影响，可以较好地反映一个国家某一产业的出口与世界平均出口水平比较来看的相对优势。它的公式为：

$$RCA_{ij} = \frac{\dfrac{X_{ij}}{X_{it}}}{\dfrac{X_{wj}}{X_{wt}}} \qquad (4-2-3)$$

式（4-2-3）表示某国洋葱产业在该国所有产品出口中所占的份额与世界洋葱产业占世界素有产品出口总额的份额之比。这一指数剔除了国家总量波动和世界总量波动的影响，可以较好地反映一个国家某一产业的出口与世界平均出口水平比较来看的相对优势。若显示性比较优势指数大于2.5，证明洋葱具有很强的国际竞争力；若该数值大于1.25小于2.5，说明洋葱具有较强的国际竞争力；若该数值大于0.7小于等于1.25，说明洋葱的国际竞争力处于一般水平，若该数值小于等于0.7，说明洋葱的国际竞争力弱。

2016~2020年世界洋葱主要出口国的显示性比较优势指数情况如表4-2-3所示，中国洋葱显示性比较优势指数偏低，2016~2019年大于1，2020年降为0.86，位于大于0.7小于等于1.25的区间，说明中国洋葱的国际竞争力处于一般水平，在世界十大洋葱主要出口国中排名第九，仅略高于美国，与其他国家还有很大差距。近年来，埃及洋葱的显示性比较优势指数在30左右，五年来均处在世界首位，2020年为29.23，是中国的30多倍。巴基斯坦、新西兰、秘鲁、荷兰、印度和墨西哥洋葱的显示性比较优势指数也都大于2.5，说明这些国家的洋葱具有较强的国际竞争力。

表4-2-3　2016~2020年世界洋葱主要出口国的显示性比较优势指数

年份 地区	2016	2017	2018	2019	2020
荷兰	6.26	5.53	6.26	6.12	6.62
中国	1.04	1.22	1.11	1.07	0.86

续表

年份 地区	2016	2017	2018	2019	2020
墨西哥	5.26	4.74	4.50	3.37	4.28
印度	6.99	7.85	7.05	5.05	5.63
美国	0.75	0.78	0.75	0.78	0.78
埃及	41.69	42.82	21.67	35.36	29.23
西班牙	2.59	2.33	2.77	2.80	2.21
巴基斯坦	3.04	2.97	11.15	12.58	24.96
新西兰	11.47	11.67	8.46	12.82	11.53
秘鲁	9.31	8.52	8.37	8.44	10.96

资料来源：根据 UN Comtrade Database 数据计算所得。

二、中国洋葱国际竞争力影响因素分析

（一）模型设定

由于贸易引力模型所需要的数据具有可获得性强、可信度高等特点，贸易引力模型的应用越来越广泛，成为国际贸易流量的主要实证研究工具，有人形象地将引力模型称为"双边贸易流量实证研究的役马"（Workhorse）。贸易引力模型在双边贸易流量决定因素实证研究中的应用越来越广泛，其理论基础也越来越完善。早期对贸易引力模型的扩展主要体现在研究区域经济合作对双边贸易流量的影响上，近期人们开始通过添加制度质量指标来考察各国国内制度因素以及制度趋同对双边贸易的影响。

在实际的贸易过程中，两国之前某产品的贸易额的影响因素还有很多，本报告结合近年来贸易引力模型的发展，并针对洋葱产品的特殊情况，将引力模型进行拓展，其公式为：

$$\ln Y_{ij} = \beta_0 + \beta_1 \ln AG_i + \beta_2 \ln P_{ri} + \beta_3 \ln D_{ij} + \beta_4 \ln G_j + \beta_5 \ln Q_j + \beta_6 \ln EXP_i + \beta_7 \ln Prod_i \qquad (4-2-4)$$

表 4-2-4 对该模型中的变量的含义以及预期的符号进行了解释说明。

表 4-2-4　中国洋葱出口引力模型变量解释及预期系数符号

	系数	变量	代号	含义	预期符号
因变量		$\ln Y_{ij}$		中国对贸易伙伴的洋葱出口额的对数	
自变量	β_1	$\ln AG_i$	X1	中国 GDP 的对数	+
	β_2	$\ln P_{ri}$	X2	美元兑人民币的汇率的对数	+
	β_3	$\ln D_{ij}$	X3	中国与贸易伙伴国距离的对数	−
	β_4	$\ln G_j$	X4	贸易伙伴 GDP 的对数	−

	系数	变量	代号	含义	预期符号
自变量	β5	$\ln Q_j$	X5	贸易伙伴人口总数的对数	+
	β6	$\ln EXP_i$	X6	中国洋葱平均出口价格的对数	−
	β7	$\ln PProd_i$	X7	贸易伙伴国洋葱产量的对数	−

各个变量预期符号的解释如下：

第一，国际进出口贸易基本上都是用美元进行结算的，美元兑换人民币的汇率越高，说明该产品在国际市场中的价格越有优势，因此美元兑人民币的汇率的对数的预期符号为正。

第二，中国与贸易伙伴间的距离越远表示洋葱的运输成本越高，越对其出口起到不利的影响，因此中国与贸易伙伴间距离对数的预期符号为负。

第三，贸易伙伴国家的生产总值增加表明该国经济规模在增大，国内市场洋葱的自我供给能力加强，在其他条件不变的情况下，贸易伙伴国的供给能力增强对洋葱进口的引力就会变小，因此中国对数的预期符号为正，贸易伙伴国 GDP 的对数预期符号为负。

第四，贸易伙伴国人口数量越大对进口洋葱起到的促进作用越大，因此贸易伙伴国人口总数的对数的预期符号为正。

第五，中国洋葱出口平均价格可以决定从中国进口洋葱是否更加适合，价格越低说明中国洋葱出口能力较强，因此中国洋葱平均出口价格的对数预期符号为负。

第六，贸易伙伴国洋葱的产量越高，对中国洋葱的进口需求越小，因此贸易伙伴国洋葱产量的对数的预期符号为负。

（二）数据来源

根据洋葱的出口量和出口额情况，筛选出中国洋葱的主要出口对象国作为研究对象，这些国家包括日本、越南、韩国、马来西亚、俄罗斯和菲律宾。这些国家对中国洋葱进口量占中国洋葱总出口量的 80% 以上，代表了中国洋葱贸易的走向，反映了中国在洋葱贸易上的国际贸易格局。中国向出口对象国出口的洋葱数据由 UN Comtrade 数据库获得；中国与贸易对象国的 GDP 数据来自国际货币基金组织（IMF）数据库；美元兑人民币汇率数值来自世界银行数据库；产量数据和人口数据由联合国粮食及农业组织（FAO）数据库获得；中国与洋葱出口对象国两国首都之间的直线距离从 Timeanddate 网站上获得；洋葱的出口均价由 UN Comtrade 数据库整理得来。

（三）引力模型分析

把模型中代入上述原始数据，使用 Eviews8.0 软件，采用最小二乘法对引力模型做回归拟合。在拟合过程中，先将所有变量代入模型，将不显著变量剔除，通过多次拟合，最终保留所有变量回归系数均通过显著性检验。中国洋葱出口引力方程的拟合结果如表 4-2-5 所示。

表 4-2-5　中国洋葱出口引力方程的拟合结果

变量	预期符号	系数	标准误差	t 统计量	p 值
C	+/-	-153.0634	95.61676	-1.600801	0.0073
$lnAG_i$	+	3.670295	2.551153	1.438681	0.0180
lnP_{ri}	+	27.25057	21.09885	1.291567	0.0039
lnD_{ij}	-	-0.599512	0.528874	-1.133563	0.0037
lnG_j	-	-0.395482	0.388124	-1.018959	0.0143
lnQ_j	+	1.420464	0.733437	1.936723	0.0599
$lnEXP_i$	-	-23.2901	19.4172	-1.199457	0.0374
$lnProd_i$	-	-0.792149	0.467047	-1.696079	0.0976
R^2		0.777833	调整后的 R^2		0.733954

估计结果表明，中国洋葱出口引力方程拟合效果比较理想，在通过迭代广义最小二乘法消除异方差和多重共线性的影响后，自由度 R^2 为 0.777833，调整后自由度 R^2 为 0.733954，伴随概率为 0.0073，模型中 8 个变量均与中国对贸易伙伴的洋葱出口额相关，有 6 个变量与预期的符号一致，中国洋葱出口贸易引力模型的公式为：

$$lnY_{ij} = -153.0634 + 3.670295lnAG_i + 27.25057lnP_{ri} - 0.599512lnD_{ij} - 0.395482lnG_j +$$
$$1.420464lnQ_j - 23.2901lnEXP_i - 0.792149lnProd_i \qquad (4-2-5)$$

美元兑人民币的汇率的对数的系数估计结果是 27.25057，符号与预期方向一致，并且通过了显著性水平统计检验，表明美元兑人民币的汇率是中国洋葱出口的有利因素。美元兑人民币的汇率每增加 1%，中国洋葱的出口额将增加 27.25%。

中国与贸易伙伴国之间的距离变量对数的系数估计结果为 -0.599512，该变量的符号为负，与预期方向一致，并且通过了显著性水平统计检验，表明中国与贸易伙伴距离是中国洋葱出口的不利因素，贸易国之间的距离远近始终是阻碍商品出口的不利因素，但是距离远近不能改变，降低单位距离的运输成本以及寻找更优的运输路线是提升产品贸易规模的有效途径。

中国 GDP 的对数的估计系数为 3.670295，符号与预期一致，并且通过了显著性水平统计检验，说明中国的国内生产总值是中国洋葱出口的有利因素，其 GDP 每增加 1%，中国洋葱的出口额会增加 3.67%。

中国洋葱贸易伙伴国 GDP 的对数的估计系数为 -0.395482，通过了显著水平统计检验，且符号与预期方向一致，这说明贸易伙伴国的国内生产总值是中国洋葱出口的不利因素。贸易伙伴国的国内生产总值每增加 1%，中国洋葱的出口额下降 0.4%。

贸易伙伴国人口总数的估计系数为 1.420464，且符号与预期值一致，通过显著水平统计检验，说明贸易伙伴国的人口总数对中国洋葱的出口具有促进作用，贸易伙伴国人口总数每增加1%，中国洋葱的出口额增加1.42%。

中国洋葱的平均出口价格的变量系数估计结果为-23.2901，符号与预期值一致，表明中国洋葱的出口规模与中国出口价格负相关，出口价格每降低1%，中国洋葱的出口额将减少23.29%，因此若想扩大中国洋葱的出口规模，就要想办法降低中国洋葱的出口价格。

三、主要结论与对策建议

（一）主要结论

本报告主要分析、比较了中国与世界主要国家洋葱的国际竞争力，通过对国际市场占有率、贸易竞争力指数及显示性比较优势指数的比较可以得出，荷兰是全球洋葱贸易大国与强国，其市场份额占据绝对优势。印度、埃及、墨西哥等国家也具有较强竞争力。中国洋葱出口在很多方面存在优势，国土幅员辽阔、土壤肥沃、交通运势便利，但是洋葱出口贸易与中国其他产品和其他国家的洋葱出口贸易相比还有一定差距，说明中国洋葱在国际市场的地位仍有很大的进步空间。通过建立贸易引力模型对影响中国洋葱国际竞争力的主要因素进行分析发现，中国洋葱的国际竞争力受价格、人口、中国GDP、贸易伙伴国的GDP、中国与贸易伙伴国的距离等因素的影响。

（二）对策建议

1. 稳定洋葱收获面积，提高洋葱的生产效率

近年来，中国水土流失、土地沙化、土壤退化以及土壤环境问题日益严重，并且随着中国工业化和城镇化的不断发展，中国耕地面积逐年减少，对此，中国政府应积极采取各项手段，保护耕地，维持现有耕地面积，对于洋葱的生产情况，应开展洋葱产业的规模化、集约化经营，合理有效配置资源，从而提高洋葱产业的生产效率，提高洋葱的单产水平。当前中国多数洋葱主产省份的种植依旧以小农户种植为主要模式，小农户的生产规模以及生产投入都极度有限。鉴于农业生产过程中的闭塞性，农户不能及时获取有效的市场信息，同时农户的生产意识存在局限性，导致农户拒绝使用价格较高的先进生产技术。针对此现象，首先可以通过推进中国洋葱产业龙头企业发展，来鼓励洋葱企业发挥产业带动效应，以点带面，推动中国洋葱产业集约化、区域化、规模化发展，进而带动农民增产增收。同时，龙头企业由于规模大，使小农户在生产经营过程中话语权缺失，龙头企业的产业联合会直接导致小农户的效益受损，利润降低。因此，洋葱产业农业合作社的成立就显得尤为必要。引导种植者进行科学化管理，以种植大户和专业技术员为主体，鼓励散户参与专业合作社。引导企业与合作社的合作共赢，实现资源配置的合理利用，通过科学有序的方式积极开展多种多样的生产经营活动，从而提高洋葱的生产效率，带动洋葱产业的发展。

2. 加大科研投入力度，提升出口产品质量

洋葱产品国际贸易竞争说到底是商品质量的竞争，能够打破国际贸易壁垒的最基本要求是生产出质量过硬的产品，产品质量好可以获得更多的国际市场。目前，中国洋葱产品生产设施严重不足、对于包装也没有足够重视起来，只是进行简单的包装便直接运往国际市场进行销售，这是中国与其他洋葱竞争国家相比的不足之处。这些不足之处导致洋葱产品商品化处理水平低，对出口产品的质量产生了一定程度的影响。若改善以上不足，首先，应该加强学习国外先进生产技术，同时引进国外先进的生产设备，以提升洋葱质量。商品化处理的重要环节之一是冷链物流，所以应建立一套完备的冷链物流系统，降低洋葱产品运送到目的国家的商品损耗程度，保证洋葱产品在流通过程中不出现质量问题。其次，加强洋葱产品的质量安全、加强良种繁育的进程，用先进的生产技术促进洋葱良种选育工作进程，不断提升产品标准，另外通过改进种植技术，全面实施绿色洋葱标准化种植规程或有机生产技术规程。可以通过增施有机肥，减少化肥用量，少用农药，不用高毒、残留期长的农药，使用生物农药，提高产品质量。参照国际及相关国家标准，制定适合出口的绿色无公害洋葱栽培技术规则，推广标准化生产，开展区域集约化栽培。有条件的地区开展有机食品认证。最后，不断加强对中国洋葱产品的质量监测、尽快改善中国洋葱出口质量检验标准，对洋葱产品出口进行严格把控。并且观测国际市场的需求变化以及各国家产品标准的更新和变动，除此之外应促成与国际相关机构的认证机制，保证中国洋葱产品不会因为贸易壁垒被拒之门外。

3. 协调出口比例，增加洋葱加工品的出口

中国洋葱产品出口结构比例不协调，出口量占比超过九成，洋葱加工品的占比过小。为了推动中国洋葱加工品贸易的发展，大力提升洋葱的加工技术，完善其产业链的发展是现阶段行之有效的方法。中国洋葱出口的产品多为初级加工品，所获得的利润少，洋葱产业链不完善，深加工技术偏低，因此，在发展洋葱的初级加工品外，应加大对深加工品的研发投入力度，例如，洋葱酒、洋葱醋、洋葱膏、洋葱粉等，更应大力挖掘洋葱防癌、抗癌、预防感冒等医疗效用，投入科研力量到洋葱的高端加工品的研发，延长产业链，实现"外销""加工"两条腿走路。要有计划地培养和扶持一些有实力、规模大、技术先进的精深加工企业，不断提高洋葱加工业的科技含量和产品档次；引导现有的洋葱加工企业积极进行技术改造升级，提高生产效率和产品质量，鼓励企业瞄准国内外市场需求，不断开发生产以洋葱为主要原料的新产品，扩大加工范围，促进洋葱的就地加工增值，进一步延长产业链条，使洋葱产业由"外销拉动"为主的单腿前进，转变为"外销拉动""龙头带动"的双轮驱动。

4. 稳定现有市场，积极开拓新市场

中国洋葱表现出较强的市场集中的状态，其主要出口国家集中在东南亚地区，在欧洲和美洲地区的洋葱产品进口国家方面出口较少、市场渗透度偏低。这一现象造成了中国洋葱容易受制于其他国家，在世界洋葱国际贸易进程中可调整的幅度较小。以长久的眼光来看，不利于提升中国洋葱在国际贸易中的竞争力。因此，应该从减少贸易风险、积极开拓

洋葱新市场为切入点提出以下建议：首先，要避免其他竞争国家占领中国洋葱的国际市场份额，强化巩固已有的国际洋葱市场。前文提到中国洋葱产品在亚洲，尤其是东南亚地区拥有了较大的市场份额。目前，随着不断加大的亚洲其他国家的国际贸易开放程度，世界洋葱主要竞争国家的洋葱产品也在相继进入国家市场，中国在亚洲市场具有的优势应当始终保持、丝毫不可放松，在中国"一带一路"倡议的政策背景下，继续保持住洋葱产品在亚洲地区的出口优势，借助中国—东盟以及中国—韩国自由贸易区的良好条件，稳定住中国洋葱产品亚洲市场。从洋葱贸易引力模型可知，贸易伙伴的干洋葱产量、贸易伙伴的国内生产总值、贸易伙伴的人口总量等因素影响洋葱出口，所以应该有针对性地开拓市场，通过洋葱贸易引力模型分析，中国鲜或冷藏的洋葱出口市场开拓重点应该是国家经济发展较好、人口增速缓慢、与中国距离较近的国家。

5. 合理解决贸易摩擦，打破贸易壁垒

中国是农业大国，但离农业强国还有一段距离，从整个世界的发展趋势来看，实现伟大复兴的中国梦，作为大国根基的农业绝对不能成为短板。世界经济这块"蛋糕"是有限的，中国加入世贸组织以后，融入世界经济的速度加快，随着中国经济与国际经济融入度不断加大，反倾销、反补贴等国际贸易中的"刚性"壁垒不时冲击中国，使中国进入经贸摩擦频发时代。它说明中国的融入对已有的国际经济产生了冲击，也说明贸易伙伴已经开始利用世贸规则来应对中国的挑战，这恰恰证明了中国在世界贸易中已经占有举足轻重的地位。洋葱作为中国出口世界的第二大蔬菜，作为未来出口创汇的重要产业之一，打铁还需自身硬，积极调整产业结构、优化产能、保证洋葱的出口品质，积极响应贸易保护政策，合理解决贸易摩擦，加强国际交流，创造洋葱出口的国际环境，加强与世界各国的友好外交关系，打破贸易壁垒。

参考文献

[1] 周琬颜. 中国洋葱国际竞争力研究 [D]. 保定：河北农业大学，2019.

[2] 高金龙，张衍荣，郑锦荣，等. 中国洋葱产业发展的思考 [J]. 广东农业科学，2009 (06)：282-284.

[3] 段学义，胡秉安，殷晓燕. 甘肃省洋葱产业存在的问题与发展建议 [J]. 中国蔬菜，2010 (09)：9-11.

[4] 荆爱霞，严黎明，魏照信，等. 洋葱价格变动分析及对策建议——以甘肃省为例 [J]. 中国蔬菜，2013 (23)：5-7.

[5] 罗翊烜，扈钟方. 贸易便利化与中国"一带一路"建设选择——基于沿线亚洲国家面板数据和引力模型的实证分析 [J]. 商业经济研究，2017 (23)：131-134.

[6] 魏大治. 中国农产品出口应对技术性贸易壁垒策略研究 [D]. 泰安：山东农业大学，2010.

[7] 鞠磊. 科学发展观下的社会性规制问题研究——以蔬菜安全为例 [D]. 北京：

北京工商大学，2010.

[8] 张海伟．贸易引力模型的扩展及应用综述 [J]．商业经济，2010（02）：68-70.

[9] 李平，郁网庆，杜卫东．国内外洋葱产业现状与发展动向 [J]．中国果菜，2005（04）：39-40.

[10] 杨茂，宋歌．中国农产品国际贸易现状研究 [J]．河南工业大学学报（社会科学版），2015，11（03）：6-9.

报告 4-3 中国大蒜国际竞争力研究

中国是世界大蒜生产大国、消费大国、出口大国，大蒜种植面积、产量、单产常年位居世界第一。据 FAO 统计，2020 年中国大蒜面积和产量分别约占世界大蒜总面积和总产量的 50.57% 和 73.83%。大蒜是中国重要的出口创汇蔬菜，出口量占世界大蒜出口总量的 80% 以上，出口额占世界大蒜出口总额的 70% 左右。据 UN Comtrade 统计，1992~2020 年中国大蒜①出口规模处于快速上升状态，其中，1992 年中国大蒜出口量为 12.82 万吨，2020 年增长到 225.42 万吨，增长了 16.58 倍。1992 年中国大蒜出口额为 0.68 亿美元，2020 年增长到 20.64 亿美元，增长了 29.52 倍。大蒜出口量的增加幅度远低于出口额的增加幅度，可见中国大蒜出口价格是持续上涨的。

已有研究利用国际竞争力的相关评价指标对农产品进行国际竞争力评价，这些指标主要有贸易专业化指数（TSC）、显示性比较优势指数（RCA）、国际市场占有率、固定市场份额模（CMS）。部分学者利用引力模型来分析影响农产品国际竞争力的因素，运用波特钻石理论模型从生产要素、需求条件、相关产业支持、企业方面系统分析国际竞争力变化的原因。已有文献对农产品国际竞争力的研究主要集中在大蒜、柑橘、大豆、玉米、花生、棉花、蔬菜、水产品和畜产品等。大蒜是重要的出口创汇产品，可开发多种高附加值产品，其国际竞争力也引起了学术界的关注，已有研究主要是针对中国大蒜出口现状和对策展开，而中国大蒜在其出口创汇特色蔬菜中占有重要的份额，因此对大蒜国际竞争力进行评价并分析其影响因素对中国大蒜出口具有重要的现实意义。

一、中国大蒜国际竞争力指标分析

国内外学者对于农产品国际竞争力的研究很多，主要评价竞争力的指标包括国际市场占有率（MPR）、贸易竞争力指数（TSC）、相对贸易指数、产业内贸易指数、显示性比较优势指数（RCA）、出口产品价格、国内资源成本法等。本报告根据数据的可获得性，利用国际市场占有率、贸易竞争力指数、显示性比较优势指数和出口产品价格等测算

---

① 本报告大蒜采用 HS 编码 070320 数据，即鲜或冷藏的大蒜，包括鲜或冷藏的蒜头、鲜或冷藏的青蒜、其他鲜或冷藏的大蒜，以下统称为大蒜。

2016～2020 年中国大蒜的国际竞争力。

（一）国际市场占有率

国际市场占有率（MPR）指的是一个国家中某一种产品的出口额占世界该产品出口总额的百分比。总体来看，学术界普遍认为国际市场占有率越高，就表明其国际竞争力就越强；反之，国际市场占有率低，则国际竞争力弱。本报告将两者关系界定为：MPR>20%，则认为这种产品具有很强的出口竞争力；10%<MPR≤20%，则认为这种产品具有较强的出口竞争力；5%<MPR≤10%，则认为这种产品出口竞争力一般；如果 MPR≤5%，则认为这种产品的竞争力弱。

2016～2020 年，中国大蒜出口的国际市场占有率为 MPR>70%，一直居世界首位，中国大蒜出口的国际竞争力具有显著优势；西班牙大蒜出口的国际市场占有率为 10%<MPR≤20%，说明产品具有较强的出口竞争力，且竞争力呈现稳中缓升趋势；阿根廷、荷兰等的国际市场占有率为 MPR≤5%，说明其大蒜产品的竞争力较弱（见表 4-3-1）。

表 4-3-1 2016～2020 年世界大蒜主要出口国的国际市场占有率 单位：%

地区 \ 年份	2016	2017	2018	2019	2020
中国	72.81	69.55	66.28	70.73	65.12
西班牙	11.47	11.29	13.07	12.56	15.08
阿根廷	4.47	5.81	6.16	4.65	5.46
荷兰	3.00	2.77	3.53	2.70	3.07
意大利	1.01	1.07	1.26	0.83	1.26
法国	1.20	1.30	1.52	1.15	1.21

资料来源：根据 UN Comtrade Database 数据计算所得。

（二）贸易竞争力指数

贸易竞争力指数（TSC）表明某国生产的某种产品是净进口还是净出口，以及净进口或净出口的相对规模，从而反映某国生产的某种产品相对世界市场上其他国家的该种产品来讲是处于生产效率的竞争优势还是劣势以及优劣程度。

贸易竞争力指数指标范围基本在 [-1,1]，一般而言，指标值趋于 0 则代表国际竞争力趋于一般水平；指标值是 -1 时代表该产业只进口不出口，当趋于 -1 时代表竞争力比较弱；指标值是 1 时代表该产业只出口不进口，趋于 1 就代表国际竞争力比较强。

2016～2020 年，中国、阿根廷、西班牙的大蒜产品贸易竞争力指数都在 1 附近波动，说明其大蒜产品出口多、进口少，呈现贸易顺差，且进出口差额较大，其中，中国是绝对的大蒜出口国，表现出很强的竞争实力（见表 4-3-2）。

表 4-3-2　2016~2020 年世界大蒜主要出口国的贸易竞争力指数

年份 地区	2016	2017	2018	2019	2020
中国	0.99977	0.999999	0.99993	0.999996	0.99999
西班牙	0.9350	0.9459	0.9598	0.9492	0.9426
阿根廷	0.9970	0.9970	0.9963	0.9994	0.9658
荷兰	0.1948	0.1878	0.2679	0.1990	0.2302
意大利	-0.3736	-0.2864	-0.3385	-0.3615	-0.3346
法国	-0.2694	-0.2574	-0.2850	-0.2561	-0.3822

资料来源：根据 UN Comtrade Database 数据计算所得。

（三）显示性比较优势指数

显示性比较优势指数（RCA）是指一个国家某种商品出口占该国商品出口总值的份额与世界该种商品出口占世界商品出口总值的份额之比。RCA 指数下降说明中国大蒜产品出口国际竞争力的下降。

2016~2020 年，世界大蒜出口显示性比较优势指数由大到小排序为阿根廷、西班牙、中国、荷兰、意大利和法国，中国位列第三，指数在 5 左右，远低于阿根廷。2020 年，中国显示性比较优势指数为 4.28，比上年下降了 0.89，阿根廷达到了 16.92，西班牙为 8.22，两国均比上年增长了，说明中国大蒜产品的国际竞争力还有很大上升空间。荷兰、意大利和法国的大蒜产品竞争力一般，暂时不会和中国形成很大的竞争关系（见表 4-3-3）。

表 4-3-3　2016~2020 年世界大蒜主要出口国的显示性比较优势指数

年份 地区	2016	2017	2018	2019	2020
中国	5.44	5.30	5.03	5.17	4.28
西班牙	6.33	6.25	7.15	6.81	8.22
阿根廷	12.11	17.18	18.96	13.06	16.92
荷兰	1.01	0.91	1.14	0.86	0.95
意大利	0.34	0.36	0.44	0.28	0.43
法国	0.38	0.43	0.51	0.38	0.42

资料来源：根据 UN Comtrade Database 数据计算所得。

二、中国大蒜国际竞争力影响因素分析

本报告采用贸易引力模型分析中国大蒜国际竞争力的影响因素，并且利用模型的分析结果来判别其对中国大蒜国际竞争力的不同影响。

（一）建立中国大蒜出口引力模型

经济学家 Tinbergen 在 1962 年首次提出引力模型，主要观点是两个国家之间的贸易量是由这两个国家分别的经济总量（一般指 GDP）以及两个国家之间的距离来决定的，其中，经济总量和贸易量是正相关关系，但是两个国家之间的距离对贸易量起到了反向的阻碍作用，其基本形式为：

$$E_{ij}=a_0\times a_1Y_i\times a_2Y_j\times a_3D_{ij}\times a_4A_{ij} \tag{4-3-1}$$

其中，i 和 j 分别代表出口国和进口国，E_{ij} 代表 i 国向 j 国的出口额，Y_i 代表出口国 i 的 GDP，Y_j 代表进口国 j 的 GDP，D_{ij} 代表两个国家之间的距离，A_{ij} 代表其他贸易量的影响因素。

在实践中，一般把这种指数形式的模型转化为弹性形式的模型：

$$\ln E_{ij}=\ln a_0+a_1\ln Y_i+a_2\ln Y_j+a_3\ln D_{ij}+a_4\ln A_{ij} \tag{4-3-2}$$

根据中国大蒜出口贸易的特点，本报告在传统的引力模型基础上，引入中国大蒜出口对象国的大蒜产量、人口以及一个虚拟变量即贸易对象国是否属于世界贸易组织（WTO）成员加入到模型中。其中，加入 WTO 的成员设为 1，未加入 WTO 的成员设为 0，引入新变量后的模型为：

$$\ln E_{ij}=\ln a_0+a_1\ln Y_i+a_2\ln Y_j+a_3\ln D_{ij}+a_4\ln POP_i+a_5\ln PRO_j+a_6WTO+U \tag{4-3-3}$$

经济总量（Y）：Y_i 和 Y_j 分别表示出口国和出口对象国的出口供给能力和进口需求能力。如果出口国的国内生产总值提升，则代表出口的供给能力会随之增加，意味着提升出口对象国的国内生产总值，该国就会加大对大蒜的消费。由此可见，经济总量与一个国家某种产品出口量呈现正相关的关系。

人口因素（POP_i）：这一指标代表出口国的人口。总体来说，一个国家的人口越多，代表对某一种产品的国内消费量会比较多，也就是表示这种产品可供出口的数量会相对较少。由此可见，这一系数为负。

产量因素（PRO_j）：这一指标代表出口对象国的年产量。一般而言，出口对象国某一种产品的年产量加大，会优先消费该国自己生产的产品，这样就代表着会降低这一产品从中国的进口量。由此可见，出口对象国产量与从中国进口该产品的数量呈现负相关的关系。

距离因素（D_{ij}）：这个指标表示两个贸易国之间的距离越近，运输贸易产品的成本会比较低，从而会促进中国的大蒜出口；反之，成本越高，越会阻碍大蒜出口。

（二）样本选择及数据来源

根据大蒜的出口量和出口额情况，筛选出中国大蒜的主要出口对象国包括印度尼西亚、越南、马来西亚、巴西、菲律宾和阿联酋作为研究对象。根据数据分析发现，中国对以上国家的大蒜出口量占中国大蒜出口总量的 80% 以上，代表了中国大蒜贸易的趋势，在一定程度上体现出中国大蒜贸易的国际贸易格局。

中国向出口对象国出口的大蒜数据来源于 UN Comtrade 数据库；中国和贸易对象国的国内生产总值（GDP）数据来源于国际货币基金组织（IMF）数据库；中国人口数据来源于联合国数据库（UN Data）；贸易对象国的大蒜产量数据来源于联合国粮食及农业组织（FAO）数据库；中国与大蒜出口对象国的两国首都之间的直线距离来源于 Timeanddate 网站。

（三）引力模型的结果与分析

本报告运用 Eviews8.0 对中国大蒜出口的贸易引力模型进行加权的 OLS 估计，结果如表 4-3-4 所示。从模型的计算结果来看，解释变量的系数符号与上述预期系数符号一致，且均处于较高的显著性水平。调整的自由度 $R^2 = 92\%$，说明此模型拟合程度比较理想。所有解释变量的概率值（P 值）均小于 0.05，故拒绝了在 5% 的显著性水平条件下解释变量系数为 0 的假设。具体来看：①中国出口对象国的大蒜产量截距为 -1.468，说明出口对象国的大蒜产量每提高 1 千克/公顷，将减少从中国进口 1.468 千克/公顷的大蒜。出口对象国的大蒜产量提高，其居民转而消费本土产品，对中国大蒜的需求就会减少，对中国的大蒜出口起阻碍作用。②中国 GDP 的截距为 5390 亿元，且统计显著性水平很高。说明中国 GDP 每增加 10000 亿元，中国大蒜出口将增加 5390 亿元。因此，中国大蒜源源不断持续出口的重要保证就是中国国力的不断提升。③出口对象国的 GDP 截距为 10650 亿元，其 GDP 每上升 10000 亿元，会促使中国大蒜的出口增加 10650 亿元。因而大蒜作为一般消费品，其消费量与居民的收入呈正向相关关系。④距离变量的截距为 -1.164，说明中国与出口对象国之间的距离越远，运输成本越高，大蒜的出口成本也越高，故其对中国大蒜竞争力有负的影响。⑤人口变量的系数为 1.272，说明中国出口对象国的人口每增加 1000 万人，中国大蒜出口量将增加 1.272 亿元，出口对象国消费量的增加，对中国大蒜的需求就越多。

表 4-3-4　模型结果

变量名称	截距	T 统计量	P 值
中国出口对象国大蒜产量（万吨）	-1.468	-1.847	0.048
中国 GDP（万亿元）	0.539	2.093	0.039
出口对象国 GDP（万亿元）	1.065	3.393	0.001
距离（千米）	-1.164	-5.078	0.000
人口数量（千万人）	1.272	5.506	0.000

三、主要结论与对策建议

本报告采用中国大蒜出口的引力模型对影响中国大蒜出口的各种因素进行了定量分

析，得出中国大蒜出口的影响因素程度排序如下：出口对象国人口数量＞出口国国民生产总值＞中国国内生产总值＞国外大蒜产量＞距离。排序显示出，出口国 GDP 与居民收入呈正相关关系，生产总值增加，则居民可支配收入增加，居民可支配收入与大蒜消费量呈正相关关系，收入增加则大蒜消费量增加，大蒜消费量增加就需要加大大蒜进口；从国内角度分析，中国 GDP 不断提升，将促进与其具有正相关关系的大蒜的出口数量日益提升。中国的大蒜主要贸易伙伴国中有很大一部分国家并不生产大蒜，故国外大蒜产量的系数很小，影响力度并不大。距离变量仍然是影响中国大蒜出口的重要因素，中国倾向于与邻近的国家发展贸易。

针对本报告的分析结果，为提高中国大蒜的国际竞争力，提出以下建议：①随着中国 GDP 的日益提升，政府应不断加强对大蒜种植业的支持，达到绿色发展，以降低各种贸易壁垒对中国大蒜出口的影响，并通过大蒜保险和补贴，为大蒜出口提供支持。②经济全球化的趋势不可逆转，中国需更快地融入经济全球化，以降低中国出口市场较为集中的影响，将以此弱化对某一个国家或地区形成的过度依赖。③从国际市场来看，在逐步稳定国际市场份额的基础上，仍需加强对新市场的开发。从数据分析可知，中国大蒜的国际市场份额呈现比较稳定但稍显下降的局面，2016 ~ 2020 年中国大蒜的国际市场份额由 72.81% 下降到 65.12% 左右，但一直保持在 70% 左右；受距离因素影响，目前西班牙和阿根廷大蒜占据一定市场份额；中国应该积极调整大蒜品种，进一步开拓大蒜出口的潜在市场，不断提高大蒜的国际竞争力。

参考文献

[1] 陈运起，徐坤，刘世琦．中国葱姜蒜产业现状与展望［J］．山东蔬菜，2009（01）：5-7．

[2] 李京栋，张吉国．中国、西班牙和阿根廷大蒜出口贸易流量及潜力分析［J］．世界农业，2015（09）：147-155．

[3] 赵海燕，何忠伟．中国大国农业国际竞争力的演变及对策：以蔬菜产业为例［J］．国际贸易问题，2013（07）：3-14．

[4] 张哲晰，穆月英．中国蔬菜出口国际竞争力及其影响因素：国别（地区）差异与贸易潜力分析［J］．世界农业，2015（10）：132-140．

[5] 凌华，王凯．中国蔬菜对韩出口竞争力及贸易空间的拓展——以美国为参照［J］．国际贸易问题，2010（01）：52-58．

[6] 侯媛媛，王礼力．中国蔬菜国际竞争力的比较研究［J］．统计与决策，2011（14）：115-118．

第五篇　技术性壁垒专题报告

报告 5-1 技术性壁垒对中国辛辣蔬菜出口日本的影响

日本是中国蔬菜出口的最大市场，自中国加入世界贸易组织以来，中日两国之间所发生的贸易争端数不胜数。两国之间的贸易量以及贸易数额均较大，但不幸的是随着两国贸易的往来，与之而来的还有两国之间的纠纷与争端。研究新时代背景下中日辛辣类蔬菜贸易发展的现状，并由此提出相应的解决措施和针对性的对策，对于促进中日两国之间辛辣蔬菜的正常贸易往来具有一定的现实意义。

一、中国辛辣类蔬菜出口日本遭遇的技术性壁垒

（一）大蒜遭遇技术性壁垒情况

大蒜作为中国传统的出口的大宗农产品，曾经为中国创下了辉煌的经济效益。日本作为中国重要的大蒜进口国，由于其在 2006 年实行的"肯定列表制度"大规模地提升了中国农产品走出国门的标准，也使农产品出口严重受挫。不过总体上来说，日本作为中国辛辣蔬菜出口的第一大市场，在中国的农产品贸易中仍占有较大比重。日本不仅对中国的大蒜进行了贸易进口限制，对于同样属于辛辣蔬菜的大葱、洋葱、韭菜等也设置了技术贸易壁垒。表 5-1-1 为近年来日本对中国出口的辛辣类蔬菜所采取的一系列贸易保护措施，严重挫伤了两国贸易往来。

表 5-1-1　2004~2019 年日本扣留中国大蒜食品所有数据明细

产品名称	原产地	扣留原因	年份
大蒜	山东	非指定添加剂	2019
冷冻剥皮大蒜		成分规格不合格	2017
冷冻大蒜	山东	成分规格不适合	2015
油炸大蒜		制定外添加剂	2011
冷冻大蒜	山东	不符合成分规格	2010
橡胶制大蒜脱皮机	浙江	不符合材质规格	2010

续表

产品名称	原产地	扣留原因	年份
大蒜面包		成分规格不合格	2007
新鲜大蒜		成分规格不合格	2007
冷冻大蒜	山东	成分规格不合格	2007

资料来源：中国技术贸易措施网。

2004～2019 年，中国大蒜被日本以各种原因进行扣留，其中最主要的是由于中国大蒜的成分规格不合格。2006 年日本实行的"肯定列表制度"严重影响了中国大蒜等农产品的出口，凡是涉及中国向日本出口的农产品必须经其审定，审定不合格予以扣留（见表5-1-2）。

表 5-1-2　2004～2019 年日本扣留中国大蒜食品所有数据明细

产品名称	原产地	扣留原因	发布时间
醋腌大蒜	天津	指定外添加物	2007 年 6 月 30 日
醋腌大蒜	天津	指定外添加物	2007 年 6 月 25 日
大蒜	天津	指定外添加物	2007 年 6 月 25 日
大蒜		残留超标	2006 年 7 月 10 日
冷冻大蒜	山东	成分规格不合格	2006 年 3 月 30 日
大蒜	山东	成分规格不合格	2005 年 8 月 30 日
干大蒜	山东	加工标准不合格	2005 年 8 月 30 日
腌制大蒜	黑龙江	加工标准不合格	2005 年 1 月 30 日
酱大蒜的腌制物	山东	使用基准不符合	2004 年 10 月 30 日

资料来源：中国技术贸易措施网。

（二）辣椒遭遇技术性壁垒情况

辣椒作为中国向世界出口的一种重要的辛辣类食品，在中国的农产品对外出口贸易中占据着重要的地位。从 2001 年起，向日本出口的辣椒遭到了日本方面的扣留，这其中以检查出黄曲霉素为由对来自中国的辣椒进行了大范围的检查，个别的还检查出所谓的指定外添加剂（见表5-1-3）。

表 5-1-3　2011～2020 年日本扣留中国辣椒食品相关数据显示

产品名称	原产地	扣留原因	发布时间
干辣椒		检查出黄曲霉素	2020 年 2 月 12 日
辣椒	山东	残留含量超标	2019 年 12 月 12 日

产品名称	原产地	扣留原因	发布时间
红辣椒	山东	残留含量超标	2018 年 2 月 22 日
辣椒	山东	检查出黄曲霉素	2017 年 12 月 4 日
辣椒粉		检查出黄曲霉素	2016 年 1 月 30 日
辣椒	山东	指定之外添加物	2015 年 9 月 30 日
辣椒	四川	检查出黄曲霉素	2014 年 11 月 15 日
辣椒油		指定外添加剂	2012 年 9 月 30 日
辣椒粉	山东	黄曲霉素呈阳性	2011 年 12 月 31 日

资料来源：中国技术贸易措施网。

（三）洋葱遭遇技术性壁垒情况

洋葱一直以来就是中国出口的农产品中的佼佼者。从前几年的数据分析可得知，洋葱的出口量一直处于领先地位。但是从销往日本的洋葱数据来看，中国的洋葱也在不同程度上遭到了日本方面的检查，以中国洋葱及相关食品中的成分规格不合格为由，对来自中国的洋葱实施扣留。这实际上是日本的一种贸易保护主义，它严重损伤了两国人民之间的友好感情，也冲击了两国长久以来的贸易关系（见表 5-1-4）。

表 5-1-4　2008~2019 年日本对中国的洋葱相关食品扣留数据

产品名称	原产地	扣留原因	发布时间
生鲜洋葱		成分规格不合格	2019 年 9 月 6 日
生鲜洋葱		成分规格不合格	2018 年 12 月 13 日
冻洋葱	山东	成分规格不合格	2017 年 10 月 27 日
猪肉洋葱串	山东	成分规格不合格	2016 年 9 月 30 日
生鲜洋葱		农药残留超标	2015 年 8 月 30 日
冷冻洋葱	山东	成分规格不合格	2013 年 9 月 20 日
冷冻洋葱圈		不符合成分规格	2010 年 11 月 30 日
冷冻洋葱	福建	不符合成分规格	2009 年 2 月 7 日
炸洋葱		查出指定外添加剂	2008 年 10 月 27 日

资料来源：中国技术贸易措施网。

二、技术性壁垒对中国蔬菜出口日本的影响

（一）遭遇技术性壁垒的原因分析

在经济方面。日本在经济危机中受到重挫，与日本相比，中国政府及时采取了有效措

施，所以受到的影响较小，经济依旧平稳增长。日本政府在经济发展低迷的现状下，为了促进经济增长，保护国内的部分产业，贸易保护主义抬头，致使两国之间的贸易纷争比比皆是。

在政治方面。农业在日本是一个特殊的行业，人数较少的农民却握有1/4首相大选的选票，日本政党为了自己的利益抵制中国农产品，采取极端的贸易保护政策，利用严苛的检验检疫标准，以农产品为砝码来进行有目的的政治服务。对来自中国的农产品进行抵制，便可有效地保护本国的生产者的利益，使本国农民的利益最大化，从而为进行首相大选提供了便利。

在苛刻的市场准入条件方面。日本从保护本国农民的利益出发，不惜破坏两国的贸易关系，设置苛刻的技术贸易壁垒阻止中国的农产品进入日本市场。日本方面以极端苛刻、严峻的措施限制中国产品的进入，在种种不利的贸易条件下，中日两国之间的贸易纷争只会越来越深。

（二）技术性壁垒对中国的影响

中国和日本之间的贸易摩擦具有较长的历史。日本政府通过实施《农业协议》里面的特殊保护措施而对来自中国的辛辣产品进行限制。1995年的大蒜、生姜事件，最终通过中日两国之间进行的友好协商以及采取有效的措施而告终，不过在此事件背后，中国的生姜、大蒜的出口到日本的数量大幅下降。

"肯定列表制度"对中国辛辣产品的影响。众所周知，2006年日本方面实施了极为苛刻的保护措施，这种措施实质上就是一种技术贸易保护主义。它所包含的对各类产品的要求已经远远地超过了国际普遍的质量标准，根据有关数据的统计显示，仅"肯定列表制度"中所包含的大蒜规定的农药残留就高达309项。自这项措施实行以来，中国出口到日本的辛辣食品，尤以辣椒、洋葱、大葱和韭菜等为重点受灾产品。中国生产者不仅为此付出了巨大的代价，而且国内的相关产业也几乎面临着坍塌的危险。合则两利斗则两伤，日本无视中国合理的利益关切，单方面实施这种倒行逆施、违背历史发展潮流的举动，同样也必将为此付出惨重的代价。自从这项制度出台以来，中日两国的政治关系、贸易关系均受到了冲击，对于农产品的贸易来说，大蒜遭遇的冲击更为明显。

三、中国辛辣类蔬菜出口日本的对策建议

（一）充分利用WTO相关规则，加强两国之间的沟通与谈判

众所周知，WTO是世界上唯一的处理国际贸易关系的组织，以其公平、公正、自由、非歧视以及透明度等原则著称于世，它为世界上所有存在贸易争端的国家提供了一个和平谈判、解决问题与矛盾的场所，并且通过实施一些相关的法律法规来约束和制止国家，从而有效地降低世界贸易摩擦争端出现的频率。2001年中国加入了世界贸易组织，成了世

贸组织的成员国之一，当中国与日本的国际贸易发生冲突的时候，中国历来主张以协商的方式来化解问题，以使两国的经济损失降到最低。但是日本方面在绝大多数的情况下，专制独行、任意妄为，无视中国正当的利益关切，单方面采取贸易保护主义，高筑壁垒。不过，这也并不意味着中国对日方的无理要求无动于衷，中国应充分地利用世界贸易组织的相关贸易规则和法律法规来应对日本的过激行为，从而维护中国自身的合法权益。农产品贸易是两国发生冲突的重灾区也是矛盾激化的集中点，只有充分、灵活地运用国际贸易的有关规定，才能在现代经济全球化的背景下，行之有效地捍卫中国的正当权益。为此，中国应充分利用现有的资源，通过组织专业技能培训、理论知识普及，培养出优秀的、合格的专业人才，以及既熟悉了解贸易流程、通晓国际贸易法律法规又能够自由、果断地处理经济贸易纠纷的复合型人才。我们只有在充分掌握现行的世贸组织的规则的基础上，才能够有效地减少中国农产品走出国门后遭遇技术贸易壁垒的频率。反观日本在农业方面注重利用世贸组织规则就表现得尤为明显。日本非常擅长运用 WTO 的相关贸易规则来维护其本国的农产品及生产者的利益，而这一点也正是我们今后应当学习与借鉴的。

（二）大力提升中国农产品的技术含量，建立健全质量标准体系

科技革命极大地推动了社会历史的进步，科学技术作为先进生产力的重要标志，对于促进国际贸易的发展有着非常重要的作用，日本是中国农产品出口的最大市场，同时也是中国发生贸易壁垒的重点区域。在与日本进行农产品的贸易往来中，屡次受挫，但同时也是因为中国农产品的质量低下、农业科技水平含量低。针对这些问题，我们就应该切实加大科技的投入力度，大力发展现代农业，以使农业以及农产品在国际标准安全质量体系的要求下合格，从而减少中日两国的贸易冲突。例如，可以从国内制定关于农业标准的法律法规，切实有效地保障农产品的质量；安排专门的农产品监督人员，对不符合国内、国际标准的产品采取严格的措施来控制食品安全；积极广泛地吸取他国在关于农产品质量安全方面的经验，加快中国农产品质量标准化的建设；鼓励从事农业的相关人员开展技术创新，提升食品质量；严格控制和规范农药的使用，同时还必须符合相关部门的规定。因此，及时制定一套农产品生产技术质量体系也是刻不容缓的。通过对相关食品安全监管机构的改革，从而建立高效的食品安全控制系统，对农产品的生产、加工及流通实施全过程监督和管理，以减少中国的贸易壁垒和保护消费者的利益。

（三）实施多元化战略，同时加强商会、行业协会的作用

日本作为中国最大的农产品出口市场，中国生产的农产品绝大部分销往日本，在很大程度上造成了中国对于日本市场的依赖，这不利于中国国际市场的扩大且极易导致中国在国际竞争中丧失主动性。要实行市场多元化战略，合理规避市场风险，积极寻找海外市场。发展商会、行业协会就显得迫在眉睫，行业协会能够搞好与政府、企业、生产者之间的关系，这既避免了因发生冲突而带来的两国贸易冲突升级，同时又能较为妥善地化解矛盾，把损失降到最小。行业协会在对外贸易中发挥着至关重要的作用，尤其是在调解经济

纠纷方面。提倡发展商会和行业协会不仅能够促进市场秩序的正常进行，而且对于自由贸易的发展来说也大有裨益。

参考文献

［1］卢凌霄，徐昕．日本的食品安全监管体系对中国的借鉴［J］．世界农业，2012（10）：4-7.

［2］谷晓红，陈璐，丁蕊艳．中国出口葱属蔬菜技术性贸易措施状况与对策［J］．安徽农业科学，2017，45（34）：235-238.

［3］吴永红，张欢．日韩技术性贸易壁垒对中国农产品出口的影响［J］．中国西部，2021（01）：47-57.

［4］郑绪涛，周凌瑞．日本技术性贸易壁垒对中国农产品出口的影响［J］．生产力研究，2019（11）：51-53+91.

［5］刘舜佳，张雅．肯定列表制度的农产品出口质量提升效应研究——基于双重差分模型的检验［J］．国际商务（对外经济贸易大学学报），2019（06）：16-29.

［6］孙语慧．我国蔬菜出口遭遇绿色贸易壁垒原因及对策［J］．合作经济与科技，2018（03）：85-87.

报告 5-2　技术性壁垒对中国葱属蔬菜出口贸易的影响

葱属蔬菜为百合科葱属二年生草本植物，其种类繁多，生长在平原、高山、草原、沙丘等不同环境条件下，种植区域广泛，涉及世界上多个国家和地区。葱属蔬菜营养价值极高，市场需求广大，中国葱属蔬菜栽培的种类主要有洋葱、大蒜、大葱、细香葱、韭葱等。中国葱属蔬菜产量丰富，不仅在国内甚至国际蔬菜供应上都起到重要作用。在近年来中国农产品对外贸易中，葱属蔬菜产品出口市场与份额均不断扩大，为中国出口创汇做出巨大贡献，但近年来受到越来越多国家采取的技术性贸易壁垒，在出口贸易过程中一再遇阻。技术性贸易壁垒的多样性、广泛性和贸易信息的不对称性是中国葱属蔬菜出口贸易面临的重要障碍。个别发达国家甚至设置不公正且带有歧视性的技术性贸易壁垒来对本国进行贸易保护，损害了中国以及广大发展中国家的经济利益。加大对技术性贸易壁垒的研究是大势所趋。

当前国内关于技术性贸易壁垒对葱属蔬菜出口贸易影响的研究甚少，本报告以葱属蔬菜出口为切入点找出中国葱属蔬菜生产和贸易中的问题所在，针对技术性贸易壁垒对中国葱属蔬菜出口贸易产生的双重影响，分别从宏观层面和微观层面提出了促进中国葱属蔬菜产品出口的对策与建议。加强对葱属蔬菜出口贸易中遭遇技术性贸易壁垒的研究可以促进中国葱属蔬菜出口的进一步发展，提高葱属蔬菜产品质量，帮助葱属蔬菜生产与贸易更好地发展。

一、葱属蔬菜技术性壁垒的原因和表现

（一）形成原因

随着世界经济相互依存度不断提高、贸易自由化趋势渐强，技术性贸易壁垒措施已经成为世界各国维护自身利益的重要手段，以确保各国进口商品的质量或限制进口为目的，主要内容包括技术法规与标准、动植物检验检疫措施、产品包装与标签规定和绿色贸易壁垒等。技术壁垒对贸易产生的市场作用日益增大，由此产生的国际经贸摩擦和争端也日益频繁，技术性贸易壁垒也成为保护各国国内产业和对外贸易的重要武器。

技术性贸易壁垒的多样性、广泛性和贸易信息的不对称性是中国葱属蔬菜出口贸易面临的重要障碍。世贸组织各成员国根据 TBT 协定和 SPS 协定制定本国的技术及检验检疫标准、合格评定程序等，其所涉及的技术范围广泛，且不同国家之间的技术性贸易壁垒表现形式各不相同。发达国家和地区以保护国内消费者安全为目标，极为注重食品质量与安全，对葱属蔬菜生产中化学投入品设置了严格的限量标准。发达国家利用与发展中国家间的技术差距通过提高技术标准，在一定程度上造成了贸易信息的不对称性，使发展中国家产品出口在短时间内达不到技术标准，从而限制进口。

中国是一个葱属蔬菜生产与出口大国，因中国劳动力生产要素丰富且价格廉价，与国际市场葱属蔬菜价格相比，中国产品拥有明显的价格优势，这对进口国家的同种行业的生存和发展可能造成一定威胁。这些进口国家通过对中国葱属蔬菜产品的进入设置相对苛刻、不公正的技术性壁垒措施和规定障碍来对本国企业和市场进行有效保护，使中国葱属蔬菜产品无法达到进口国所设定的标准。另外，由于中国葱属蔬菜生产对质量安全管控不到位，生产过程中的质量控制标准和措施缺乏，对进口国的检疫要求欠重视，自身的生产问题导致出口贸易受到了多个国家采取的技术性贸易壁垒措施的限制。

（二）主要表现

为了防止国际市场上的低价葱属蔬菜产品大量进入其国内市场，冲击本国同类产品的生产与销售，发达国家和地区设置各种技术壁垒限制进口。中国葱属蔬菜产品出口遭遇技术性贸易壁垒最多的贸易对象主要是日本、韩国、美国、欧盟和澳大利亚。2010~2019年，中国葱属蔬菜因技术性贸易壁垒出口遇阻总计 251 批次，其中日本扣留中国葱属蔬菜不合格消费品共 101 次，居于首位，包括检出农药批次 86 次；韩国与美国紧随其后，分别为 79 次和 54 次。中国与欧盟、澳大利亚的葱属蔬菜出口贸易量较小，分别为 10 次和 7 次。遇阻原因多为成分规格不合格，包括产品中农药残留检出或超标、添加剂违规使用或残留超标、重金属元素超标、细菌微生物超标等，处理办法多为废弃或退货。由表 5-2-1 可以看出，遇阻批次中检出农药批次占比一半以上，农药残留超标是中国葱属蔬菜出口的突出问题。

表 5-2-1　2010~2019 年中国出口葱属蔬菜遇阻批次统计

国家	日本	韩国	美国	欧盟	澳大利亚	总计
遇阻批次	101	79	54	10	7	251
其中检出农药批次	86	15	17	2	6	126

资料来源：根据中国技术性贸易措施网数据计算所得。

中国是日韩两国的主要农产品的供给国，贸易摩擦产生的频率也较高。日韩两国均设有农产品质量标准的法律和标准，有意加强对食品中化学物质残留的管理，对葱属蔬菜的化学最大残留限量标准做出了严格规定，多次增加进出口检测项目。2014 年，中韩两国关于大蒜的进出口问题发生贸易摩擦，山东 2200 吨大蒜因质量检验不合格遭韩国拒收退运，这一案件对中国农产品出口韩国贸易的打击相当沉重，也给中国大蒜生产端的农民造成了巨大损失，值得我们进行深刻的反思。痛定思痛，这次案件完全形象地反映了韩国在贸易过程中一直把握主动权，采取以软性条款、检测程序等正常及非正常手段为例的技术性贸易壁垒措施对本国大蒜产品进行贸易保护。据调查，2014 年韩国国内大蒜丰收，为了防止中国价廉质优的产品对国内大蒜产品造成冲击，进一步保护本国蒜农的利益，韩国因而采取技术性贸易措施对中国产品进行抵制。在这一案件过程中，中国在贸易中表现出对国际贸易知识的匮乏、风险防范意识的欠缺，这也在侧面造成了案件发生后中国不能及时更好地维权。

葱属蔬菜指标检测的不合格增加了退货的概率，对贸易公司、加工企业以及葱属蔬菜的生产端，都造成极大的影响。10 年来最低估计造成损失数千万元，这些损失必会延伸到葱属蔬菜生产端。因此，高度重视对葱属蔬菜技术性贸易壁垒的研究，才能及时采取措施予以应对，稳定葱属蔬菜农业生产者和企业的收入，带动产业健康发展。

二、技术性壁垒对中国葱属蔬菜出口的影响

葱属蔬菜技术性贸易壁垒对中国产品出口造成的影响具有双重性。中国葱属蔬菜出口面临遭受国际上的技术性贸易壁垒消极影响的同时，在一定程度上对中国食品安全和进一步提高国际声誉都有一定的积极影响。

（一）消极影响

1. 限制产品出口，缩减贸易规模

发达国家严苛的技术壁垒使中国葱属蔬菜出口进入海外市场受限。中国的葱属蔬菜出口必须符合进口国设置的高标准、苛刻的技术准则后才能通关，在出口过程中部分产品因不符合标准而被进口商扣留或退回，对中国葱属蔬菜贸易的数量和规模造成限制。长期来看，中国出口遇阻的葱属蔬菜产品会转战国内市场，国内葱属蔬菜供给量上升，但与此同时，国内消费者对于葱属蔬菜产品的需求并没有太大浮动，产品利润的下降也会促使一些葱属蔬菜贸易企业退出该市场或者转移到其他行业，对国内葱属蔬菜出口规模化发展产生制约。

2. 增加生产成本，削减出口竞争力

为应对技术性贸易壁垒，国内葱属蔬菜生产与出口企业会着力进行技术性措施信息搜寻、生产技术改进、葱属蔬菜产品质量检测、设备整修、招收专业人才等。这些对于企业内部的调整和改进，必定会致使葱属蔬菜生产的成本增加，在一定程度上削弱了中国葱属蔬菜出口的价格竞争优势，使出口商的利润减少。此外，中国葱属蔬菜出口经过严格的审查程序，报关速度过慢，新鲜蔬菜保管费用等相应增加，蔬菜销售周期延长，对中国葱属蔬菜出口产生不利影响。

3. 影响产品知名品牌的树立

质优价廉一直以来都是中国葱属蔬菜产品在国际农产品贸易市场上国际竞争力的重要体现，但是面临越来越多的国家设置各种目的的技术性贸易壁垒，并不断复杂化产品审核评定程序，一方面使得中国葱属蔬菜产品成本增加，另一方面部分葱属蔬菜出口产品不符合当地的质量安全标准，对中国葱属蔬菜出口企业在国际市场上的形象造成了消极影响，在一定程度上影响了中国葱属蔬菜产品知名品牌的树立。

（二）积极影响

1. 促进产品质量水平的提高

化学残留物超标问题是中国葱属蔬菜生产面临的主要问题，这不仅关系到中国葱属蔬菜的出口问题，与国内的消费者也息息相关。中国葱属蔬菜出口企业为了满足进口国家设置的技术性贸易壁垒，会不断对自身发展做出创新调整，按照国际标准来生产、包装、运输和销售，不断靠拢国际质量认证体系的标准，进而使葱属蔬菜产品的质量不断提升，通过对食品品质安全的重视与保证，获得更多的国际认证，进而促进中国葱属蔬菜出口量的增加。

2. 推动出口企业的合作关系

分散的葱属蔬菜生产和贸易企业的力量是相对薄弱的，在遭遇技术贸易壁垒时，难以应对繁杂的法规和标准、复杂的诉讼程序。很多小型企业因为缺乏专业的知识和人才而选择忍气吞声默默承受损失。在这一过程中，企业合作成了不少葱属蔬菜出口企业的最优选择，以政府的优惠政策为助力，通过提高企业管理能力和生产技术水平，系统地面对日趋复杂的技术性贸易壁垒，有助于改善中国葱属蔬菜的出口情况。

3. 倒逼贸易壁垒预警机制建设

中国目前还没有完整的技术性贸易壁垒预警系统，这使中国葱属蔬菜出口长期处于被动地位，在出口过程中多次遇阻，受到的损失严重。中国政府应不断完善对葱属蔬菜的管理模式，形成完善的质量监督体系，采取预防性的措施，早期发布，及时应对，争取与国际建立某些磋商等，逐步改善葱属蔬菜的出口情况。

三、中国葱属蔬菜应对技术性壁垒的建议

（一）宏观层面

1. 建立权威的质量标准与检验体系

葱属蔬菜质量问题贯穿从生产到流通的各个环节，由于中国对于葱属蔬菜质量的不重视以及相关指标的不完善，中国的产品出口频频遭受来自不同国家技术性贸易壁垒的阻碍。中国应积极建立权威的质量标准与检验体系，密切关注发达国家的葱属蔬菜产品标准和全球标准化新动向，使中国安全质量和卫生标准体系与国际接轨。加大市场监管力度，

对违规的生产进行依法处罚，鼓励葱属蔬菜生产与出口企业积极配合，共同为促进中国葱属蔬菜出口贸易的稳定发展贡献力量。

2. 完善贸易壁垒预警机制与信息平台建设

贸易壁垒相关技术标准设置的主动权多是在发达国家手中，中国和大多数发展中国家应该积极参与国际上的相关法规制定，提高话语权，逐渐转变自己的劣势地位。未雨绸缪，中国政府应加强宏观指导，完善葱属蔬菜技术性贸易壁垒预警机制与信息平台建设，加强对国内葱属蔬菜出口主要对象国的技术贸易措施状况的研究，对相应数据库进行跟踪、收集、整理、发布，对海外葱属蔬菜产品技术标准最新动态信息及时捕捉，尽快将相关信息告知有关部门和企业，尽量减少因信息不对称而受到的损失，使国内要求符合国际标准，提前做好应对防范措施，积极采取措施帮助国内葱属蔬菜生产与出口企业规避和应对这些技术贸易壁垒。

3. 推行高效集约化标准化生产模式

中国葱属蔬菜种植面积虽广，但生产加工企业大多具有规模较小、分散程度高、技术和装备落后的特点，葱属蔬菜的生产和加工等环节并不密切，产业链难以实现。科学的生产和经营管理对于这种生产模式来说难以进行，不仅无法对农药使用种类、用量等进行统一管理，容易出现农药泛滥、农药残留率高的情况，而且生产的产品规格与发达国家商品包装和标签的规定以及其他技术标准要求有较大差距。在此情况下，中国政府应加强宏观调控，对葱属蔬菜产品生产商采取鼓励性和保障性的政策，积极转变葱属蔬菜生产方式，推进集约标准化生产模式，进一步引导和扶持葱属蔬菜生产专业合作社等新型经营主体的发展，推动建立标准化生产基地，对农药用量实现集中管控，提高葱属蔬菜生产的规模化和标准化，实现高效合作生产。

（二）微观层面

1. 通过科技创新，改善产品质量

中国葱属蔬菜产品质量较低、农药残留量高，是中国葱属蔬菜出口的瓶颈所在，产品质量问题对中国葱属蔬菜出口甚至对生产者和消费者均产生较大负面影响。中国因受到当地环境和技术的限制，出口的葱属蔬菜产品中粗加工、低附加值的初级产品占有较大比重，生产出的产品不能让进口发达国家满意。葱属蔬菜生产企业应通过科技创新，不断提高产品的质量和安全性，从生产源头上解决问题，采用创新性的方式更从容地应对葱属蔬菜技术性贸易壁垒严格的质量检验和认证标准。

2. 创立自主品牌，拓展国际市场

品牌化战略是促进葱属蔬菜出口的重要手段。没有独立的品牌是大多中国葱属蔬菜出口企业面临的问题，出口企业应加紧调整出口策略，加大资金投入企业创新力度，通过商标注册、创建名牌、绿色食品认证、深加工产品开发等措施提升葱属蔬菜产品质量和档次，加快与国际接轨的步伐，打造自己的战略品牌，提高葱属蔬菜产品知名度，扩大国际市场份额。加强葱属蔬菜产品深度加工，提高产品附加值，延长产业链，实现生产规模化、标准化，进一步开拓市场发展空间。目前，中国的葱属蔬菜主要在发达国家和地区面临技术性贸易壁垒的困难，基于此，中国可以把出口延伸到广大发展中国家市场，对于尖锐严苛的技术性贸易壁垒进行规避。

3. 提高企业素质，增强危机意识

中国葱属蔬菜出口面对愈演愈烈的技术性贸易壁垒，出口企业要增强危机意识，打铁还需自身硬，加强对专业人才的培养，充分了解并利用世贸组织的有关协议规则，了解世贸组织各成员国政府采取的葱属蔬菜技术性措施细节，做好相关信息的收集和研究工作。通过各种渠道获取多方信息，分析出企业亟待解决的问题，总结出面对壁垒需要解决的各项问题，及时做好应对措施，为企业提供服务，尽可能地降低给企业带来的风险。当遇到技术性贸易争端时，积极采取措施维护企业自身合法权益，使中国葱属蔬菜出口尽快突破技术壁垒。

参考文献

［1］谷晓红，陈璐，丁蕊艳. 中国出口葱属蔬菜技术性贸易措施状况与对策［J］. 安徽农业科学，2017，45（34）：235-238.

［2］方壮志，周勇. 我国蔬菜出口面临的技术性贸易壁垒及成因分析［J］. 对外经贸实务，2016（09）：44-47.

［3］马倩. 中国出口葱类蔬菜贸易影响因素研究［D］. 北京：对外经济贸易大学，2018.

［4］李福娣. 从出口角度看中国大蒜产业现状与转变［J］. 时代金融，2014（18）：44+47.

［5］洪浩峰，冯尚斌. 技术性贸易壁垒对我国农产品出口贸易的影响与应对措施［J］. 现代农业科技，2018（07）：293-295.

［6］孙语慧. 我国蔬菜出口遭遇绿色贸易壁垒原因及对策［J］. 合作经济与科技，2018（03）：85-87.

报告5-3　技术性壁垒对中国大蒜出口贸易的影响

中国是一个农业大国，农产品进出口是中国对外贸易的重要组成部分。自2001年加入世界贸易组织以来，中国大蒜贸易规模不断扩大，贸易总量逐年上升，成为世界大蒜贸易大国。由于大蒜国际贸易竞争日趋激烈，发达国家为了维护本国农业发展，灵活运用贸易壁垒对中国大蒜出口进行限制，尤其是现在盛行的技术性贸易壁垒。他们以保护动植物安全和人类生命健康为由，制定大量苛刻标准提高大蒜进口门槛，以制约中国大蒜产品出口，维护本国市场，中国大蒜出口贸易受到严重影响。

中国大蒜出口面临来自美国、日本、欧盟等发达国家贸易壁垒的巨大压力，通报、退货、扣留乃至索赔事件不断。我们必须重视大蒜出口问题。本报告通过对中国大蒜出口遭遇的贸易壁垒现状及影响因素进行分析，对蒜农、企业到大蒜行业协会、国家都提出了相关建议，以改善大蒜出口环境，优化中国大蒜产业链，提高大蒜产品竞争力，促进中国大蒜产业的快速健康发展。

一、中国大蒜出口遭遇技术性壁垒的表现

（一）欧盟技术性壁垒

欧盟是国际贸易中设置技术壁垒最严重的地区，欧盟组织和各成员国颁布了大量的技术法规和标准，并制定了相应的合格评定程序。其中一些要求相当严苛，直接或间接地构成了对第三国、特别是发展中国家对欧盟贸易的壁垒。

欧盟的技术性贸易壁垒可以分为以下几项内容：技术法规和技术标准：①技术法规欧盟现已制定3000多项，而计划制定的技术法规远远不止这些，预计是6000项。其技术标准可分为欧洲标准和各国标准两级。②包装标签：1979年发布的《食品标签及广告法规的指令》（1986年、1989年先后两次修改）、1990年发布的《关于食品营养标签指令》都是欧盟关于食品标签事项的法令，欧盟通过这些有关食品标准专项指示的指令来设置外国产品进口的障碍。③合格评定程序：欧盟从1985年开始推行"CE"标志制度，"CE"标志即是产品符合欧盟技术法规和标准要求。④进口产品的管理。

欧盟建立的基于欧盟整体层面和各成员国层面的双重管理体制的技术贸易壁垒体系，实施"从农场到餐桌"的全流程管理。中国大蒜的价格仅为欧盟大蒜的 1/10，且含有大量的硒，具有抗癌作用，受到欧盟消费者的青睐。为了保护本国市场，欧盟自 1994 年起对中国大蒜进口实行单边关税配额数量限制。在进口配额内征收 9.6% 的关税，配额外则在 9.6% 的基础上多征收 1200 欧元/吨的从量税。2002 年，欧盟对中国大蒜规定了每年 13200 吨的配额，超过配额的部分将按上述原则征税。2005 年欧盟东扩后，欧盟将进口中国大蒜配额数量改为 33700 吨。除了配额限制之外，欧盟自 2007 年 3 月 1 日起实行了严格的新法规，对食品中二噁英、硝酸盐、重金属、苯并吡等污染物做出了最高限量规定，其中对中国大蒜检测项目多达 124 种，一些中国常用农药被列检测项目，如喀霉胺、噻螨酮、敌敌畏、毒死蜱、氯氰菊酯、甲胺磷、六六六、DDT 等 19 种农药。这些技术壁垒在很大程度上限制了我国大蒜产品出口到欧洲市场。2010~2021 年中国大蒜产品出口欧盟受阻总计 7 批次（见表 5-3-1），按占比原因由多到少依次是：镉含量不符合标准问题，被扣 4 批次，占比 57.14%；亚硝酸盐含量不符合标准问题，被扣 2 次，占比 28.57%；农药残留问题，被扣 1 次，占比 14.29%。欧盟相关部门不断通报中国大蒜安全、包装、质量问题，数次打回中国出口产品，更过分的是通报时并不表明是哪个企业的产品，直接表明该种产品来自中国，而此举会误导欧盟消费者，认为来自中国的所有大蒜产品都存在食品安全问题，严重影响中国大蒜在欧盟市场的信誉，使得中国大蒜出口遭遇严重打击。

表 5-3-1　2010~2021 年中国大蒜产品出口欧盟受阻情况　　　　单位：次，%

被扣次数	占比	原因
4	57.14	镉含量不符合标准
1	14.29	农药残留
2	28.57	亚硝酸盐含量不符合标准

资料来源：中国技术性贸易措施网。

（二）美国技术性壁垒

美国作为世界第一经济体、最大农产品贸易国，对农产品质量安全要求十分严苛，其技术壁垒体系宽领域、多方位、高防御。①在管理机构上，主要的政府部门有健康和人类服务部、农业部、财政部、联邦贸易委员会与各州和地方政府，尽管部门繁杂，但各司其职，对进口品的质量和健康卫生问题起着有力的保障作用。②在法律制度上，既有联邦法规如《食品质量保护法》和《营养标签与训导法》等，又有美国食品和药物管理局（简称 FDA）颁布的《公平包装和标签法》，此外还有各州执行的地方性法规。③在标准体系上，包括国家层面、行业层面和企业层面三个层次从上往下自由度的依次增加，层次分明，管理程序有条不紊。④在认证体系上，进口品要想进入美国市场，必须要经过取样、测试、检查和评估等多个流程的认证工作。而且美国大到政府部门，小到民间组织都有质量认证的权力。⑤在卫生检验检疫系统上，分为三种：畜禽产品、谷物和水果蔬菜检测体系，由农业部及其下属单位负责。⑥在标签和包装上，除了要求注明名称、产地和规格等常规说明外，还着重规定了营养价值、警告提示等内容，对标签不符合规定的农产品，严格禁止进口。

据有关报道，近几十年来，中国大蒜由于物美价廉，具有比美国个头大、包装精美、外表干净整洁、商标齐全、品牌完善、价格仅为美国大蒜的1/2的优点，深受美国消费者的青睐。与此同时，带有吃蒜习惯的亚洲和墨西哥移民大量涌入美国，越来越多的食物在制作上开始使用大蒜，美国人意识到了吃蒜有益身体健康，大蒜在美国的消费量持续增长。为了维护本国市场及自身利益，美国的蒜农企图利用反倾销手段来阻止中国的大蒜进入美国市场。1995年，美国商务部以倾销为借口，对中国大蒜出口征收反倾销税，税额高达376.67%，使中国大蒜出口量骤降。1998年，美国大蒜主产地大蒜产量下降，中国出口商审时度势，抓住机遇，重新打入美国市场。2001年，美国对华新鲜大蒜做出反倾销日落复审肯定性仲裁的同时，首次对其延长反倾销征税令。2006年10月，美国商务部再发通知称，将延续1995年对中国出口的大蒜的税率征收，且征税期自当日伊始，期限为五年，这是第二次延长反倾销征税令，此后至2012年4月为第三次。2017年4月，美国开始了对中国大蒜的第四次日落复审调查。同年7月7日，美国国贸委员会投票决定，持续对中国大蒜出口进行反倾销。反倾销税来势汹汹，使得中国大蒜出口遭受沉重打击，很多大蒜出口商只得放弃美国市场（见图5-3-1）。

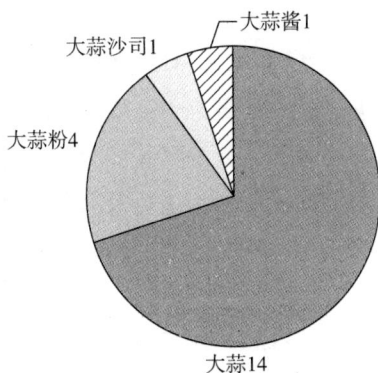

图5-3-1 2010~2021年中国大蒜产品出口美国受阻被扣次数统计

资料来源：中国技术性贸易措施网。

2021年第一季度中国共有752批次产品被美国食品和药物管理局（FDA）拒绝进口，其中遭遇拒绝进口的食品有90批次。第一季度中国食品遭拒绝进口原因排前三位的分别为：全部或部分含有污秽或其他不适于食用的物质；标签不合格；农兽药残留。

根据中国技术性贸易措施网统计，中国大蒜出口产品出口美国所遭受的技术壁垒事件，2010~2021年，共20批次。其中，包括大蒜出口受阻14批次（见表5-3-2）；大蒜粉出口受阻 4 批次；大蒜沙司出口受阻 1 批次；大蒜酱出口受阻 1 批次。单以大蒜出口为例，因大蒜中全部或部分含有污秽的、腐烂的、分解的或其他不适合食用的物质被扣留、退回的共 4 批次，占比 28.6%；因为腐烂问题被扣留、退回的大蒜有 2 批次，占比 14.3%；因低酸罐头未注册、生产工艺未备案问题被扣留的大蒜共 2 批次，占比 14.3%；因出口的大蒜中含违规农药被退回的大蒜产品共 4 批次，占比 28.6%；还有其他原因（如标签上未标明色素、含有不安全的色素添加剂等）导致大蒜被扣留、退回的共 2 批次，占比 14.3%。

表 5-3-2　2010~2021 年中国大蒜出口美国受阻情况　　　单位：次，%

被扣次数	原因	占比
4	全部或部分含有污秽的、腐烂的、分解的或其他不适合食用的物质	28.6
2	腐烂	14.3
2	低酸罐头未注册、生产工艺未备案	14.3
4	含违规农药	28.6
2	其他（标签上未标明色素、含有不安全的色素添加剂等）	14.3

资料来源：中国技术性贸易措施网。

（三）日本技术性壁垒

日本是中国大蒜产品出口前十的国家之一，但其技术壁垒严苛、贸易保护最频繁。①在管理机构上，农林省负责进口品的质量、卫生安全防御、标识认证以及动植物检疫等工作；厚生省负责进口品的加工流通各环节的质量安全监督等工作。日本食品安全委员会对上述两部门农产品质量卫生安全的执法行为进行及时监督和评价。②在法律制度上，有《食品卫生法》《食品安全基本法》等多项法律法规。③在标准体系上，首屈一指的当属日本政府 2006 年实施的"肯定列表制度"，它规定的农药残留标准共计 5 万多项，几乎涵盖了世界上所有应用于农业的化学药品，并且对国际上没有设定具体剂量的药物残留，一律执行 0.01 毫克/千克的标准。④在认证体系上，日本有主要针对有机农产品的食品身份认证制度、优良农产品认证制度以及食品企业注册制度。⑤在卫生检验检疫系统上，进口农产品需要接受农林部和厚生省两个部门的共同检查，并且对进口品的过关检查也极为严格，日本对进入本国市场的农产品实施的平均抽查比例约为 10%，但部分农食产品甚至达到 50%、100% 之多。⑥在标签要求上，日本规定所有输日农产品都需张贴特定的标签，并明确注明名称、生产日期和原产地等多项内容后，才能够在日本市场上正常销售。

大蒜出口在中国农产品出口中占重要地位，而日本对中国大蒜的进口数量在众多进口国中占据很大比重。2006 年日本出台的"肯定列表制度"对中国大蒜进入日本市场造成了严重的消极影响。据统计，日本"肯定列表制度"中包含了对大蒜中 309 种农药残留限量的要求。而中国对于大蒜的农残规定指标大多数来源于对其他农产品的参考，存在许多问题。不但标准老化，无法与国际市场接轨，许多农药残留最高限量的要求还大幅度低于"肯定列表制度"的标准。如氯氟氰菊酯在"肯定列表制度"中最大残留量为 0.06 毫克/千克，而在中国标准中规定的最大残留量为 0.2 毫克/千克。此外，中国大蒜种植户使用的低毒农药均未在制度中列出。而未被列出的农药根据"一律限量标准"原则，一旦被检查出含量超过 0.01 毫克/千克，将被禁止在日本市场流通。这无疑给中国大蒜出口日本造成了巨大压力。

根据中国技术性贸易措施网统计，2010~2021 年中国大蒜产品出口日本因技术壁垒问题被扣留、退回共计 5 批次（见表 5-3-3）。全是因为大蒜产品检测不合格被扣留。3 次是因为细菌超标造成的成分规格不合格，占比 60%；2 次是因为大蒜产品中含有非指定添加剂被扣留，占比 40%。由此可见日本的农产品检验标准的严格程度之高。

表 5-3-3　2010~2021 年中国大蒜产品出口日本受阻情况　　　单位：次，%

被扣次数	占比	原因
2	40.0	含有非指定添加剂
3	60.0	成分规格不合格（细菌数超标）

资料来源：中国技术性贸易措施网。

二、中国大蒜出口遭遇技术性壁垒的原因

（一）外部原因

1. 世贸组织中其他成员国的技术壁垒措施

大蒜作为中国出口额最大的单项农产品，是中国优势特产蔬菜和传统出口产品。随着中国加入世贸组织以来，中国大蒜产品出口所面临的标准也越发提升，技术性贸易措施成为中国大蒜出口的主要障碍，越来越多的国家提高技术壁垒，对中国大蒜产品在全球市场的流通造成了严重影响。技术性贸易措施主要包括 WTO《技术性贸易壁垒协定》（TBT 协定）中的技术法规、标准、合格评定程序，及《实施卫生与植物卫生协定》（SPS 协定）中的动物卫生、植物卫生与食品安全及相关措施。技术性贸易措施已经成为中国加入 WTO 后农产品出口面临的主要障碍。

2. 国际上的技术法规的标准有所差异

欧盟的大蒜质量法规适用于属于 Allium sativum L. 大蒜系（品种）的大蒜，包括供给消费者的新鲜蒜、半干蒜或干蒜、带叶子的未成熟大蒜，未成熟蒜瓣以及用于工业加工的大蒜不在此法规范围之内。其基本要求在符合各等级的特殊规定和允许公差的情况下，大

蒜必须满足以下方面：完好的（腐烂变质，不宜食用的大蒜除外）；无虫；无病虫害；洁净，无可视杂质；坚实；无冻伤、日灼伤；不发芽；无异常外来水分；无异嗅或异味。大蒜发育和条件必须能够满足抗运输和搬运；到达目的地时需保持完好状态。大蒜等级可分为三级（特级、一级、二级）。等级不同，要求不同。欧盟的大蒜质量法规目的是限定经过处理和包装后的大蒜质量要求。美国的大蒜质量标准和技术标准要求很高，不仅要求中国出口的大蒜注明产地、大蒜直径、商品包装、重量等，还会对大蒜的品种、蒜皮、蒜柄留长、大蒜洁净度（是否有泥土、霉变）等有特殊要求。诸如白皮蒜和紫皮蒜要分开包装、新鲜大蒜蒜衣要求洁白如纸等。日本近几年都是中国大蒜出口金额排名前十的国家，再加上日本国土面积小、人口多，很多农产品不能自给，只能依靠进口，中国是日本大蒜进口的主要国家，再加上中国这几年对日本出口的大蒜量增价跌的现象，给日本本国的大蒜市场造成了一定程度的低价影响。使日本加大了对中国大蒜贸易的技术壁垒手段。严格要求中国出口日本的大蒜产品必须满足日本本国的技术标准，从品种、质量、包装、农药残留等各个方面限制中国的大蒜冲击本土大蒜市场。

（二）内部原因

1. 大蒜产品出口结构单一，主要以初级产品为主

中国大蒜产品的出口量占世界总量的80%左右，是世界上最大的大蒜生产和出口国。但中国大蒜出口主要以初级产品即保鲜大蒜和干燥大蒜为主，深加工产品和高新技术产品在出口种类中所占的比例较低，多数企业主要是对大蒜头进行简单包装分类即出口。2015~2019年，中国保鲜蒜出口量分别为173.46万吨、151.01万吨、169万吨、185.84万吨和173.78万吨，占同期中国大蒜产品出口总量的比重分别为89.52%、88.14%、88.09%、89.14%和89.86%。因为中国大蒜产品主要以初级产品的形式直接出口到国外，所以中国大蒜产品出口结构单一，且经济效益低下，同时直接冲击进口国大蒜市场，与进口国本土的大蒜种植者竞争严峻，易招致贸易摩擦。单一的大蒜出口市场一方面造成中国大蒜出口抗风险能力薄弱，难以承受价格、天气等外部环境波动；另一方面在现有的市场基础上中国大蒜产品缺乏明显竞争优势，容易导致产品同质化、效益低、回报少，从而陷入市场低价恶性竞争。

2. 中国大蒜出口多以中小企业为主，分散经营，组织化程度低

目前国际上大蒜产品出口日趋激烈，充满了挑战与机遇，在这种国际环境下，充分暴露了中国大蒜出口企业的短板：规模小、效率低、缺乏竞争力等诸多问题，与欧美日韩为主的发达国家相比，在生产组织产业化、集约化、规模化和商业化程度上都低于西方发达国家，无法形成同质产品的有力竞争，在应对国外的贸易保护壁垒、技术壁垒方面时处于不利地位。当然，作为传统出口农产品，中国大蒜产品在出口数量上占绝对优势，所以在国际竞争中也拥有一定优势，同时也会受到相关进口国的技术和贸易壁垒。事实上，中国大蒜在各个主销市场中很大一部分都面临着配额、反倾销等进口限制，给大蒜出口增加了较大阻力。

三、中国大蒜出口应对技术性壁垒的建议

（一）规范大蒜产品出口，加强国际交流合作

从现行的大蒜出口产品技术法规和标准来看，中国大蒜产品出口的重要原因之一是农产品安全标准限制和国际标准限制有所差别，且存在诸多的技术水平差距。所以中国的相关部门应充分发挥宏观调控职能，积极开拓国际市场，并制定相应的政策用来引导企业，鼓励技术开发和加大人才培养力度，通过一系列措施使中国大蒜产销市场的农产品安全标准逐步提高，并逐渐接近国际标准，以增强中国大蒜产业在国际上的竞争力。此外，可以通过积极参加国际性展会或举办大蒜行业的国际交流会等方式增强相关学术交流，加快引进更先进的农业种植技术，从而为农产品安全标准向国际靠拢打好技术基础。同时行业组织要与国内企业、国外同行业组织保持并加强沟通，及时交换信息，并传递给国内中小企业。适时向政府部门提供行业最新情况，并提供行业发展有关建议。这有助于加强国际交流，促进多双边贸易，解决企业难题，为政府制定相关政策提供助力。另外，积极组织相关活动以扩大中国大蒜行业的国际影响力，通过搭建例如中国大蒜年会等国际交流平台、组织企业"走出去"，推动中国大蒜品质宣传，提升中国大蒜的国际形象和国际地位。

（二）优化大蒜产业结构，提升产品供给能力

自 2013 年中国取消了大蒜出口退税政策后，以传统大蒜制品和初级大蒜产品为主要出口种类的中小企业的大蒜出口利润受到了影响，利润更加微薄。但是对于这些企业来说，技术水平低下，产品结构升级缓慢。虽然高附加值产品获利空间巨大，但是涉及企业数量较少，增长缓慢。当前，国际上开发的大蒜加工制品约有 130 多种，而中国只有 40 多种。若想使中国大蒜产品出口市场稳定发展，解决大蒜产品出口量增额减的问题，应该有越来越多的企业加大对具有多种功能的大蒜精深加工产品（如大蒜素、方便调味品、保健品及化妆品等）的开发力度，出口高附加值产品，以满足国际市场不同的需求。目前国际市场上 1 吨大蒜油出口收益可达 2 万美元；德国的大众药品阿司匹林已经被含有大蒜素为主的互补药品取代。这充分说明了科技水平的重要性，只有高科技、高品质的大蒜制品才能在出口贸易中获取高额利润，并有效防止低价竞争的情况发生，避免因技术贸易壁垒引起的贸易摩擦。所以政府应加大对龙头企业的财政扶持，支持这些企业进行技术改造和科学研发，在绿色发展的条件下，加强初级农产品的精深加工，延长产业链，解决产能过剩，提升国际竞争力。通过农业产业园、示范区等形式，推进大蒜标准化进程，提高大蒜品质和质量管理，提升中国大蒜的国际竞争力。

（三）企业加强经营管理，提高产品附加值

从大蒜小户经营情况较多的现状来看，农药等化学品使用情况很难得到充分控制，这使中国大蒜产品出口在面临技术性贸易壁垒时经常受限，降低了中国出口大蒜的竞争力。因此，建议企业应联合起来，倡导大蒜产品生产的统一和协调，提倡科学用药，从源头端控制农产品的农药残留问题，提高应对技术壁垒的能力。切实增强自身质量安全意识，从生产、仓储、物流等各环节加强管理，严格控制农药残留、重金属、微生物超标等风险，避免因检测不合格引发贸易损失。加强与检验检疫部门联系，选择经官方认可的实验室或具有资质的第三方认证机构，按照出口国的法规标准提供相应的证明文件与检测报告，确保产品符合对方要求。另外，企业联合以后，可以节省生产种植等过程中的资金，并加强自身对科研技术的投入，不断提高产品附加值，对工厂进行统一的标准化、科学化管理。通过龙头企业带动中小企业的模式，逐渐使企业和行业自主、自律和自强。塑造品牌价值，树立品牌形象，将产品与历史、产地、文化、特色、营养成分、食用人群和食用方法等结合起来，更关键在于介绍产品的独特之处，提高企业和产品的文化软实力。

（四）拓展出口市场范围，避免市场单一化

总的来说，中国大蒜产品出口因为出口规模巨大，出口量在全球大蒜出口市场的占比中有绝对优势，所以在国际市场上有着一定的竞争力。尤其是近几年来随着国内科技水平的提高和相关技术标准的完善，中国大蒜产品在出口贸易中所遭遇的别国反倾销、配额和技术性贸易壁垒等措施有一定程度的减缓，具体表现在中国大蒜出口量近十年来逐年增加。同时我们也不能忽视其他尚未对中国大蒜出口启动过贸易救济措施和建立技术壁垒的国家，所以中国大蒜行业仍需保持适度出口的方针，避免在某一时间段对单一市场的集中出口。根据前文的现状分析，中国大蒜产品出口的主要市场是亚洲市场，出口数量和出口金额占比均在半数以上。所以中国大蒜出口企业还要注意，不能过分依赖亚洲市场，也要积极扩大除亚洲外的其他地区的大蒜出口市场。

参考文献

［1］井莹. 绿色贸易壁垒对山东 YS 进出口贸易公司大蒜出口的影响研究［D］. 武汉：武汉轻工大学，2021.

［2］毛敏，余梅. 基于引力模型的我国大蒜出口贸易影响因素分析［J］. 北方园艺，2020（10）：150-156.

［3］杨宾宾，宗义湘，赵邦宏. 中国大蒜生产布局及贸易格局分析［J］. 农业展望，2019，15（11）：117-122.

［4］彭勇. 技术性贸易壁垒对中国农产品出口的影响研究——基于日本、美国、欧

盟和韩国的实证研究 ［J］. 世界农业，2017（04）：97-102.

　　［5］谢众民，朱信凯. 国外技术性贸易措施对中国农产品出口的影响——以中国苹果及大蒜出口为例 ［J］. 华中农业大学学报（社会科学版），2019（02）：46-54+165.

　　［6］李堃. "毒死蜱"农药残留标准对中国洋葱及大蒜出口影响的实证分析 ［D］. 北京：对外经济贸易大学，2019.

报告 5-4 技术性壁垒对中国洋葱出口贸易的影响

随着经济全球化的不断发展与深化，贸易自由化逐渐推进，国际贸易变得越发繁盛，国与国之间的贸易关系越发密切，不过尽管如此，贸易保护主义依然存在。相较于之前的关税壁垒与传统非关税贸易保护措施，如今的贸易保护主义手段更加具有多样性、复杂性和隐蔽性的特点，其中以技术性贸易壁垒为核心的贸易保护主义架构逐渐形成，逐步替代传统贸易壁垒，主要作用于发达国家保护本国贸易并阻碍他国商品进口，给广大发展中国家国际贸易造成了极大的影响。

中国是一个农业大国，但不是农业强国，随着近年来中国对农业的大力扶持，农业经济发展有所提高，农产品国际贸易有所改善，其中蔬菜产业的发展成为中国农业经济增长的重要影响因素，洋葱是中国主要栽植的蔬菜之一，其主要产于山东、甘肃、内蒙古、云南、四川、河南等省份，2019 年产量高达 2607.36 万吨，不过随着国际贸易保护手段的愈演愈烈，中国洋葱出口频频面临着各色各样的贸易壁垒，许多发达国家为了保护本国的农产品贸易市场，竞相采取技术性贸易壁垒等手段来限制中国洋葱的出口贸易，增加了中国洋葱的出口成本，降低了中国洋葱的国际竞争力。

本报告基于中国洋葱的生产现状、进出口贸易情况及遭遇技术壁垒进行研究，分析中国洋葱出口遭遇技术壁垒的影响，得出中国洋葱出口面临技术性贸易壁垒应采取的应对措施，从而为决策部门提供建议，有利于改善中国农产品贸易环境，促进中国建立自己的洋葱品牌，提高中国洋葱的出口竞争力，形成良好的洋葱出口贸易格局。

一、中国洋葱出口遭遇技术性壁垒的表现

技术性贸易壁垒又称"技术壁垒"和"技术性贸易措施"，是指一个国家或地区运用技术法规、技术标准和合格评定程序等形式，以科学技术、卫生、检疫、安全、环保等诸多技术性指标体系为标准，以保护本国国民健康、安全，保护生态环境不被破坏为由，采用强制或非强制性措施，阻碍国际贸易发生的非关税壁垒。自世界贸易组织通过《技术性贸易壁垒协议》后，技术性贸易壁垒就有了合法性，越来越多的国家或地区将其运用到国际贸易中阻碍中国洋葱的进口。关于技术性贸易壁垒的采用，许多国家制定了严格、

复杂、多变和不透明的技术法规、技术标准和合格评定程序等规定，接下来将以欧盟、美国和日本为例，分析中国洋葱出口遭遇的技术壁垒。

（一）欧盟技术性壁垒

欧盟是当今世界上最大的贸易集团之一，其凭借着自身在科技和经济上的优势，制定并实施了大量技术性贸易壁垒措施，是设置技术壁垒最多的集团。一般通过技术法规和技术标准、包装标签（如"CE"标志制度等）、合格评定程序和进口产品的管理来对其他国家进行技术性贸易壁垒的出口限制。此外，欧盟修改技术法律法规的高频性、技术壁垒变动的隐蔽性以及检查检疫力度的"内外"差异化，进一步扩大了技术性贸易壁垒对他国产品的出口限制。

根据中国技术性贸易措施网信息统计，2000~2020 年欧盟共扣留中国洋葱产品 19 批次，其中包括鲜洋葱 8 批次，冷冻洋葱 3 批次和其他洋葱制品 8 批次。中国所出口的洋葱因检测出化学药剂、食品添加剂和杀虫剂被扣留 5 批次，占比 26.32%，因检测出重金属（铅、铬）被扣留 4 批次，占比 21.05%，因含有沙门氏菌被扣留 3 批次，占比 15.79%，因腐败、储存不合格、未标注辐照被扣留 3 批次，占比 15.79%，因含有其他未申报的成分被扣留 2 批次，占比 10.53%，因含有异物被扣留 2 批次，占比 10.53%。2000~2020 年中国洋葱出口欧盟受阻状况表 5-4-1 所示。

表 5-4-1　2000~2020 年中国洋葱出口欧盟受阻状况　　　　单位：次，%

被扣留次数	占比	原因
5	26.32	检测出化学药剂、食品添加剂和杀虫剂
4	21.05	检测出重金属（铅、铬）
3	15.79	沙门氏菌
3	15.79	腐败、储存不合格、未标注辐照
2	10.53	含有其他未申报的成分
2	10.53	含有异物

资料来源：中国技术性贸易措施网。

（二）美国技术性壁垒

美国对食品的进口检验非常严格，设置着严格的技术性贸易壁垒，机构齐全，专业人才队伍庞大，是中国农产品出口遭遇技术壁垒限制较多的国家或地区之一。美国的技术性贸易壁垒体系主要由技术法规、技术标准、认证与合格评定程序构成，通过制定和实施严格的卫生安全、产品包装、生成产流程和产品质量检测标准体系来增加别国产品的生产成本，削弱其出口优势，从而限制其出口。

根据中国技术性贸易措施网信息统计可知，2000~2020 年美国共扣留中国洋葱产品

13 批次，其中包括洋葱圈 1 批次，洋葱零食 1 批次，海藻洋葱饼干 1 批次，冷冻洋葱片 2 批次，洋葱肉汁 2 批次，腌制洋葱 3 批次，脱水洋葱片 1 批次，菜籽油浸泡的混合洋葱蔬菜 2 批次。中国所出口的洋葱因注册信息、加工资料不合规范、标签不正确被扣留 7 批次，占比 53.85%，因含有色素被扣留 3 批次，占比 23.08%，因含有化学杀虫剂被扣留 3 批次，占比 23.08%。2000~2020 年中国洋葱出口美国受阻状况如表 5-4-2 所示。

表 5-4-2　2000~2020 年中国洋葱出口美国受阻状况　　　　　　　　单位：次，%

被扣留次数	占比	原因
7	53.85	注册信息、加工资料不合规范、标签不正确
3	23.08	含有色素
3	23.08	含有化学杀虫剂

资料来源：中国技术性贸易措施网。

（三）日本技术性壁垒

日本制定的技术性贸易壁垒体系被公认为世界标准最高、管控最严厉、检测最严格的体系，日本实施的技术性贸易壁垒主要包括四个方面：技术法规、产品质量认证制度和合格评定程序、商品规定、绿色技术壁垒。通过制定强制性的高技术限制、规定"绿色通行证"及"绿色包装制度"、严格要求农药、重金属和放射性物质的残留标准等手段限制其他国家出口。

根据中国技术性贸易措施网信息统计可知，2000~2020 年日本共扣留中国洋葱产品 59 批次，其中包括鲜洋葱 37 批次，冷冻洋葱 13 批次，其他洋葱制品 9 批次。中国所出口的洋葱因成分规格不合格（检测出噻虫嗪、吡啶酚、细菌等）被扣留 40 批次，占比 67.80%，因农药残留物质超标被扣留 8 批次，占比 13.56%，因其他有害物质残留超标被扣留 7 批次，占比 11.86%，因含有未批准的添加剂被扣留 4 批次，占比 6.78%。2000~2020 年中国洋葱出口日本受阻状况如表 5-4-3 所示。

表 5-4-3　2000~2020 年中国洋葱出口日本受阻状况　　　　　　　　单位：次，%

被扣留次数	占比	原因
40	67.80	成分规格不合格（检测出噻虫嗪、吡啶酚、细菌等）
8	13.56	农药残留物质超标
7	11.86	其他有害物质残留超标
4	6.78	含有未批准的添加剂

资料来源：中国技术性贸易措施网。

二、技术性壁垒对中国洋葱出口的影响

技术性贸易壁垒是一把"双刃剑"，它的合理化出台既给中国洋葱的出口贸易带来了困难，并造成了难以估计的损失，但与此同时，技术性贸易壁垒又促进中国洋葱出口产业的进步与发展。

（一）负面影响

1. 增加中国洋葱的出口成本
许多洋葱进口国为了限制中国洋葱的出口，频频使用技术性贸易壁垒手段，以中国洋葱技术不达标为由阻碍中国洋葱出口，而中国为了达到其洋葱进口标准，不得不花费资金和精力去研发相关技术，并花费人力与物力资源来使用技术生产达标的洋葱。这样一来，中国提升洋葱生产技术的同时，增加了中国洋葱的出口成本，提升了中国洋葱的出口价格，降低了中国洋葱的国际竞争力。

2. 重创中国洋葱出口企业
技术性贸易壁垒是一个国家或地区为保护本国国民的健康与安全，以技术不达标为依据限制他国进口的手段，而中国洋葱出口企业为了突破这一出口限制，就不得不改善洋葱生产技术，然而技术的研发并非一朝一夕就可以成功，它需要研发人才、研发时间和研发资本，这是许多洋葱出口企业短时间无法实现的，而这段时间里，洋葱出口企业只能将洋葱出口到部分技术壁垒不发达的国家或地区，这样一来，就大大降低了中国洋葱出口企业的出口量和出口额，令中国洋葱出口企业遭受重创。

3. 难以建立中国的洋葱品牌
中国农产品品牌意识淡薄，技术壁垒还未兴起之前，中国几乎没有洋葱企业增强洋葱品牌意识，如今技术壁垒一经兴起，中国许多厂商的洋葱达不到国外洋葱进口国的标准，难以进军国外市场，给许多国家产生中国洋葱"不健康、不达标"的刻板印象，长期来看，这不利于中国建立自己的洋葱品牌，难以利用洋葱的品牌效应来扩大自身优势。

4. 造成中国资源浪费
中国作为一个农业大国，有着悠久的农耕历史，当中国洋葱出口遭遇技术壁垒的阻碍时，中国洋葱出口企业在短期内达不到技术壁垒要求的技术标准，部分洋葱出口企业就会将市场方向转向国内市场，而在国内市场已经趋于饱和的情况下，就会出现供大于求的情形，从而形成国内洋葱剩余，最后会造成资源的浪费和失业人口的增加。

（二）正面影响

1. 推动中国洋葱种植技术的研发和进步
由于技术性贸易壁垒已经成了中国洋葱出口的一大阻力，为了让中国洋葱能够顺利进入外国市场，我们必须要做的就是提高洋葱的生产技术和产成标准，以达到洋葱进口国的进口标准，进而击败技术性贸易壁垒。这在无形之中就推动了中国洋葱种植技术的研发和进步，中国参照国内外洋葱生产的新标准，逐步研发洋葱生产新技术，形成了出口创汇洋葱标准化生产。

2. 促进中国洋葱生产的规范化和标准化

越来越多的国家运用技术性贸易壁垒设置一道道门槛来阻碍中国洋葱的出口，中国可以将这些标准进行归总，形成中国洋葱生产的规范化和标准化，并针对这些标准，来研发相关的生产技术，进行洋葱生产与出口的统一化管理，逐渐规范中国洋葱的生产标准。

3. 保障中国国民健康与安全

近年来，技术性贸易壁垒成了发达国家用来保护国民健康与安全的手段，阻碍着中国洋葱的出口，中国同样可以设置技术性贸易壁垒，提高中国产品的进口标准，用于保障本国国民的健康与安全，令国民享有由于技术壁垒带来的生产技术提升的福利，享受由技术壁垒带来的消费者权益保护。

4. 利于中国建立和完善技术壁垒的应对机制

中国洋葱出口频繁遭受技术性贸易壁垒，令中国遭受巨大的损失，为了减轻中国洋葱出口遭遇技术性贸易壁垒的损失，促使中国建立和完善技术壁垒的应对机制，从而及时、有效地应对技术性贸易壁垒，减轻其对中国洋葱出口带来的不利影响。

三、中国洋葱出口应对技术性壁垒的建议

通过对中国洋葱的生产、出口贸易现状和出口中遭遇技术性贸易壁垒分析可知，虽然中国是世界洋葱出口贸易大国，但并不是世界洋葱出口贸易强国。面对中国洋葱出口遭遇的技术壁垒，中国应从本国国情出发，认真研究各国制定的洋葱进口技术壁垒，并积极地采取应对措施。下面将从国家、行业协会和企业三个层面对中国洋葱出口遭遇技术壁垒提出应对措施。

（一）国家层面

在国家层面，面对国际上兴起的技术壁垒，一方面，我们首先要正确对待，积极研读WTO出台的相关文件及法规和其他各国制定的相关技术标准，以国际标准来制定和完善中国洋葱出口技术法规和检验标准，加快与国际接轨的步伐。另一方面，中国要制定技术壁垒的预警机制，收集各国的洋葱市场准入条件，解决信息不对称问题，方便中国洋葱出口企业积极地应对技术壁垒。而且中国要进行产业结构调整和产业升级，提高中国洋葱的生产技术，实现洋葱的品质升级，让技术壁垒不再成为中国洋葱出口的阻碍。此外，中国要努力参与到技术壁垒规则的制定中去，不仅要成为规则的约束者，还要成为规则的制定者，只有掌握国际标准制定的主动权，中国才能更好地采取有效的应对措施。面对那些极其不合理的技术壁垒，中国同样可以制定相应的技术壁垒来进行反击。

（二）行业协会层面

在行业协会层面，中国洋葱协会是非营利组织，也没有政府与企业所受的限制，面对国际上兴起的技术壁垒，会应对得更加灵活自如。中国洋葱协会可以利用自身掌握的本行业国际市场信息，为中国洋葱出口企业提供信息咨询，并组织行业内的企业进行技术壁垒应对措施的学习交流；中国洋葱协会应积极培养专业的种植技术研发人才和技术壁垒应对人才，并积极组织洋葱种植户学习新技术，培养高品质洋葱；中国洋葱协会还可以倡导技术进步，利用规模经济的溢出效应，将全国洋葱的生产技术进行融合创新，加快技术的研发和洋葱生产品质的提高。

（三）企业层面

在企业层面，面对国际上兴起的技术壁垒，在短时间内，中国洋葱出口企业要熟知目标市场国的规则和标准，合理规避技术壁垒，并利用 WTO 的争端解决机制进行维权，此外，中国洋葱出口企业还可以采取多元化市场战略，努力开拓海外市场，将产品出口到技术壁垒不发达的国家或地区，维持和提升企业的出口量与出口额。洋葱出口企业要加强标准意识，增强创新意识和创新能力，提高洋葱的生产技术和生产品质，不断向国际标准看齐，只要中国洋葱出口企业生产的洋葱质量达标，那么技术壁垒将不足为惧，并且它反而会成为中国洋葱出口企业竞争对手的门槛，减小中国洋葱出口企业的竞争压力。

参考文献

［1］何敏，张晓艺．技术性贸易壁垒对中国农产品出口的影响——基于"一带一路"国家的实证分析［J］．云南农业大学学报（社会科学），2021，15（03）：70-76.

［2］康晓玲，宁艳丽．技术性贸易壁垒对中国农产品出口影响的实证分析［J］．西北农林科技大学学报（社会科学版），2011，11（04）：54-58.

［3］李堃．"毒死蜱"农药残留标准对我国洋葱及大蒜出口影响的实证分析［D］．北京：对外经济贸易大学，2019.

［4］向伟勇，许晓光．全球化背景下中国洋葱产业发展的机遇与挑战［J］．中国蔬菜，2022（01）：16-21.

［5］周悦，白丽．基于引力模型的洋葱出口贸易影响因素分析［J］．北方经贸，2022（02）：13-16.

［6］周琬颜．中国洋葱国际竞争力研究［D］．保定：河北农业大学，2019.

第六篇　"一带一路"专题报告

报告6-1 中国对"一带一路"沿线国家大蒜出口贸易研究

中国大蒜的种植历史悠久，至今为止已经有 2000 多年的历史，它原产地在西亚和中亚，由汉代出使西域的张骞带入中国。大蒜作为中国出口创汇的重要农产品之一，其产业发展对中国农业经济有着极其重要的影响。中国的大蒜种植农户多且分散，各自种植面积不大，随着农村经济的不断发展和政策推动，中国大蒜的种植面积不断扩大，发展至今，已经是世界上最大的大蒜生产国、消费国和出口国。大蒜作为中国出口创汇的重要农产品，在解决农村劳动力、增加农户收入、农业经济发展等方面都做出了极大的贡献。2013年 9 月和 10 月，中国提出建设"新丝绸之路经济带"和"21 世纪海上丝绸之路"，中国各类农产品也搭乘相继出台的互惠政策，走出国门，开拓了更加广阔的市场，是中国与"一带一路"沿线国家的大蒜出口贸易的重要发展机会，同时也迎来了新的挑战。近年来，中国对"一带一路"沿线国家的大蒜出口价格起伏明显，出现了"量增额减"或"量减额增"的现象，如何解决中国大蒜出口贸易存在的价格不稳定的问题，更快地适应竞争激烈的国际市场，使中国大蒜产业实现转型升级，对中国大蒜出口贸易的发展至关重要。本报告将基于 SWOT 分析法对中国大蒜出口贸易进行全面分析，探索中国大蒜产业发展现状及未来发展方向，提出关于中国大蒜出口贸易进一步发展的对策建议，这对中国大蒜出口产业的发展具有重要的现实意义。

一、中国对"一带一路"沿线国家大蒜出口贸易现状

（一）进口需求情况

大蒜为长日照植物，要求光照时间较长，适宜在 15℃~20℃ 的温度及 12 小时以上的日照下生长，且大蒜本身为耐寒性蔬菜，喜好在凉爽偏冷的气候条件下生长，对生长环境要求相对较高。印度尼西亚、马来西亚两国由于地处热带，为典型的热带雨林气候，全年温度在25℃ 以上，且终年高温多雨，光照时间较短，种植大蒜的气候条件不允许，因此这两个国家的进口中国大蒜的数量占据总大蒜进口量的 90% 以上。同样因为气候原因，在温差较大、冬季严寒而漫长的俄罗斯，大蒜进口需求量较大，平均占比达到了 85% 以上。由于沙特阿拉伯

的热带沙漠气候，夏季干燥炎热，最高温度高达50℃，这使沙特阿拉伯国内的大蒜需求几乎完全依赖进口中国大蒜。美国国内有一部分大蒜生产量，因此美国大蒜进口中国量相较于气候极不适应的印度尼西亚、马来西亚、俄罗斯来说，相对较低。

2011~2020年世界大蒜进口规模呈增长趋势（见表6-1-1），近几年以印度尼西亚、巴西、马来西亚、孟加拉国和美国为主，占世界大蒜总进口量的一半左右，其中，印度尼西亚的大蒜进口量常年占世界大蒜进口总量的二成以上，俄罗斯、巴基斯坦、孟加拉国和沙特阿拉伯也占有一定的大蒜进口比例。在世界大蒜进口量前九名的国家中，除巴西和美国外，其他国家均属于"一带一路"沿线国家。

表6-1-1 2011~2020年世界大蒜主要国家进口情况   单位：万吨

国家＼年份	2011	2012	2013	2014	2015	2016	2017	2018	2019	2020
印度尼西亚	41.90	41.50	41.99	49.11	47.99	44.43	54.98	58.30	51.12	58.77
巴西	16.36	15.78	17.68	16.72	16.18	17.30	15.92	16.48	16.54	19.35
越南	14.75	13.93	16.27	0.84	1.26	1.23	1.10	1.78	1.83	2.22
马来西亚	8.79	9.12	9.50	9.83	11.57	13.88	15.41	15.11	10.86	11.52
美国	7.23	7.47	7.30	8.06	8.76	8.73	8.98	9.01	9.61	10.16
俄罗斯	5.83	4.39	5.17	5.21	5.26	5.12	5.39	5.10	5.35	6.25
巴基斯坦	4.83	2.85	4.78	5.78	3.15	5.14	3.71	3.76	5.80	10.10
孟加拉国	4.41	2.23	6.45	8.10	5.53	3.24	4.29	6.51	8.21	10.27
沙特阿拉伯	3.86	3.67	3.84	4.29	4.67	4.55	5.00	5.37	5.04	5.97
合计	107.96	100.94	112.98	107.94	104.37	103.62	114.78	121.42	114.36	134.61

资料来源：FAO数据库。

（二）出口规模变动

中国是大蒜出口大国，中国大蒜不仅在外观上优于国外大蒜，品质也比大多数国外大蒜优良，除此之外，中国人口基数庞大，劳动力成本相较发达国家较为低廉，加上大蒜的单产水平又处于世界前列，使中国大蒜在国际市场上拥有绝对的话语权，目前世界大蒜出口国家和地区超过100个，2020年中国大蒜出口量225.42万吨、出口额20.64亿美元，分别占世界的80.05%和64.70%。

在中国出口大蒜的国家和地区中，"一带一路"沿线国家占绝大部分，2021年中国向"一带一路"沿线国家出口大蒜数量占中国出口总量的71.88%，总体上中国向"一带一路"沿线国家出口大蒜数量呈现增长态势。从出口额来看，在出口量显著增加的情况下出口额于2017年有一定程度下跌，说明国际大蒜市场价格出现了一定程度的下滑，之后又开始逐年递增，在2021年出口量减少的情况下，出口额仍有增加，说明价格拉动了出口额的增加（见表6-1-2）。

表 6-1-2　2014~2021 年中国大蒜对"一带一路"沿线国家出口情况

单位：万吨，亿美元

年份	出口量	出口额
2014	131.67	10.72
2015	130.50	13.21
2016	114.68	19.34
2017	136.60	17.82
2018	148.13	10.76
2019	139.30	15.02
2020	178.11	15.60
2021	153.32	15.77

资料来源：中华人民共和国商务部网站。

（三）出口市场结构

中国开展大蒜出口贸易已经有 60 多年，经过不断的发展进步，中国大蒜在储藏、保险和运输上的技术不断成熟。中国大蒜出口贸易在 1994 年仅涉及 51 个周边的国家和地区，发展至今中国大蒜已经远销世界 100 多个国家和地区，世界各地都能吃到中国种植的大蒜。

中国大蒜出口贸易国家主要集中在亚洲，前十位主要的出口国家或地区中有七个属于"一带一路"沿线国家（见表 6-1-3），2021 年分别是印度尼西亚、越南、马来西亚、菲律宾、泰国、阿联酋和俄罗斯，总出口量达 123.18 万吨，占出口到"一带一路"国家总量的 80.34%；总出口额达 12.69 亿美元，占出口到"一带一路"沿线国家总量的 80.47%。印度尼西亚作为"一带一路"沿线的重要国家之一，拥有 2.5 亿人口，由于印度尼西亚本地人一直以来就喜爱食用大蒜，大蒜的年消费量在 25 万吨以上，但由于地理环境以及气候的限制，印度尼西亚不但本国大蒜产量有限，其大蒜品质也无法和中国大蒜相比，因此虽然印度尼西亚国内大蒜市场需求量巨大，但由于国内供给能力的限制只能通过大量的进口来满足，而中国则是印度尼西亚最大的大蒜进口国，印度尼西亚也是中国最大的大蒜出口国，中国平均每年向印度尼西亚出口的大蒜总量占中国大蒜出口贸易总量的 25% 以上。

表 6-1-3　2021 年中国大蒜对"一带一路"沿线国家出口情况

单位：万吨，亿美元，%

国家	出口量	占比	出口额	占比
印度尼西亚	57.04	37.20	5.14	32.59
越南	22.75	14.84	2.96	18.77

国家	出口量	占比	出口额	占比
马来西亚	13.97	9.11	1.46	9.26
菲律宾	9.47	6.18	0.9	5.71
泰国	8.16	5.32	0.78	4.95
阿联酋	6.68	4.36	0.73	4.63
俄罗斯	5.11	3.33	0.72	4.57
合计	123.18	80.34	12.69	80.47

资料来源：中华人民共和国商务部网站。

中国大蒜的出口市场结构相对稳定，主要集中在东南亚、南亚、中东、俄罗斯这些大蒜产量相对较低的国家，虽然近几年出口规模逐步上升，但所占份额变化不大。中国大蒜出口到东南亚和南亚地区的出口量达50%以上，出口欧洲的份额在10%左右。大蒜的国际消费市场以亚洲为主的情况在近期不会出现太大的变化，中国的大蒜出口市场结构也不会有太大的变化，消费市场相对稳定，为中国发展大蒜产业提供了相对稳定的贸易大环境。

（四）出口价格波动

以2015~2020年7月月度价格取算术平均值，可得到2015~2020年7月年均价格走势图（见图6-1-1）。可见，大蒜出口到"一带一路"沿线国家的价格波动幅度较大，但总体呈上升趋势。大蒜出口价格在2018年和2020年较高，其中2018年为13.76元/千克、2020年为10.84元/千克，较上一年分别上升173.96%和116.93%。波谷出现在2016年，年均价格降到了6.74元/千克，较上一年上升39.16%。

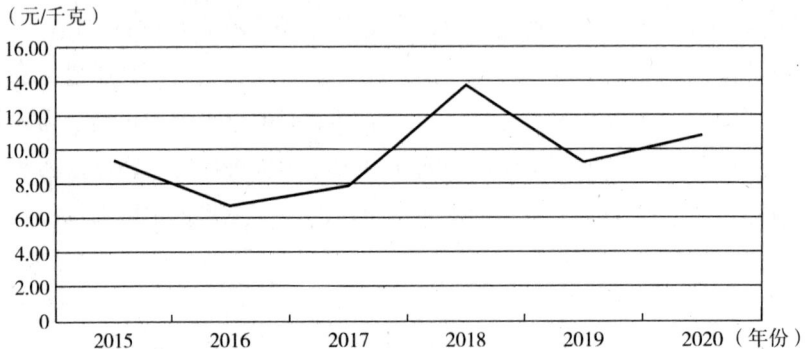

（元/千克）

图6-1-1 2015~2020年中国对"一带一路"沿线国家大蒜出口年均价格走势

资料来源：中华人民共和国商务部网站。

因为大蒜价格呈现明显季节性波动，选取2015年1月至2020年7月中国对"一带一路"沿线国家大蒜价格为研究对象,大蒜价格总体波动轨迹如图 6-1-2 所示。大蒜价格在 2015~2016 年整体呈先下降再上升再下降趋势。近五年的大蒜批发价格最低点出现在 2016 年 12 月为 4.62 元/千克,最高点出现在 2019 年 5 月为 17.28 元/千克,增幅 374.03%。从整体来看,大蒜出口价格基本上每一年出现一个波动周期,按照波谷—波谷的划分原则,可大致分为 2015 年 5 月至 2016 年 5 月、2016 年 5 月至 2017 年 5 月、2017 年 5 月至 2018 年 5 月、2018 年 5 月至 2019 年 5 月、2019 年 5 月至 2020 年 5 月五个阶段。

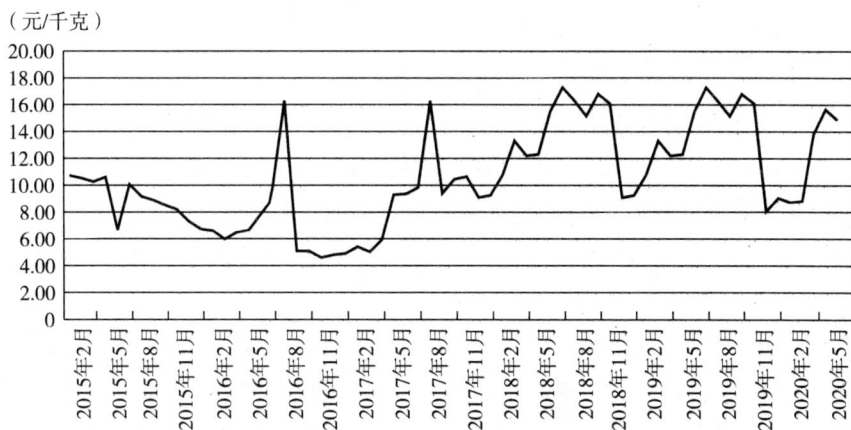

图 6-1-2 2015~2020 年中国对"一带一路"沿线国家大蒜出口月度价格走势

资料来源:中华人民共和国商务部网站。

第一阶段:2015 年 5 月至 2016 年 5 月。2015 年、2016 年中国对"一带一路"沿线国家大蒜价格有小幅度波动,价格跨度较大。2015 年 5 月至 2016 年 5 月经历了两次小幅震荡,其中 2016 年 4~5 月价格从 5.93 元/千克上升至 9.03 元/千克,同比增长了 152.28%。2015 年 6~7 月从 10.61 元/千克下降到 6.69 元/千克,同比下降了 170.62%。第二阶段:2016 年 5 月至 2017 年 5 月。2016 年大蒜价格波动较大,2016 年 5~8 月从 9.03 元/千克飙升至 16.29 元/千克,并且首次突破了 16 元/千克,但之后大幅度下降,又恢复到 5 元/千克左右,在之后的 4 个月内价格较为稳定。第三阶段:2017 年 5 月至 2018 年 5 月。在经历了上一周期的暴涨暴跌之后,这一周期的价格趋于稳定,基本处于 7 元/千克左右。在 2017 年 3~5 月有一个小幅度的价格上涨,从 5.04 元/千克上升到 9.3 元/千克。之后这一周期内价格也稳定在了 10 元/千克左右。第四阶段:2018 年 5 月至 2019 年 5 月。在 2018 年 6 月至 2019 年 6 月近一年的时间,大蒜价格波动幅度较大但较为稳定,并在 2018 年 7 月出现了近 5 年大蒜价格的最高点 17.28 元/千克。虽不如上一阶段的波动幅度剧烈,但波动持续时间较长。第五阶段:2019 年 5 月至 2020 年 5 月。2019 年 7~12 月大蒜价格有小幅度的下降,从 17.27 元/千克下降到 8.03 元/千克。根据之前四个阶段的总结大蒜价格在 7~11 月会出现下降,5~8 月会出现上升,每年 7 月多为本年大蒜价格的最高点。

二、中国对"一带一路"沿线国家大蒜出口贸易 SWOT 分析

(一) 出口优势

1. 自然禀赋优势

大蒜喜冷凉的气候条件，适宜土质疏松、排水良好的黄沙土壤耕种。世界上适合大蒜种植的地区并不多，而中国的温带气候以及土壤条件非常适宜大蒜的种植。在 2019 年举办的中国大蒜产业博览会上公布的中国大蒜种植总面积为 598.69 亩，其中山东大蒜种植面积为 234.62 亩，占中国大蒜种植总面积的四成左右。中国大蒜的种植面积和产量都居于世界首位，中国大蒜种植面积占世界总种植面积的 60% 左右，中国大蒜产量则占世界总产量的 80% 以上，且单产水平也有较大的优势，这使中国大蒜在国际市场上具有绝对的竞争力。

2. 价格优势

中国出口的大蒜品质优、口感好，越来越受到国内外消费者的青睐，而中国分散且独立的种植形式使中国大蒜的生产成本较低，低廉的劳动力成本也使大蒜加工成本大大降低，使中国大蒜出口产品的价格在国际市场上拥有了很强的竞争力。中国大蒜的出口以鲜或冷藏的蒜头为主，近年来，鲜或冷藏的蒜头出口数量比重一直高于出口收入比重，表明中国鲜或冷藏的蒜头在国际市场上以量取胜，中国鲜或冷藏的蒜头出口的平均价格低于国际市场上的平均价格。

(二) 出口劣势

1. 产品加工程度低

随着消费结构不断升级，消费者的观念由"吃得饱"逐步转变为"吃得好"，对大蒜深加工产品需求也不断增加，而中国对大蒜加工企业的投入相对较少，技术水平也较低，大蒜加工企业停留在附加值低、科技含量低的初级产品的加工上，深加工产品所占比例很小，无法充分发挥大蒜的经济价值，也无法有效契合目前国际市场的消费倾向，这在很大程度上阻碍了中国大蒜出口贸易的发展步伐。

2. 蒜商无序竞争严重

虽然从出口数据可以看出中国大蒜的出口份额基本稳定，但由于中国大蒜加工企业呈现规模小且分散的特点，无法形成规模，同时缺乏龙头企业，致使各企业之间相互独立，无法联合起来形成优势互补，行业自律性差。蒜商之间也存在无序竞争和低价竞销等问题，由于大蒜出口价格不稳定，许多经销商都出现了"量增额减"的问题，许多企业采用价格竞争来争夺国际市场，从而影响国内蒜企科技投入和转型升级，严重影响中国大蒜出口贸易的发展。

3. 机械化程度低

中国大蒜的种植长期以来都十分分散，因此给机械化种植造成了很大的困难。中国许多大蒜种植地都是由各家各户分散种植，种植规模很大却分散，同时，现有的大蒜播种机存在播种深度不够、植株间距不均匀等问题，使大蒜播种机的使用程度很低，蒜农更倾向于手工种植，使得种植成本大大增加。另外，大蒜收割机的数量少，很难满足目前大蒜收割强度。中国大蒜种植面积虽大，但机械化程度却相对较低，在一定程度上增加了大蒜生产的成本。

（三）出口机遇

1. "一带一路"倡议带来更为广阔的市场

自"一带一路"倡议提出以来，中国与其他国家交流合作的机会大大增加，农业合作框架逐渐完善，秉承着"和平合作、开放包容、互学互鉴、互利共赢"的丝路精神，中国不仅做到了"走出去"，更实现了"引进来"，学习其他国家的种植技术以及经营模式，引进优良品种，这都为中国大蒜出口贸易的发展提供了强劲的动力。"一带一路"沿线国家同时也是中国大蒜出口的主要地区，"一带一路"倡议为中国大蒜出口提供了十分难得的发展机会。同时，"一带一路"沿线国家以发展中国家为主，这对改善大蒜出口环境、减少歧视性待遇、制定更加合理的检测标准、创造更多的共同利益提供了更加有利的条件。

2. 促进中国大蒜向品牌优势转变

随着人们消费水平的逐步提高，中国大蒜出口增长趋势减缓，"一带一路"倡议的提出，唤起了蒜商、蒜农用长远的眼光看待中国大蒜出口贸易发展的意识，培育扶持龙头企业，树立品牌意识、提升品牌形象至关重要，利用品牌价值可以创造出更广阔的市场，使大蒜贸易真正走上高价值竞争、高效率流通的国际化道路。

3. 促进中国大蒜出口向综合竞争优势转变

"一带一路"倡议的开展，促进了中国与"一带一路"沿线国家农业联合实验室工作的开展，加强了中国蒜农、蒜商与国际间的交流，蒜农、蒜商应积极把握机会，学习先进科学技术、引进大蒜良种，研究开发适合不同国家和地区的大蒜品种，以迎合不同市场需求，同时加强专业人员的培养，学习借鉴他国的成功经验，为大蒜生产贸易提供更加专业的人才，促进中国大蒜出口向综合竞争优势转变。

（四）出口威胁

1. 贸易壁垒威胁

由于中国大蒜出口价格在国际市场上处于较低的水平，在一定程度上对其他国家的大蒜产业产生了冲击，贸易壁垒日渐严重，在很大程度上制约了中国大蒜对国外的出口。在国际竞争日益激烈的今天，科技农产品贸易的检测标准也逐渐完善和严格，植物检疫已经成为中国大蒜出口贸易最大的潜在风险。由于中国种植技术和标准不够完善，许多中国蒜农在种植大蒜时过多使用农药和化肥，导致在出口时无法达到国际农产品贸易的检测标准。"一带一路"倡议的实施，并不代表关税壁垒的消失，并且由于中国出口大蒜价格低廉，出口量大，很容易被其他国家以反倾销为理由进行调查。国际上已经有许多国家对中国大蒜制定了十分详细的检测标准和检测项目。还有许多国家也对中国实行进口配额限制，印度尼西亚也对大蒜进口实施许可证制度。绿色贸易壁垒将对中国大蒜出口贸易造成很大的负面影响，限制了中国大蒜进一步开拓国际市场。

2. 大蒜生产种植环境的变化

随着工业化的不断推进，农业种植环境恶化严重，农业环境污染成了阻碍农业持续健康发展的首要问题。由于中国大蒜种植标准不够完善，过度使用农药和化肥导致耕地质量下降，大蒜中有毒物质残留超标，已经严重危害到消费者的身体健康。由于中国大蒜产业存在严重的低价竞争，蒜企则进一步扩大出口量来保证出口额，这将导致农业资源进一步过度开发，严重破坏生态环境，甚至影响经济的可持续发展。在越来越重视食品安全的今天，农产品的检验逐渐完善和严格，土地环境恶化已经在很大程度上限制了中国大蒜的出口贸易的发展。

三、中国对"一带一路"沿线国家大蒜出口贸易发展对策

（一）加强与国际间的交流

随着"一带一路"倡议的推进，中国与沿线国家的交流合作越来越方便，通过组织企业举办或参与专业展览会、农业联合实验室、国际行业年会等方式加强蒜农、蒜商与国际间的交流，学习先进的经营理念的同时引进大蒜良种，加大科研投入力度，积极推进大蒜深加工技术发展，定期与国外的企业组织交换市场以及客户信息，做好市场细分的同时开拓国际市场。

（二）优化大蒜产业结构

中国大蒜出口制品加工品种少，产品科技含量和附加值低，深加工和高科技产品所占比例较小，经营观念和经营模式相对落后。随着"一带一路"倡议的逐步深入开展，中国大蒜企业应积极学习国外先进的种植技术以及经营模式，针对不同的贸易对象的喜好提供不同的大蒜制品，努力提升产品技术含量和产品附加值。加强对国际市场的调研与开发，积极推进市场多元化，进行大蒜产业链的延伸和整合，完善售后服务系统。把握好"一带一路"倡议所带来的贸易政策福利，将大蒜制品深加工的发展与开发市场相结合，将中国大蒜产业链以种植业为主向服务业和加工业发展，开发如蒜片、蒜油、蒜粒、蒜粉等大蒜副产品种类及其他相关产品类型，不断优化调整大蒜产业结构。

（三）加强大蒜品牌建设

品牌是提高企业市场竞争力的重要保证，同时也可以提高企业凝聚力，借力"一带

一路"倡议建立起自己的品牌，不断从低附加值向高附加值转型升级，进一步加强行业组织和协调工作，着力打造符合中国特点的国际品牌，使国外消费者对中国大蒜品牌的认知更加充分。大蒜出口企业应该积极推广优势大蒜品种，充分发挥中国电子商务平台的优势，通过资源共享的方式开拓海外市场，以最快的速度实现中国大蒜出口市场品牌化。

（四）不断开拓市场

从国际市场来看，在逐步稳定现有市场份额的基础上，应积极结合"一带一路"倡议发展，加强对新市场的开发，近年来，中国大蒜在国际市场上的份额呈现相对稳定但略有下降的局面，中国应积极调整大蒜产业结构，调整大蒜品种，进一步开拓潜在的大蒜出口市场，加大大蒜深加工投资力度，帮助企业进行科技创新，以科技为依托，研发生产多样化大蒜产品，不断提高中国大蒜的国际竞争力。

参考文献

［1］杨宾宾，宗义湘，赵邦宏．中国与"一带一路"沿线国家大蒜出口贸易的发展路径研究［J］．北方园艺，2019（09）：164-169.

［2］杨宾宾，宗义湘，赵邦宏．中国大蒜产业国际竞争力测算及影响因素分析［J］．农业展望，2019，15（10）：113-117+126.

［3］杨宾宾，宗义湘，赵邦宏．中国大蒜生产布局及贸易格局分析［J］．农业展望，2019，15（11）：117-122.

［4］杨宾宾，宗义湘，赵邦宏．大蒜滞销成因及出路探析［J］．北方园艺，2019（13）：155-159.

［5］邹嘉琦，董雪艳，葛颜祥．市场价格冲击下中国小宗农产品国际竞争力及出口影响因素研究——以大蒜产品为例［J］．中国农业资源与区划，2018，39（12）：200-210.

报告 6-2 中国对 "一带一路" 沿线国家水生蔬菜出口贸易研究

中国水生植物资源丰富，历史悠久，特色明显。芋头、莲藕和荸荠是最重要的水产贸易品种。绝大多数水生植物来自中国，国外很少种植或不种植。中国产量占世界80%以上，特别是自20世纪90年代以来，中国水草种植面积大幅度增加，规模化、产业化生产迅速发展，总产值不断提高。但总体来看，中国水生植物的种植格局仍较为普遍，产品以粗加工为主，附加值很低。中国水生蔬菜国际市场发展空间巨大，加工业发展深入。利用国际市场占有率和比较优势分析出口贸易发展，并提出提升出口竞争力策略措施，水生蔬菜产业化发展模式，对促进水生蔬菜的快速、稳定发展，从而为促进蔬菜产业的发展提供有益的探索，具有重要的现实意义。

由联合国国际贸易数据库统计可知，2019年中国水生蔬菜的出口量为10.76万吨，出口额为1.20亿美元。其中出口至 "一带一路" 沿线国家水生蔬菜的出口量为4.68万吨，出口额为0.37亿美元，分别占比43.50%和30.84%。近年来，中国蔬菜贸易波动不大，特别是新冠肺炎疫情的影响使得贸易量出现回涨，自2020年以来，世界各国受到新冠肺炎疫情冲击导致供给不足，中国疫情防控工作相对较好，克服了新冠肺炎疫情影响，许多外向型农产品企业正在克服困难，积极开拓市场，增加订单。整体来看，中国水生蔬菜贸易市场机遇与挑战并存。

一、中国对 "一带一路" 沿线国家水生蔬菜出口贸易现状

（一）出口规模变动

中国海关数据显示，中国为水生蔬菜出口大国，2012~2020年中国对于 "一带一路" 沿线国家的出口量和出口额呈现波动上升趋势（见表6-2-1），出口量由3.36万吨上升到4.58万吨，出口额由0.18亿美元上升到0.42亿美元。2019年中国水生蔬菜出口量为4.68万吨，同比增长6.36%；出口额为0.37亿美元，同比增长2.78%。与往年相比，2019年出厂价格季节性波动仍呈弱 "W" 型，波动较慢，周期收窄，峰谷压缩。2020年中国疫情防控稳定，水生蔬菜的出口量和出口额依然呈现稳定增长态势，出口额达0.42

亿美元,同比增长 13.51%。从出口价格来看,由于优质水生蔬菜的出口量和出口金额的增加使中国水生蔬菜出口价格高达 800~1100 美元/吨,在国际上占据优势。

表 6-2-1　2012~2020 年中国对"一带一路"沿线国家水生蔬菜出口贸易变动情况

单位:万吨,亿美元,美元/吨,%

年份	出口量	同比增减	出口额	同比增减	出口价格	同比增减
2012	3.36	—	0.18	—	833.67	—
2013	3.09	-8.04	0.22	22.22	719.69	-13.67
2014	2.03	-34.30	0.22	0.00	1125.54	56.39
2015	3.73	83.74	0.34	54.55	935.33	-16.90
2016	4.53	21.45	0.36	5.88	793.64	-15.15
2017	3.96	-12.58	0.32	-11.11	935.33	17.85
2018	4.40	11.11	0.36	12.50	793.64	-15.15
2019	4.68	6.36	0.37	2.78	820.88	3.43
2020	4.58	-2.14	0.42	13.51	829.07	1.00

资料来源:根据"海关统计数据查询平台"数据整理计算所得。

(二) 出口产品结构

中国水生蔬菜出口产品以芋头、莲藕和荸荠为主。2012~2020 年,中国水生蔬菜对"一带一路"沿线国家的出口贸易总规模呈现上升趋势。芋头出口量由 1.93 万吨上升到 2.95 万吨,同比增加 52.85%(见表 6-2-2);出口额由 0.09 亿美元上升到 0.20 亿美元,同比增长 122.22%(见表 6-2-3),增幅较大。莲藕出口量由 1.10 万吨上升到 1.17 万吨,同比增加 6.36%;出口额由 0.06 亿美元上升到 0.14 亿美元,同比增长 133.33%,增幅较大。荸荠出口量由 0.31 万吨上升到 0.45 万吨,同比增长 45.16%;出口额都为 0.06 亿美元,变化甚微。总体来看,近十年来中国对"一带一路"沿线国家的芋头出口量和出口额呈现波动上升趋势,莲藕和荸荠自 2014 年以来保持持续稳定增长的态势。2014 年世界经济增长缓慢,各国加强贸易保护,国际市场需求低迷,国内经济下行压力较大以及水生蔬菜受季节性变化和种植技术的影响较大,导致这一年的水生蔬菜出口量很不乐观,出口严重受损,呈现近十年来的最低值,芋头的出口量低至 0.98 万吨,同比减少 43.35%,莲藕的出口量低至 0.81 万吨,同比减少 22.12%,荸荠的出口量低至 0.23 万吨,同比减少 23.33%。

表 6-2-2　2012~2020 年中国对"一带一路"沿线国家各类水生蔬菜出口量变动情况

单位:万吨,%

年份	芋头			莲藕			荸荠		
	出口量	同比增减	占比	出口量	同比增减	占比	出口量	同比增减	占比
2012	1.93	—	57.78	1.10	—	32.93	0.31	—	9.28

年份	芋头			莲藕			荸荠		
	出口量	同比增减	占比	出口量	同比增减	占比	出口量	同比增减	占比
2013	1.73	-10.36	56.35	1.04	-5.45	33.88	0.30	-3.23	9.77
2014	0.98	-43.35	48.51	0.81	-22.12	40.10	0.23	-23.33	11.39
2015	2.32	136.73	62.53	1.24	53.09	33.42	0.15	-34.78	4.04
2016	3.04	31.03	67.26	1.09	-12.10	24.12	0.39	160.00	8.63
2017	2.59	-14.80	65.57	1.19	9.17	30.13	0.17	-56.41	4.30
2018	2.71	4.63	61.73	1.26	5.88	28.70	0.42	147.06	9.57
2019	3.11	14.76	66.60	1.11	-11.90	23.77	0.45	7.14	9.64
2020	2.95	-5.14	64.55	1.17	5.41	25.60	0.45	0.00	9.85

资料来源：根据"海关统计数据查询平台"数据整理计算所得。

表 6-2-3 2012~2020 年中国对"一带一路"沿线国家各类水生蔬菜出口额变动情况

单位：亿美元，%

年份	芋头			莲藕			荸荠		
	出口额	同比增减	占比	出口额	同比增减	占比	出口额	同比增减	占比
2012	0.09	—	42.86	0.06	—	28.57	0.06	—	28.57
2013	0.10	11.11	50.00	0.08	33.33	40.00	0.02	-66.67	10.00
2014	0.09	-10.00	40.91	0.10	25.00	45.45	0.03	50.00	13.64
2015	0.14	55.56	40.00	0.18	80.00	51.43	0.03	0.00	8.57
2016	0.16	14.29	50.00	0.14	-22.22	43.75	0.02	-33.33	6.25
2017	0.15	-6.25	45.45	0.14	0.00	42.42	0.04	100.00	12.12
2018	0.17	13.33	54.84	0.12	-14.29	38.71	0.02	-50.00	6.45
2019	0.18	5.88	50.00	0.12	0.00	33.33	0.06	200.00	16.67
2020	0.20	11.11	50.00	0.14	16.67	35.00	0.06	0.00	15.00

资料来源：根据"海关统计数据查询平台"数据整理计算所得。

在"一带一路"沿线国家的水生蔬菜贸易中，芋头的出口量和出口额高于莲藕和荸荠。2020 年，芋头出口量占比高达 64.55%，出口额占比高达 50.00%；莲藕出口量和出口额占比分别为 25.60% 和 35.00%；荸荠出口量和出口额占比最少，分别为 9.85% 和 15.00%。一方面，芋头生存能力较强，不受气候变化的影响，易于种植和培育，因此生产量较大，出口较多；另一方面，芋头以其较高的营养价值和较好的口感深受各国喜爱，"一带一路"沿线国家对于芋头的需求量不断增加，中国以生产大国的优势不断出口。

（三）出口市场分布

中国水生蔬菜的出口市场逐渐向"一带一路"沿线国家转移，2012~2020 年，芋头、莲藕和荸荠的十大主要贸易国包括阿联酋、越南、沙特阿拉伯、马来西亚、泰国、新加坡、印度尼西亚、菲律宾、文莱、比利时,均属于"一带一路"沿线国家(见表 6-2-4)。其中在芋头的主要出口国中,印度尼西亚从 2012 年的第七名跃居到近五年来的出口国第一名,其出口额由 2012 年的 3.13 万美元上升到 2020 年的 987.58 万美元,增长了 314.52 倍,在世界出口贸易伙伴国中占比 12.63%。新加坡和菲律宾以 45.58 和 275.78 的增长倍数分别跃居 2020 年中国出口贸易国第二、第三。芋头出口到"一带一路"沿线国家的总出口额由 2012 年的 912.93 万美元增长到 2020 年的 2025.46 万美元,增幅达 121.86%,增长幅度较大,可见中国与"一带一路"沿线国家贸易往来越来越密切,"一带一路"沿线国家成为中国水生蔬菜外贸增长的重要力量。

表 6-2-4 2012 年、2016 年和 2020 年中国芋头对"一带一路"沿线国家出口情况

单位:万美元,%

排位	2012 年			2016 年			2020 年		
	国家	出口额	比重	国家	出口额	比重	国家	出口额	比重
1	阿联酋	423.28	5.01	印度尼西亚	978.87	12.59	印度尼西亚	987.58	12.63
2	越南	205.86	2.43	新加坡	152.31	1.96	新加坡	342.86	4.38
3	沙特阿拉伯	172.61	2.04	菲律宾	139.31	1.79	菲律宾	340.44	4.35
4	马来西亚	77.08	0.91	阿联酋	101.08	1.30	阿联酋	190.24	2.43
5	泰国	20.04	0.24	泰国	12.43	0.16	泰国	52.47	0.67
6	新加坡	7.36	0.09	科威特	10.39	0.13	科威特	33.45	0.43
7	印度尼西亚	3.13	0.04	巴林	2.56	0.03	巴林	29.26	0.37
8	菲律宾	1.23	0.01	克罗地亚	1.09	0.01	克罗地亚	21.19	0.27
9	巴林	1.13	0.01	斯洛伐克	0.59	0.01	越南	11.00	0.14
10	俄罗斯	0.61	0.01	文莱	0.53	0.01	文莱	8.74	0.11
	"一带一路"	912.93	10.80	"一带一路"	1399.66	18.01	"一带一路"	2025.46	25.90

资料来源:根据"海关统计数据查询平台"数据整理计算所得。

2012~2020 年,中国莲藕主要出口目的国排在前三位的分别是马来西亚、新加坡和泰国(见表 6-2-5)。其中马来西亚在这八年间稳居中国莲藕对外出口贸易伙伴国第一位,对其出口额在 2016 年达到峰值为 1107.65 万美元,占出口世界总额的 30.16%,当年中国对"一带一路"沿线国家出口总额为 1437.59 万美元,占比达 40.13%,可见中国对马来西亚出口"一带一路"沿线国家莲藕总出口中占绝大份额,是中国的主要贸易伙伴。新加坡出口额由 2012 年的 64.16 万美元增加到 2020 年的 486.65 万美元,增幅高达 658.49%,跃居"一带一路"沿线国家贸易额排位第二名。泰国则以 122.72 万美元稳居中国近几年对外出口第三名。中国对"一带一路"沿线国家莲藕总出口额也在波动上升,出口额由 2012 年的 685.81 万美元增长到 2020 年的 1488.87 万美元,增长幅度很大。

表 6-2-5 2012 年、2016 年和 2020 年中国莲藕对"一带一路"沿线国家出口情况

单位：万美元，%

排位	2012 年			2016 年			2020 年		
	国家	出口额	比重	国家	出口额	比重	国家	出口额	比重
1	马来西亚	504.94	24.15	马来西亚	1107.65	30.16	马来西亚	718.81	20.23
2	泰国	98.46	4.71	新加坡	188.61	5.14	新加坡	486.65	13.69
3	新加坡	64.16	3.07	泰国	121.56	3.31	泰国	122.72	3.45
4	印度尼西亚	13.50	0.65	孟加拉国	17.48	0.48	越南	101.32	2.85
5	阿联酋	2.91	0.14	印度尼西亚	15.98	0.44	印度尼西亚	18.49	0.52
6	比利时	1.40	0.07	阿联酋	8.16	0.22	老挝	16.36	0.46
7	文莱	0.37	0.02	越南	7.31	0.20	阿联酋	9.74	0.27
8	菲律宾	0.07	0.00	菲律宾	2.70	0.07	菲律宾	5.77	0.16
9	孟加拉国	0.00	0.00	比利时	2.25	0.06	比利时	3.51	0.10
10	沙特阿拉伯	0.00	0.00	文莱	0.83	0.02	文莱	3.06	0.09
	"一带一路"	685.81	32.80	"一带一路"	1473.59	40.13	"一带一路"	1488.87	41.90

资料来源：根据"海关统计数据查询平台"数据整理计算所得。

虽然中国水生蔬菜的出口贸易中，荸荠在三种水生蔬菜的出口比重最少，但荸荠出口至"一带一路"沿线国家的比重远远大于芋头和莲藕，2020 年芋头出口至"一带一路"沿线国家的比重为 25.90%、莲藕为 41.90%，荸荠则为 77.94%（见表 6-2-6）。可见，"一带一路"沿线国家是中国荸荠出口的主要市场。中国对越南的荸荠出口额由 2012 年的 5.25 万美元增长到 2020 年的 496.15 万美元，增幅最高，跃居"一带一路"沿线国家出口额排位第一名，其主要原因可能是因为 2020 年受新冠肺炎疫情的影响，使越南对于蔬菜进口量增加。中国对马来西亚的出口额在"一带一路"沿线国家中排名稳居第二位，出口额由 2012 年的 78.73 万美元增加到 2020 年的 150.64 万美元，增幅达 91.34%。中国荸荠对于"一带一路"沿线国家总出口额由 2012 年的 289.45 万美元增加到 2020 年的 771.94 万美元，增幅高达 166.69%，所占比重高达 77.94%，在对世界贸易国出口总额中占比 3/4 以上，成为中国主要的贸易出口伙伴。欧美市场受新冠肺炎疫情影响较大，外贸企业将市场从欧美转到东南亚等"一带一路"沿线国家，促进了"一带一路"倡议成为今年中国出口的重要增长点，这里已成为中国企业开拓海外市场难得的"安全港"。

表 6-2-6 2012 年、2016 年和 2020 年中国荸荠对"一带一路"沿线国家出口情况

单位：万美元，%

排位	2012 年			2016 年			2020 年		
	国家	出口额	比重	国家	出口额	比重	国家	出口额	比重
1	比利时	127.59	14.61	新加坡	203.44	32.64	越南	496.15	50.09
2	马来西亚	78.73	9.02	马来西亚	179.16	28.74	马来西亚	150.64	15.21

续表

排位	2012 年			2016 年			2020 年		
	国家	出口额	比重	国家	出口额	比重	国家	出口额	比重
3	新加坡	58.96	6.75	印度尼西亚	37.72	6.05	新加坡	122.74	12.39
4	泰国	10.27	1.18	比利时	35.33	5.67	印度尼西亚	1.06	0.11
5	印度尼西亚	8.22	0.94	孟加拉国	7.15	1.15	文莱	0.48	0.05
6	越南	5.25	0.60	阿联酋	0.82	0.13	菲律宾	0.43	0.04
7	文莱	0.41	0.05	泰国	0.48	0.08	泰国	0.25	0.03
8	菲律宾	0.03	0.00	文莱	0.47	0.08	阿联酋	0.18	0.02
9	阿联酋	0.00	0.00	越南	0.44	0.07	比利时	0.00	0.00
	"一带一路"	289.45	33.15	"一带一路"	465.19	74.63	"一带一路"	771.94	77.94

资料来源：根据"海关统计数据查询平台"数据整理计算所得。

二、中国对"一带一路"沿线国家水生蔬菜出口贸易机遇及挑战

（一）出口机遇

1. 新冠肺炎疫情防控得力带来贸易契机

新冠肺炎疫情给世界经济带来很大冲击，中国水生蔬菜产业也因此受到挑战，与此同时，未来蔬菜产业也将会迎来更多的机遇。自 2020 年以来，中国水生蔬菜的出口量和出口额再创新高，可见，新冠肺炎疫情的影响已导致国外供应不足。中国对新冠肺炎疫情的有效防控，率先恢复了国内经济，成为世界经济正增长的大经济体，奠定了外贸进出口快速恢复和发展的基础。

2. 实现多边合作创造市场机会

"一带一路"倡议合作发展潜力巨大。中国可以针对不同国家的不同发展需要进行交流与合作。中国可以在吸取别国优秀文化及产业经验的同时将本国在农业方面所得的经验教训传授给互通往来的"一带一路"倡议贸易伙伴国，并与之构建农产品贸易渠道，实现物流、信息一体化，使得农产品贸易更加便利化，随之扩大贸易范围，进行资源的合理配置，增加资本相互投入，实现互利共赢。

3. 扩大了农业国际市场影响力

在由欧美主导的农产品国际市场中，中国很难获得全球定价发言权。然而，自 2008 年金融危机之后，许多国家受危机的持续影响和农产品贸易不平等规则的对待，逐渐对欧美主导的国际市场失去了信心。在世界发展的关键时刻，中国在农业领域中积极探索，寻找发展新思路，承担起大国的责任和担当，积极开展与"一带一路"沿线国家的合作，建立了高层次的农业合作机制，多层次、全方位地构建规范化、深入化、多元化的农业外

交布局，破除了以前孤立的发展规律，不再以欧美为主流。在这方面，新兴国家正在崭露头角。

（二）出口挑战

1. 各国贸易保护主义盛行

金融危机之后，部分国家经济衰退，美国贸易保护主义出现抬头迹象，开始在对华贸易方面进行各种刁难。随着新冠肺炎疫情的暴发和蔓延，"逆全球化"思潮的阴影将持续强化，各国之间的不信任程度将会上升，这将严重阻碍全球化、国际分工和人际交往，全球经济将会陷入更大困境。许多国家的政策将侧重于内向发展、内部发展、自主发展和保障发展，各国着手构建更独立、完整、安全的产业链将成为一种趋势。总之，后疫情时代的贸易保护状况对中国出口存在很大阻力，将来会面临很多挑战。

2. 质量安全标准亟待提高

欧洲国家的农产品质量安全标准一直是世界上最严格的，中国生产的农产品大多达不到这一标准，无法进入欧洲市场，在国际市场上的竞争力也在下降，在与"一带一路"沿线国家进行贸易往来的同时要尽可能保证水生蔬菜的安全性，与此同时也要不断提高中国水生蔬菜产量，把更多的科研技术投入进去，使产量和质量并驾齐驱。要在田间地头引入最严格的农产品质量安全标准，强化农产品追溯挂钩机制，推进农产品数字化监管，全产业链提升水生蔬菜质量安全水平。

3. 国际资源流动带来冲击

为"一带一路"沿线国家提供了合作交流的平台。基于合作，大量资源将流向中国，影响中国现有水生蔬菜市场。大量外资企业在华投资打破了中国水生蔬菜生产和贸易格局。水生蔬菜及其他各类产品可能借势发展起来，但是如果没有同一资本的支持，将失去竞争力，市场变化明显出现许多不可控制的结果；若国外优势农产品进入中国，且占有较大的市场份额，那么中国与之同类产品将滞销囤积，竞争力低下，对中国的经济发展产生消极的影响。

三、中国对"一带一路"沿线国家水生蔬菜出口贸易发展对策

（一）加强互信交流与疫情防控合作相结合

在新冠肺炎疫情暴发前，我们主要捍卫全球化的基本制度，但全球化结构的调整已成为一种必然趋势。把国际经济结构调整和国内经济结构调整结合起来，加快国内经济结构调整的步伐，在扩大对外开放的同时，中国已经成为新经济全球化的推动者。"一带一路"倡议将激发各国发展潜力，通过贸易壁垒减轻压力，连接世界经济，为中国发展创造有利的宏观经济环境。建立新机制，采取切实可行的区域一体化措施，有

效应对全球经济衰退。

(二) 提升水生蔬菜质量安全标准，加强市场监控

进一步加强质量检验体系建设，开展对生产环境标准和基础设施的监督检查和测试，探索和完善卫生质量监管，构建和协调蔬菜生产经营体制，并有效解决水生蔬菜质量安全问题。促进技术研发，培养有能力的人，学有专长，术有专攻，提高对蔬菜农药残余物的检测技术，从根本上解决农药残留超标问题。各国对于农药残留物的含量有着较高的要求，因此，中国在蔬菜安全卫生方面要建立完善且标准的卫生安全体系，加强质量管理。

(三) 深化与"一带一路"沿线国家水生蔬菜的深度合作

通过实施"一带一路"倡议，创造出更多的贸易利益，世界各国正积极合作研发产品，从而推动中国从加工贸易向创新技术贸易过渡。利用各方优势加强区域合作，通过消除关税和非关税壁垒，实现提高双边农产品贸易规模的目标。中国推动和支持"一带一路"沿线国家企业来华投资，提高农业生产水平，进一步提升经济整体发展水平。通过现代水生蔬菜科技水平和先进的水菜生产机械设备，带动"一带一路"沿线国家水产蔬菜产业的发展。

参考文献

[1] 吴曼，宗义湘，赵帮宏，等. 中国水生蔬菜产业发展现状、存在问题及发展思路 [J]. 长江蔬菜，2019 (02)：35-41.

[2] 俞飞飞，张其安，董言香，等. 安徽省水生蔬菜产业现状及发展建议 [J]. 长江蔬菜，2019 (22)：37-41.

[3] 袁田垚，吴曼，赵邦宏. 仙桃市水生蔬菜产业发展现状与对策 [J]. 长江蔬菜，2020 (10)：48-52.

[4] 宗义湘，吴嘉锡，宋洋，等. 2012~2017 年水生蔬菜价格波动分析 [J]. 长江蔬菜，2018 (06)：40-44.

[5] 柯卫东，黄新芳，李建洪，等. 我国水生蔬菜科研与生产发展概况 [J]. 长江蔬菜，2015 (14)：33-37.

[6] 周坚. "一带一路"战略对我国农产品国际贸易的影响及对策探析 [J]. 农业经济，2017 (11)：141-142.